AF525215

100 Bilderbücher für die Grundschule

Eine Auswahl empfehlenswerter Bilderbücher mit Unterrichtsvorschlägen

Von

Gudrun Hollstein / Marion Sonnenmoser

Schneider Verlag Hohengehren GmbH

„Bilderbücher sind Bausteine im Fundament jeder Kultur.

Kultur beginnt beim Bilderbuch.“

(James Krüss)

Vorwort

Bilderbücher im Unterricht der Grundschule – dafür gibt es viele Gründe: Bilderbücher unterhalten und erfreuen, gleichzeitig unterstützen sie nachhaltig die persönliche, soziale und kognitiv-sprachliche Entwicklung des Kindes. Sie fördern die Kreativität und schulen maßgeblich das ästhetisches Empfinden. Durch Vorstellen, Vorlesen von Bilderbüchern und durch den vielfältigen unterrichtlichen Umgang mit ihnen gelingt es leicht, die Freude an der Literatur zu wecken und den Grundstein für eine dauerhafte Lesemotivation zu legen (s. auch Übersicht "Gründe für den Einsatz von Bilderbüchern in der Grundschule"). Dennoch werden diese Medien immer noch verhältnismäßig selten in der Grundschule eingesetzt. Dies liegt sicher auch daran, dass der Buchmarkt mit jährlich rund 4.000 deutschsprachigen Neuerscheinungen im Bereich der Kinder- und Jugendliteratur schwer zu überblicken und damit eine zielgerichtete Auswahl aus der großen Fülle vorliegender Bilderbücher sehr zeitaufwändig ist. Die vorliegende Empfehlungsschrift soll hier Abhilfe schaffen und vor allem Grundschullehrern, aber auch Erziehern und Eltern eine **Auswahl- und Orientierungshilfe** bieten.

Diese Buch mit dem Charakter eines Kataloges präsentiert im Überblick **100 inhaltlich und künstlerisch anspruchsvolle Bilderbücher, die sich für den Einsatz in der Grundschule in besonderem Maße eignen**. Bei der sorgfältigen und kritischen Auswahl wurde darauf geachtet, dass die Bilderbücher

- im Handel zu beziehen sind (bis auf wenige Ausnahmen),
- Grundschulkinder im sensorischen, kognitiven, emotionalen und/ oder sozialen Bereich fördern,
- Kindern im Grundschulalter etwas zu sagen haben und ihnen Spaß und Freude bereiten,
- zusammengenommen die Vielfalt der Bilderbuchliteratur hinsichtlich Inhalt und Gestaltung widerspiegeln.

Jedes Bilderbuch wird **inhaltlich** und **gestalterisch**, in der Regel mit dem **Cover**, einem **Illustrationsbeispiel** und ggf. einem **Textauszug** kurz vorgestellt. Ein ausgewählter **Unterrichtsvorschlag** oder **unterrichtsbezogene Überlegungen** in Kurzform ergänzen die aus Übersichtsgründen bewusst knapp gehaltene Buchvorstellung. Hierbei ist jedoch zu beachten, dass es für jedes Bilderbuch grundsätzlich eine Fülle von Einsatzmöglichkeiten in unterschiedlichen Lernbereichen in nahezu allen Klassenstufen der Grundschule gibt. Darüber hinaus sollen die Angabe von **weiteren Medienformaten** (Hörbuch, CD-Rom, Film), **Stichwörtern** zum Inhalt, **weiterführender/ didaktischer Literatur** sowie diverse **Übersichten** die unterrichtsbezogene Auswahl von Bilderbüchern erleichtern.

Der Themenbereich „Bilderbuch" erweist sich als sehr umfassend. Die vorliegende Schrift kann hier neben der Wahrnehmung ihrer Übersichtsfunktion primär erstes Interesse wecken bzw. verstärken. Für eine vertiefenden, auch theoretischen Auseinandersetzung mit diesen Medien wird deshalb am Ende der Schrift eine **Fachbibliographie** angefügt.

Im Text finden in der Regel die männlichen Formen Verwendung. Selbstverständlich sind die weiblichen Formen dabei immer einbezogen.

Zum Schluss noch eine gute Nachricht: Einige Bilderbuch-Verlage bieten seit geraumer Zeit beliebte Bilderbücher kleinformatig zu sehr günstigen Preisen (um 5 Euro) an. Damit wird ihr Einsatz im Unterricht maßgeblich erleichtert: Bilderbücher können nun preisgünstig - auch im Klassensatz (Schulbücherei!) - bezogen werden.

Viel Freude mit Bilderbüchern im Unterricht
wünschen

Gudrun Hollstein und Marion Sonnenmoser

Sabine Jörg, Ingrid Kellner

Der Ernst des Lebens

Stuttgart: Thienemann 1996

32 Seiten, ISBN 3522432304, € 12,90

Dieses Bilderbuch gibt es auch broschiert und im Miniformat.

Inhalt

Annette hat nur noch wenige Tage bis zu ihrem ersten Schultag. Eigentlich ist sie neugierig und freut sich auch darauf. Doch immer wieder hört sie, dass mit der Schule der Ernst des Lebens beginnt. Das macht Annette schließlich unsicher und Angst: Wie sieht der Ernst des Lebens eigentlich aus? Was genau ist damit gemeint? Ob es sich dabei um ein Ungeheuer handelt? Kurz nach ihrem Geburtstag kommt Annette in die Schule. Hier lernt sie tatsächlich den „Ernst des Lebens" kennen: Neben ihr sitzt im Unterricht ein netter Junge, namens Ernst. Er leiht ihr Buntstifte und bringt ihr Bonbons mit. Annette freut sich, nun den „Ernst des Lebens" zu kennen. Und so lädt sie ihren Schulkameraden nach Hause ein. Sie beschließt sich von den Erwachsenen nie mehr Angst machen zu lassen.

Gehalt/ Gestaltung/ Besonderheiten

- Das Bilderbuch eignet sich sehr gut dazu, um mit Kindern über ihre Erwartungen und ggf. auch ihre Ängste hinsichtlich des neuen Lebensabschnittes, der Schulzeit, zu sprechen.
- Es hat ein überraschendes Ende und viel Witz.

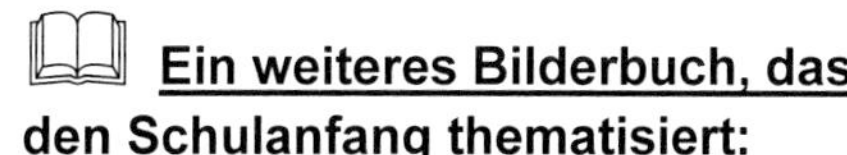

Ein weiteres Bilderbuch, das den Schulanfang thematisiert:

Komm mit, die Schule fängt an.
Bianka Minte-König. Stuttgart: Thienemann 1999

Didaktische Vorschläge

1. Schuljahr: Schulanfang

Es bietet sich an, Kindern am ersten Schultag dieses Bilderbuch vorzulesen.
Im Zusammenhang mit der Geschichte lassen sich thematisieren:

- warum es schön und wichtig ist, in die Schule zu gehen.
- was in der Schule anders als im Kindergarten ist.
- warum im Zusammenhang mit der Schule oft vom „Ernst des Lebens" gesprochen wird.

Schlagwörter: Schule, Schulanfang, Angst

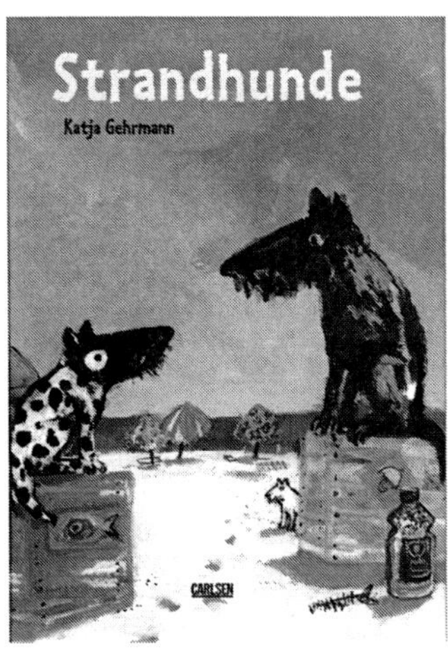

Katja Gehrmann

Strandhunde

Hamburg: Carlsen 2001

40 Seiten, ISBN 3551515395, € 14,-

Inhalt

Finn, ein kleiner schwarz-weiß gefleckter Mischlingshund, wird eines Tages von seiner Familie ausgesetzt. Am Strand trifft er andere ausgesetzte Hunde. Ihr Leben ist hart, und auch Finn bekommt das Leben eines Verstoßenen zu spüren: er hungert, friert und wird verjagt. Er trifft auf einen cleveren, lebenserfahrenen Artgenossen – Strandhund Bensen -, der für obdachlose Hunde Menschen „vermittelt“. Finn will sich erst einige Menschen anschauen. Er findet jedoch keinen, bei dem er gerne bleiben möchte. Finn beschließt, doch besser alleine zu leben und legt sich schlafen. Am nächsten Morgen wacht er auf einem Kahn auf. Der Kapitän freut sich über den Gefährten, und Finn bleibt als Bootshund bei ihm.

Textauszug

„Als ich wiederkam, war das Auto verschwunden. Hatte ich mich verlaufen? Ich schnupperte am Boden. Hier hatte es gestanden. Waren sie schon nach Hause gefahren? Ich versuchte mich zu erinnern, in welcher Richtung unser Haus lag. Vielleicht hatten sie sich irgendwo versteckt. Ich schnüffelte die Straße entlang.“

Gehalt/ Gestaltung/ Besonderheiten

- Ausgangspunkt der Geschichte ist ein Thema, das jeden Sommer traurige Schlagzeilen macht: Hunde werden an Autobahnparkplätzen ausgesetzt. Die Geschichte erzählt aus Hundesicht von dem damit verbundenen Leid (Einsamkeit, Hunger, Frieren) und der Suche nach einem neuen Zuhause.
- Betont sachlich wird das äußere Erleben von Finn beschrieben, seine Gefühlslagen werden aber weitgehend ausgeblendet.
- Das Buch enthält ausdrucksstarke, ästhetisch komplexe Bilder: „Kräftige Acryl-Farben, in grobem Duktus dicht aufgetragen, flächig angelegte Bildräume mit zeichenhaft angerissenen, figurativen Darstellungen, stark variierende Perspektiven und Größenverschiebungen lassen auf die innerlich bewegte Verfassung des Hundes schließen.“ (Wallach 2001, S.24)
- Es handelt sich hier um eines der wenigen Bilderbücher, die für den Tierschutz sensibilisieren.

Didaktische Vorschläge

2.–4. Schuljahr: Sachunterricht/ Umweltbildung/ Tierschutz

Das Buch ist prädestiniert für ein Gespräch mit Kindern über die Verantwortung eines Menschen hinsichtlich seines Haustieres im allgemeinen und über das Halten und Pflegen eines Hundes im Besonderen.
Gesprächsinhalte:

- Gründe, warum Tiere (besonders nach Weihnachten und in den Urlaubszeiten) ausgesetzt werden;
- was es für ein Tier bedeutet, das Zuhause zu verlieren;
- welche Überlebenschancen Tiere haben, die ausgesetzt wurden;
- was ist notwendig ist, damit sich ein Hund in seinem Zuhause wohl führt;
- nicht jedes Tier passt zu jedem Menschen.

Das Buch bietet einen sehr guten Ausgangspunkt für ein Unterrichtsprojekt zum Thema „Halten und Pflegen eines Hundes". In diesem Zusammenhang sollte auch ein Tierheim besichtigt und über das Schicksal ausgesetzter und gequälter Hunde gesprochen werden.

2.-4. Schuljahr: Sprachunterricht/ Schreiberziehung/ freies Schreiben

Das Bilderbuch bietet zahlreiche Anregungen zum Freien Schreiben:

- Finn wird ausgesetzt; wie verhält er sich in dieser furchtbaren Situation? („Als ich wiederkam, war das Auto verschwunden.")
- Finn wünscht sich ein neues Zuhause. Bei welchen Menschen kann sich Finn wohlfühlen? („"Wir können uns ja mal ein paar Menschen anschauen gehen", schlug Bensen vor. Wir zogen los.")
- Finn probiert die Bensen-Methode aus. Ob Finn über diese Methode ein neues Zuhause findet? („Aufgeregt stieß ich den Ball an und flitzte hinterher. Er rollte genau vor zwei Füße.")
- Finn sucht sich ein Plätzchen auf einem Kahn und schläft ein. Als er aufwacht, befindet sich das Boot bereits auf dem Meer. Wie mag die Geschichte weitergehen? („Ich wachte erst auf, als es wieder hell war. Ringsherum Wasser."

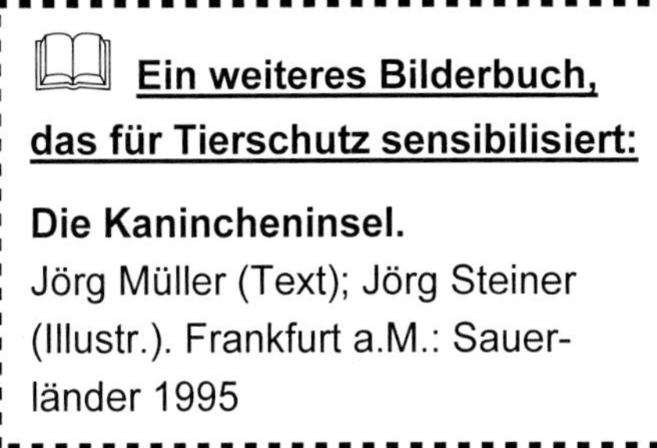

Ein weiteres Bilderbuch, das für Tierschutz sensibilisiert:

Die Kaninscheninsel.
Jörg Müller (Text); Jörg Steiner (Illustr.). Frankfurt a.M.: Sauerländer 1995

⇨ **Weitere Titel für Hundefans:**

Edgar übernimmt das Kommando.
Sibylle (Text) und Jürgen (Illustr.) Rieckhoff. Hildesheim: Gerstenberg 2005

Albert kommt!
John Burningham. Frankfurt a.M.: Sauerländer 1999

Schlagwörter: Familie, Hund, Haustier, Tierschutz

Martin Baltscheit (Illustr., Text), Christine Schwarz (Illustr.)

Ich bin für mich

Der Wahlkampf der Tiere

Zürich: Bajazzo 2005
36 Seiten, ISBN 3907588665, € 12,90

Inhalt

Alle vier Jahre wählen die Tiere ihren König, immer den Löwen. Doch diesmal ist es anders. Die graue Maus fordert Gegenkandidaten. Der Löwe stimmt zu, und es kommt zum Wahlkampf. Jede Art schickt einen Kandidaten in die Wahlversammlung, und dort hat jeder eine Stimme, um den neuen König zu wählen. Bei der Auszählung der Wahlzettel zeigt sich, dass der König abgesetzt ist, und jedes Tier sich selbst gewählt hat. Der Löwe zieht sich resigniert zurück, denn er hat als Einziger nicht für sich selbst gestimmt. Die neuen Herrscher beginnen sofort, ihre Wahlversprechen in die Tat umzusetzen. Es herrscht ein großes Chaos, bis die Maus den Löwen um eine Lösung bittet. Der ruft Neuwahlen aus, und da kein Tier außer dem Karpfen mehr Lust hat zu kandidieren, wird der Fisch, den sprachlich keiner verstehen kann, zum neuen König gewählt.

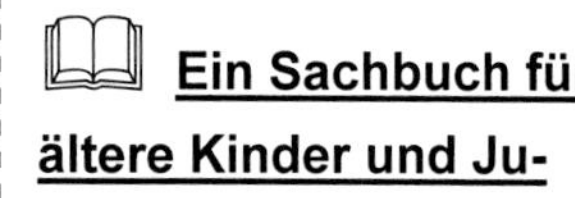

Ein Sachbuch für ältere Kinder und Jugendliche:

Claus-Peter Hutter: Demokratie. Ein Was-Ist-Was Buch (Band 103). Nürnberg: Tessloff 1997

Gehalt/ Gestaltung/ Besonderheiten

- Es handelt sich hier um eine Satire auf die Absurditäten des Wahlkampfs und das Machtgebaren der Kandidaten. Sie führt in die Prinzipien und Vorgänge von Wahlen ein und ermöglicht zugleich eine kritische Auseinandersetzung mit Wahlversprechungen, Selbstinteressen und mit dem Verhalten der Gewählten nach der Wahl.
- Am Beispiel der Tiere lernen die Kinder die Auswirkungen der Anarchie kennen und sehen, dass es sich ohne Mehrheit schlecht regieren lässt. Sie erkennen, dass Politiker das Gemeingut im Auge haben müssen und dass Demokratie von Rücksichtnahme und auch Kompromissbereitschaft geprägt sein muss.
- Das Buch ist sehr gut geeignet, um Grundschulkinder an politische Fragen und das Thema Wahlen heranzuführen.
- Das Buch kennzeichnet eine schwungvoll farbintensive Bildsprache.
  Die großflächigen Illustrationen stecken ebenso wie die Geschichte voller hintergründigem Humor.

Didaktische Vorschläge

3./ 4. Schuljahr: Sachunterricht/ Sprachunterricht

Schreiben und Halten von Reden

Das Bilderbuch wird präsentiert bis: „Wählt mich und ihr habt immer frisches Mausfleisch." Die Klasse wird in Gruppen eingeteilt. Jede Gruppe vertritt eine Tierart (Katzen und Mäuse ausgenommen). In der Gruppe wird eine Rede entworfen. Im Plenum werden die Ergebnisse vorgestellt: Ein Schüler aus jeder Gruppe hält die erarbeitete Rede „am Rednerpult".

Gestalten von Wahlplakaten

Jedes Kind gestaltet für eine Tierart ein Wahlplakat. Vorher wird gemeinsam über die Funktionen und die Gestaltungsmöglichkeiten von Wahlplakaten gesprochen. Ausgangspunkt ist dabei das Plakat „der Mauspartei" (3. Doppelseite im Bilderbuch).

Einen Schluss für die Geschichte finden

Ausgangspunkt: „Am Abend zählte der Maulwurf die Stimmen und verkündete das Ergebnis".

Reflexion der Geschichte

In diesem Zusammenhang kann auch über die Möglichkeit nachgedacht werden, einen Schulversammlung einzurichten und einen Schulsprecher zu wählen.

Textauszug

Die neuen Herrscher begannen sofort, ihre Versprechen in die Tat umzusetzen: Der Fuchs jagte die Gänse, die Katzen fraßen die Mäuse, die Mäuse verjagten die Katzen, die Schafe verteidigten ihre Wolle, der Stier kämpfte für den Frieden, der Schäferhund legte den Karpfen an die Leine, und der Vogel Strauß hatte seinen Kopf schon wieder in den Sand vergraben. wo er auf den Maulwurf traf, der sich wegen des ganzen Durcheinanders noch tiefer in den Untergrund gewühlt hatte.

⇨ **didaktische Literatur:**

Karlheinz Burk et al:
Kinder beteiligen – Demokratie lernen? Frankfurt a.M. 2003 (Grundschulverband – Arbeitskreis Grundschule e.V., Beiträge zur Reform der Grundschule, Band 116)

Dietmar von Raeken:
Politisches Lernen im Sachunterricht. Hohengehren 2001

Schlagwörter: Wahlkampf, Demokratie, Politik, Tiere

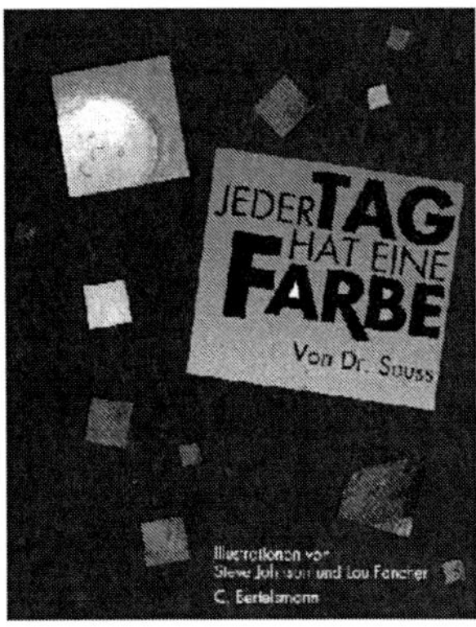

Dr. Seuss (Text), Steve Johnson, Lou Fancher (Illustr.)

Jeder Tag hat eine Farbe

Aus dem Amerikanischen von Uli Blume

München: Bertelsmann 1997

40 Seiten, ISBN 3570122379, € 13,45

Inhalt

Mit Farben lassen sich Stimmungen und Gefühle ausdrücken. So kann auch jedem Tag gemäß der eigenen Befindlichkeit eine bestimmte Farbe zugeordnet werden. An manchen Tagen fühlen wir uns übermütig, an anderen eher traurig, beschwingt oder schwer. So erscheinen manche Tage gelb, manche blau, und andere Tage sind „rot wie Glut". Das Bilderbuch präsentiert dafür überzeugende Beispiele.

Gehalt/ Gestaltung/ Besonderheiten

- Die Botschaft des Buches: Stimmungen ändern sich und sind sehr unterschiedlich, aber alle diese Stimmungen gehören zu mir und haben ihre Berechtigung, denn „ich bleib ich".
- „eine kleine Reise durch das Wunder der Farben und Stimmungen" (Klappentext);
- Das Bilderbuch eignet sich besonders, um mit Kindern über eigene Gefühle und Stimmungen ins Gespräch zu kommen und ihnen Worte für ihre Stimmungen anzubieten.
- Es enthält abstrakte, farbintensive Illustrationen und einen knappen Text in Reimform.
- Es besitzt eine besondere typographische Gestaltung zur Unterstützung der Textaussage.

Didaktische Vorschläge

2.-4. Schuljahr: Musisch-ästhetischer Lernbereich; soziales Lernen (Identitätsfindung)

- Sitzkreis: Farbige Tücher werden in die Mitte gelegt;
- Impuls: „Farben können ausdrücken, wie sich ein Mensch fühlt, in welcher Stimmung er ist." Freie Äußerungen der Kinder;
- Zuordnung von Satz- und Wortkarten zu den farbigen Tüchern (ich bin traurig; ich bin fröhlich; ich fühle mich einsam; ich bin wütend; ich bin ruhig und gelassen; kühl; warm; ruhig; kalt ...); Gespräch hinsichtlich der Zuordnung, die nicht bei jedem Kind gleich ausfallen wird;
- Vorstellung von Textauszügen des Bilderbuches auf Karteikarten;
- Auswahl eines Textauszuges durch die Kinder; bildliche Umsetzung unter besonderer Berücksichtigung einer bestimmten Farbe; möglichst großflächiges Malen mit Wasser- oder Temperafarben);
- Sitzkreis: Vorstellung der Kinderbilder; Präsentation des Bilderbuches.

Schlagwörter: Farben, Gefühle, Stimmungen, Selbstfindung

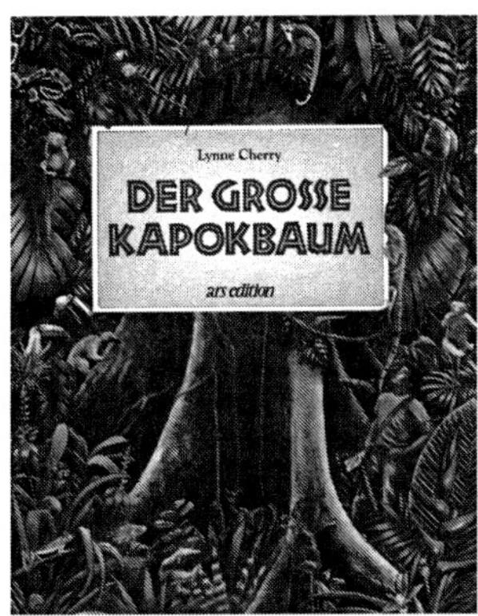

Lynne Cherry

Der große Kapokbaum

Deutsch von Jutta Langreuter

München: ars edition 1991

40 Seiten, ISBN 3760776841

Dieses Bilderbuch ist auch in englischer Sprache erhältlich.

Inhalt

Im Regenwald des Amazonas beginnt ein Mann, einen mächtigen Kapokbaum zu fällen. In der schwülen Hitze schläft er ein. Ihm nähern sich Tiere und ein Kind aus dem Stamm der Yanomami-Indianer und flüstern ihm etwas ins Ohr. Sie bitten ihn, ihr Zuhause nicht zu zerstören und erklären ihm die Gründe. Der Mann erwacht und sieht die Tiere und das Kind. Er lässt seine Axt sinken und verlässt den Regenwald.

Gehalt/ Gestaltung/ Besonderheiten

- Die Geschichte vermittelt eindringlich, welche Folgen der Raubbau des Menschen an der Natur hat. Sie mahnt indirekt dazu, das empfindliche Ökosystem der Regenwälder zu schützen. Sie macht auf die Schönheit der Natur aufmerksam.
- Die eindrucksvollen großformatigen Bilder wurden mit Wasserfarben und Farbstiften auf Aquarellpapier gemalt. Die Illustratorin reiste eigens in den Amazonas-Regenwald, um die Bilder für dieses Buch anzufertigen.
- Die Vorsatzblätter enthalten Weltkarten mit der Ausdehnung der tropischen Regenwälder früher und heute. Hier werden außerdem Tiere und die verschiedenen Schichten des Regenswaldes dargestellt. Ein Sachtext erläutert die Bilder.

Didaktische Vorschläge

2.-4. Schuljahr: Fächerübergreifendes Lernen

Das Buch eignet sich hervorragend für eine Umsetzung als Theaterstück.

3./ 4. Schuljahr: Sachunterricht

- Auch die Bäume unserer Wälder sind Lebensräume zahlreicher Tiere. Dies können die Kinder gemeinsam mit ihrem Lehrer, mit einem Förster, aber auch durch eigene Beobachtungen in Erfahrung bringen.
- Die Bilderbuchgeschichte erweist sich als ein sehr guter Ausgangspunkt für Unterrichtsprojekte wie
  - Der Regenwald- ein Lebensraum zahlreicher Tiere und Pflanzen
  - Regenwälder brauchen unseren Schutz
  - Wälder bei uns und anderswo.

Schlagwörter: Umwelt, Bäume, Ökosystem, Regenwald, Tiere, Mensch, Naturschutz

Annegert Fuchshuber

Mausemärchen - Riesengeschichte

Stuttgart: Thienemann 1983

32 Seiten, ISBN 3522418506, € 11,90

Deutscher Jugendliteraturpreis 1984, Kategorie Bilderbuch

ausgezeichnet im Wettbewerb „Die schönsten Bücher der BRD 1983“

Dieses Bilderbuch ist auch als Miniausgabe sowie in englischer und französischer Sprache erhältlich.

Inhalt

Mausemärchen: Eine kleine Haselmaus unterscheidet sich von ihren Artgenossen dadurch, dass sie keinerlei Angst kennt. Rosinchen ist geschickt, schlau und entgeht allen Feinden. Das macht die anderen Haselmäuse neidisch und misstrauisch, und keine von ihnen will die furchtlose Haselmaus zum Freund haben. Darüber ist Rosinchen traurig, und sie wandert aus, bis sie mitten auf einer Waldlichtung ein warmes, kuscheliges Plätzchen findet. Auf einmal kommt es ihr so vor, als ob ein großer Finger sie ganz sacht streichelt. Was mag dies wohl sein?

Riesengeschichte: Der Riese Bartolo ist groß und stark, doch er ist ein Angsthase. Er fürchtet sich vor allem, vor kleinen und großen Tieren, und sogar vor Tieren, die es gar nicht gibt. Und weil er sich ständig fürchtet, rennt er stets weg und findet so keinen Freund, nach dem er sich sehr sehnt. Vom Wegrennen erschöpft sinkt er auf eine Waldwiese und fühlt plötzlich etwas Warmes, Weiches in seiner Hand. Was mag dies wohl sein?

Gehalt/ Gestaltung/ Besonderheiten

- Das Bilderbuch ist zweigeteilt. Beide Geschichten enden in der Mitte des Buches und lassen den Schluss erraten. Um die jeweils andere Geschichte zu lesen, muss das Buch gedreht werden.
- Die Geschichte erzählt von Einsamkeit, von Anders- und vom Ausgestoßensein und von der Chance, sich trotz Gegensätzen zusammen zu tun und sich zu ergänzen.
- Das Buch enthält großformatige Bilder in kräftigen Farben, teilweise detailhaft gemalt; Sinn für Humor geht hier mit einer ausgefeilten Maltechnik einher.

Didaktische Vorschläge

2.-3. Schuljahr: Sprachunterricht/ Freies Schreiben

Das offene Ende der beiden Geschichten bietet die Möglichkeit, Kinder selbst einen Schluss erfinden und aufschreiben zu lassen. Wie werden Maus und Riese, wenn sie aufwachen, aufeinander reagieren? Können die beiden trotz der unterschiedlichen Eigenschaften Freunde werden? Werden sie als Paar oder Team von den anderen Tieren im Wald anerkannt?

1.-3. Schuljahr: Sozialerziehung

Das Bilderbuch bietet sich an, über den Wert von Freundschaft zu sprechen. Ausgangspunkt kann hierbei die Aussage der Maus Rosinchen sein: „Ohne Freunde ist das Leben nicht lebenswert."

Gesprächsinhalte:

- Warum es schön ist, einen Freund/ eine Freundin zu haben.
- Warum es wichtig ist, einen Freund/ eine Freundin zu haben.
- Was ich von einem Freund/ einer Freundin erwarte.

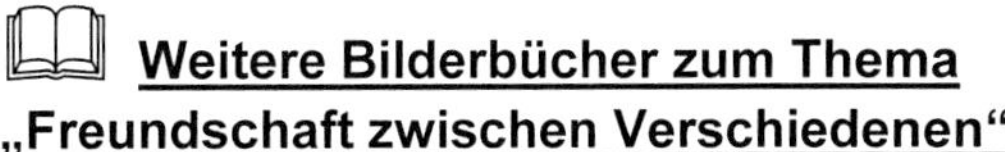

Weitere Bilderbücher zum Thema „Freundschaft zwischen Verschiedenen"

Irgendwie Anders.
Kathryn Cave (Text), Chris Riddell (Illustr.). Hamburg: Oetinger 1994

Stellaluna.
Janell Cannon. Hamburg: Carlsen 1995

⇨ **Tipp:**

Diareihe mit 1 Bilderbuch, 20 Dias, didaktisch-methodische Hinweise. Gräfeling: media nova 1989, € 75

Textauszug

Bartolo fürchtete sich nicht nur vor Spinnen und Wespen, wie du und ich. Nein, er fürchtet sich auch vor Löwen und Tigern und Drachen. Dabei hat in unserem Wald seit urewigen Zeiten niemand auch nur die Schwanzspitze von einem Löwen oder Tiger oder Drachen gesehen.

Schlagwörter: Einsamkeit, Freundschaft, Außenseiter, Stärken–Schwächen, Angst

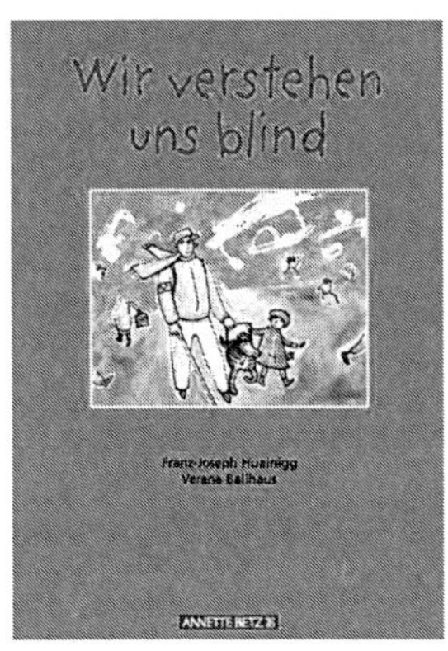

Franz-Joseph Huainigg (Text),
Verena Ballhaus (Illustr.)

Wir verstehen uns blind

Wien: Betz 2005
28 Seiten, ISBN 321911198X, € 12,95

Inhalt

Die kleine Katharina verliert im Einkaufsgewühl ihre Eltern. Ein Blinder mit einem Hund bemerkt sie. Ihre gemeinsame Suche nach Katharinas Eltern führt sie über Straßen und Parks und zur Wohnung des Blinden und schließlich aufs Polizeirevier. Währenddessen unterhalten sich die beiden, und Katharina bekommt Einblicke in die Welt und die Möglichkeiten von blinden Menschen.

Textauszug

„Was glaubst du, kann ich nicht machen?", fragte Matthias. „Na zum Beispiel spielen. Ich spiele mit meinem Papa immer ‚Ich seh etwas, was du nicht siehst.' „... und das ist klein und schwarz", sagte Matthias. „Das Auto, die Tasche, das Plakat, der Schuh...", riet Katharina. Matthias schüttelt immer den Kopf. Schließlich gab Katharina auf. „Den krächzenden Raben dort oben auf dem Baum hast du wohl nicht gesehen", sagte Matthias ein wenig stolz. „Du siehst mit deinen Ohren wirklich mehr als ich mit meinen Augen", meinte Katharina. „Jetzt bin ich dran." Und so spielten sie ‚Ich höre etwas, das du nicht sieht'.

Gehalt/ Gestaltung/ Besonderheiten

- Anhand dieser Geschichte werden viele Einzelaspekte aus dem Leben blinder Menschen erklärt, beispielsweise ihr guter Gehörsinn und ihre Orientierungsmöglichkeiten (Blindenhund, Blindenleitsystem, andere Sinne, technische Möglichkeiten). Die Leser erfahren außerdem, wie Blinde die „Hindernisse" des Alltags bzw. Dinge, die scheinbar für Blinde unmöglich sind, bewältigen, wie z.B. Geld erkennen, Kinos besuchen, Sport treiben, Uhrzeit ablesen, Computer bedienen oder lesen (Blindenschrift).
- Die Geschichte vermittelt den Eindruck, dass Blinde kompetent und eigenständig ihr Leben bewältigen können.
- Hervorgehobene Wörter leiten durch den Text.

Didaktische Vorschläge

2.-3. Schuljahr: Sprachunterricht/ Sachunterricht

Das Bilderbuch könnte in eine Unterrichtsreihe zur „Leistungsfähigkeit unserer Sinne" einbezogen werden. Um das selbstverständliche Vorhandensein einer Sinnesleistung zu einem Lernanreiz werden zu lassen, könnte das Fehlen eben dieser Fähigkeit thematisiert werden. Das Verständnis für die Bedeutung des Sehens für das Leben der Menschen kann dadurch intensiviert werden, dass die Kinder selbst in der Rolle von Blinden versuchen, das Sehen durch Tasten und Hören zu kompensieren. So können die Kinder erfahren, wie andere Sinne (hier hauptsächlich der Tastsinn) stützend und kompensatorisch wirken. Sie erfahren dabei zudem, dass keiner der Sinne einen anderen vollständig ersetzen kann. Das Bilderbuch vermittelt ergänzend dazu, dass und wie blinde Menschen ein „normales" Leben führen können.

Unterrichtsvorschlag: „Kann man mit den Fingern sehen?" – Lernen an Stationen (vgl. Benkel u. Benkel 1996)

- Einstimmung: Vorstellung eines „Fühl-Bilderbuches"
- Arbeit an Stationen: a) Rätselkisten (Gegenstände erfühlen) b) Tastkartons (Materialien erfühlen), c) Fühldomino, d) Mit den Fingern lesen e) Ein Bild für blinde Kinder herstellen, f) Zeitung für Blinde/ Blinden-ABC,
- Zusammenfassen der Ergebnisse
- Vorstellung des Bilderbuches
- Unterrichtsgespräch: So leben blinde Menschen

(Beim Betz-Verlag können kostenfrei Lesezeichen mit Brailleschrift (30 Ex.) bestellt werden.)

 **Weitere Bilderbücher zum Themenbereich „Behinderung":**

- Franz-Joseph Huainigg (Text), Verena Ballhaus (Illustr.): **Wir sprechen mit den Händen.** Wien: Betz 2005
- Franz-Joseph Hainigg (Text), Annegret Ritter (Illustr.): **Max malt Gedanken.** Gabriel 1999
- Franz-Joseph Huainigg (Text), Verena Ballhaus (Illustr.): **Meine Füße sind der Rollstuhl.** Wien: Annette Betz 2003
- Florence Cadier; Stephane Girel: **Ich bin Laura. Ein Mädchen mit Down-Sydrom erzählt.** Hamburg: Oetinger 2002

Ein Bilderbuch zum Fühlen:

Virginia Allen Jensen, Dorcas Woodbury Haller: Was ist das? Frankfurt a.M.: Sauerländer 1993

Materialien

- Gruner und Jahr (Hrsg.): Die STERN-ZEIT-Blindenzeitschrift. Hamburg
- Christoffel-Blindenmission e.V. (Hrsg.): Die Blindenschrift/ Zahlenzeichen. Bensheim

Schlagwörter: Behinderung, blind sein, anders sein

Thé Tjong-Khing

Die Torte ist weg

Eine spannende Verfolgungsjagd

Frankfurt am Main 2006 (Moritz)
32 Seiten, ISBN 3895651737, € 12,80

- Auszeichnung „Silberner Pinsel" (2005)
- Woutertje Preis (2005)
- Buch des Monats 06/2006 (Institut für Jugendliteratur)

Inhalt

Auf der Lichtung am Fluss vor der Hütte von Herr und Frau Hund klauen zwei Ratten eine Torte. Der Diebstahl bleibt nicht unbemerkt, denn unter den Bäumen halten sich viele andere Wesen auf. Nun ist der Aufruhr groß, alles ist in Unordnung geraten, die Tiere sind außer sich. Es setzt eine Verfolgungsjagd ein. Spiele, Missgeschick, Schabernack und Wut erzeugen ein herrliches Durcheinander. Schließlich landet die Torte im Fluss. Zum Schluss fischt der Frosch die Torte aus dem Wasser, und alle Tiere feiern zusammen ein Fest.

Gehalt/ Gestaltung/ Besonderheiten

- Es handelt sich hier um ein „Suchbilderbuch" ohne Text, das Kinder anregt, genau hinzuschauen und zu kombinieren.
- Es enthält detailreiche, humorvoll gestaltete Bilder, auf denen es Vieles zu entdecken gibt.
- Die Geschichte fordert Kinder zum Benennen, Beschreiben, Erzählen geradezu heraus; dabei können mehrere Erzählstränge verfolgt werden.
- Das Buch bietet eine Fülle von Sprech- und Erzählanlässen zu Ereignissen, die auch im menschlichen Leben eine Rolle spielen. Viele Male muss man die Seiten vor- und zurückblättern, bis man die Geschichte in allen Einzelheiten wahrgenommen hat.
- Es eignet sich dazu, Kindern die Möglichkeiten des Bilderlesens erfahrbar zu machen.

Didaktische Vorschläge

1. und 2. Schuljahr: Sprachunterricht/ Hör- und Sprecherziehung

Wer die Sprachkraft der Kinder bei Schulbeginn stärken will, muss besonders den Kindern mit weniger differenzierter Sprachentwicklung Gelegenheit zum Sprechen geben. Das hier vorgestellte Bilderbuch eignet sich hervorragend zur Förderung des Sprechens, der Konzentration und der Wahrnehmung kausaler Zusammenhänge.

Unterrichtsmöglichkeiten:

- genaues Betrachten und Überlegen: Was passiert? Wie könnte es weitergehen? Welche Tiere leben im Wald/ am Fluss? Was tun sie gerade, und was haben sie vor? Was sagen oder denken sie?
- Weitererzählen/ Weitermalen der Szenen
- Fortsetzen der einzelnen Geschichten

Schlagwörter: Tiere, Torte, Verfolgungsjagd

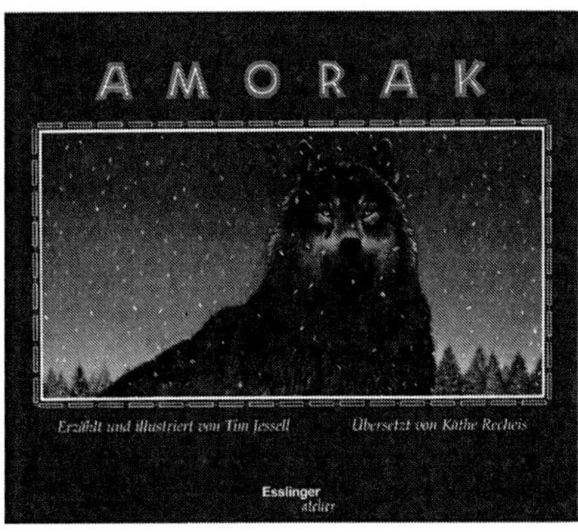

Tim Jessell

Amorak

Aus dem Amerikanischen von Käthe Recheis

Esslingen: Esslinger 1994

34 Seiten, ISBN 3480201806

Dieses Bilderbuch ist auch in englischer und französischer Sprache erhältlich.

Inhalt

Ein Eskimojunge hält Karibus und Wölfe für Feinde. Da erzählt ihm der Großvater die Geschichte von der Erschaffung der Erde, der Tiere und der Menschen. Am Anfang jagt der Mensch das Karibu. Sein Fleisch gibt ihm Nahrung, sein Fell Kleidung und feste Zelte. Mit der Zeit aber gibt es immer mehr schwache und kranke Tiere, deren schlechtes Fleisch das Leben der Menschen bedroht. Da schickt das Große Himmelswesen Amorak, den Wolf. Er und seine Familie jagen die schwachen, kranken Tiere. Daraufhin vermehren sich die gesunden, kräftigen Karibus wieder und bieten den Menschen eine gute Nahrungsgrundlage. Der Eskimojunge versteht, dass der Wolf das Karibu zwar jagt, es aber auch stark macht.

Gehalt/ Gestaltung/ Besonderheiten

- Die Geschichte, die auf einer alten Inuit-Legende basiert, verdeutlicht Kindern das Gleichgewicht in der Natur. Sie zeigt, dass im Plan der Schöpfung jedes Wesen seinen Platz hat.
- Es wird die Funktion eines Raubtiers in der Natur erklärt und gezeigt, dass Jäger- und Beutetiere einander brauchen und dass einer ohne den anderen nicht überleben kann. Der Wolf wird nicht als wilde Bestie dargestellt, sondern als Teil der Natur, in der er eine wichtige Aufgabe zu erfüllen hat.
- Das Bilderbuch enthält stimmungsvolle Illustrationen, die naturalistisch in einer Art Ölkreidetechnik gefertigt sind. Sie geben eindrucksvoll die Stimmungen im tief verschneiten Land der Eskimos wieder.
- Der knappe Text ist mit Vignetten und Zierrahmen versehen

Didaktische Vorschläge

3./4. Schuljahr: Sprachunterricht/ Sachunterricht

Meist kennen die Kinder den Wolf aus Märchen als Bösewicht und Bestie. Das Bilderbuch erweist sich hier in gewisser Weise als Korrektiv.

Arbeitsmöglichkeiten:

- mit Hilfe von Sachbüchern erkunden, wie Wölfe in der Natur leben;
- das Verhalten von Wölfen im Zoo bzw. Wildpark beobachten;
- herausfinden, wie Wölfe in bekannten Volksmärchen dargestellt werden;
- herausfinden, ob es in den Wäldern Europas noch Wölfe gibt und Informationen über Wiederansiedlungsprojekte bei Naturschutzorganisationen (z.B. Euronatur) einholen;
- sich mit der Lebensweise von Eskimos früher und heute befassen.

Schlagwörter: Wolf, Natur, Legende, Eskimo

Martin Auer (Text), Simone Klages (Illustr.)

Bimbo und sein Vogel

Weinheim: Beltz & Gelberg 1992

46 Seiten, ISBN 3407803893

- Auswahlliste zum deutschen Jugendliteraturpreis
- internationale IBBY-Ehrenliste
- Kinderbuchpreis des Kultusministeriums NRW

Inhalt

Bimbo fühlt sich einsam und wünscht sich ein Tier, einen Vogel ohne Käfig. Die Eltern erlauben dies erst, nachdem er sich „totgestellt“ hat. Bimbo kauft sich einen Schwan, doch diesen Vogel wollen Bimbos Eltern nicht im Haus haben. So gehen Bimbo und sein Vogel in den Wald, um dort zu leben. Von den Tieren des Waldes werden sie nicht willkommen geheißen, doch der Schwan ist Bimbos starker Beschützer. Am nächsten Tag besuchen sie einen Riesen, der beide frisst. Im Magen des Riesen flattert der Schwan mit den Flügeln und „macht dem Riesen ein fürchterliches Rumoren im Bauch“. So spuckt er Bimbo, den Schwan und alles aus, was er in der letzten Zeit gefressen hat. Bimbo geht nach Hause und erzählt seinen Eltern von seinen Erlebnissen. Sie erlauben, dass der Schwan bleiben darf und auch diejenigen “die der Riese ausgespuckt hat“: Kinder und Hunde und Siebenschläfer ...

Ein weiteres Bilderbuch zum Themenbereich „Kind/ Kinder wünscht/ wünschen sich ein Tier“:

Albert kommt!
John Burningham.
Frankfurt a.M:
Sauerländer 1999

Gehalt/ Gestaltung/ Besonderheiten

- Die Situation Bimbos, seine Einsamkeit, die Eltern, die ihm nicht die nötige Aufmerksamkeit schenken, ist für Kinder gut nachvollziehbar; mit dem pfiffigen Bimbo können sie sich gut identifizieren.
- Das Bilderbuch eignet sich sehr gut für die Umsetzung als Theaterstück; auf den letzten beiden Seiten beschreibt der Autor, wie die Bilderbuchgeschichte szenisch umgesetzt werden kann.
- Die Illustrationen sind in Mischtechnik (Buntstift, Wasserfarbe) ausgeführt, die Personen cartoonhaft gestaltet.
- Die Geschichte zeichnet eine lebendige Sprache aus (wörtliche Rede, Lautmalereien, umgangssprachliche Elemente „Ach, du meine Güte!“ „Na, na, na!”...).

Didaktische Vorschläge

1.-3. Schuljahr: Sprachunterricht/ musisch-ästhetischer Lernbereich

- Vor dem Vorlesen der Geschichte: Kinder erhalten eine oder mehrere freigestellte Figuren (Bimbo, die Eltern, der Riese) als Fotokopie; sie versuchen aufgrund des visuellen Erscheinungsbildes die Personen zu charakterisieren. Die Ergebnisse werden in Form eines Steckbriefes präsentiert.
- Die Eltern erlauben Bimbo schließlich, einen Vogel zu kaufen. Einzelarbeit: Aufschreiben oder malen, welchen Vogel Bimbo kauft.
- Waldszene: Gespräch über Angst; wie bewältigt Bimbo seine Angst?
- Auseinandersetzung mit dem Mageninhalt des Riesen (schreiben, malen, dazu erfinden, das Ergebnis als Riesenleporello präsentieren)
- Umsetzung der Geschichte als Papiertheater: Die Bühne wird aus einem leeren Karton hergestellt. Die Figuren werden fotokopiert, auf Pappe geklebt und dann ausgeschnitten. Sie werden mit einem Holzstäbchen versehen, so dass sie als Figuren auf der Bühne bewegt werden können. Das Spiel wird mit Geräuschen und Musik unterstützt; ein Erzähler begleitet durch das Geschehen, die wörtliche Rede wird mit verteilten Rollen vorgetragen (vgl. Grünewald 1991, S.5; zur Herstellung eines Papiertheaters vgl. Hollstein u. Sonnenmoser 2006, S.272 ff.).

Textauszug

Da kam der Vogel herein.
Es war ein wunderschöner weißer Schwan.
„Ach, du meine Güte!" sagte die Mutter.
„Na, na, na!" sagte der Vater.
Das ist mein schöner weißer Vogel!" sagte Bimbo.
„Dieser Schwan kommt mir nicht ins Haus!" sagte die Mutter.
Schwäne gehören nicht in die Wohnung!" sagte der Vater.
„Gut, aber dann fall` ich jetzt sofort tot um!"

Ein weiteres Bilderbuch, das sich für ein Papiertheater eignet:

Der Grüffelo.
Axel Scheffler (Illustr.), Julia Donaldson (Text). Weinheim: Beltz & Gelberg 1999

Schlagwörter: Alleinsein, Vogel, Riese, Haustier, Wald, Schwan

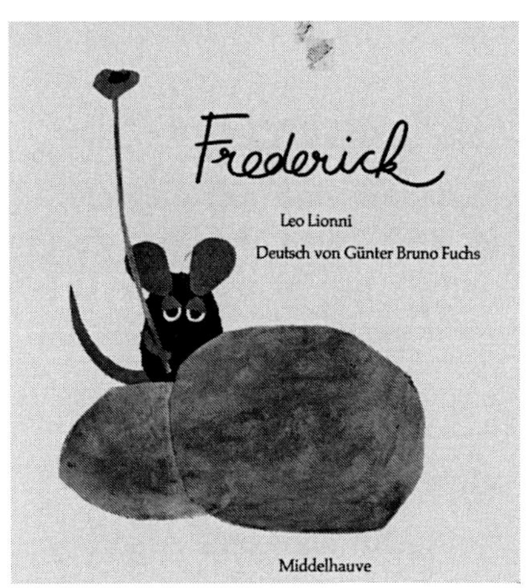

Leo Lionni

Frederick

Deutsch von Günter Bruno Fuchs

Köln: Middelhauve 1976/ Weinheim: Beltz 2003

32 Seiten, ISBN 3787691405, € 12,95

Deutscher Jugendliteraturpreis (Auswahlliste)

Dieses Bilderbuch ist auch in englischer, französischer und spanischer Sprache und im Miniformat erhältlich.

Inhalt

In einer Mauer wohnt eine Familie Feldmäuse. Alle Mäuse sind den ganzen Sommer und Herbst über damit beschäftigt, Vorräte anzulegen - bis auf Frederick. Er scheint immer zu schlafen und zu träumen. Auf ihre Fragen, was er denn tue, gibt er seltsame Antworten. Er behauptet, Sonnenstrahlen, Farben und Wörter zu sammeln. Dann kommt der Winter, und bald sind die Vorräte aufgebraucht. Als die Mäuse frieren und hungern, packt Frederick seine Schätze aus: Seine Erzählungen von den Sonnenstrahlen rufen in den Köpfen der Mäuse wärmende Erinnerungen wach, und wenn Frederick von den Farben berichtet, können die Mäuse vom Sommer träumen, weil Fredericks Worte ihre Phantasie anregen. Aus den Wörtern macht Frederick ein schönes Gedicht und verkürzt damit den Mäusen das lange Warten auf den Frühling.

Textauszug

*Da fiel ihnen plötzlich ein, wie Frederick von Sonnenstrahlen, Farben und Wörtern gesprochen hatte. „Frederick!“ riefen sie, „was machen **deine** Vorräte?“*

Gehalt/ Gestaltung/ Besonderheiten

- Wie alle Bilderbücher von Leo Lionni so ist auch „Frederick“ eine Fabel: „Meine Gestalten sind Menschen in Verkleidung, und ihre kleinen Probleme und Situationen sind menschliche Probleme, menschliche Situationen“. (Lionni 1980, S.120)
- Die Fabel vermittelt, dass etwas, das zu einer Zeit faul und unvernünftig erscheint, zu einer anderen Zeit Sinnvolles zutage bringen kann. Sie lehrt darüber hinaus, dass nicht nur Materielles im Leben zählt, sondern auch Immaterielles wie die Freude an der Natur, der Kunst und der Literatur. Mit ihrer Hilfe und mit der Macht der Phantasie gelingt es, selbst harte Zeiten zu überstehen.
- Die schlichten Bilder wurden mit gerissenem und geschnittenem Buntpapier in Collage-Technik (Papierriss-Collagen) gestaltet.

Didaktische Vorschläge

1. Schuljahr/ Fächerübergreifendes Lernen

Schüleraktivitäten:

- eine Papierriss-Collage „Frederick sammelt Farben, Sonnenstrahlen und Wörter" anfertigen. Dazu werden der Mäusekörper sowie die Ohren aus Packpapier herausgerissen (Andeuten der Fellstruktur), aufgeklebt und mit einem schwarzen Stift das Gesicht der Maus ausgestaltet. Andere Bildelemente werden gemalt oder aus Buntpapier geschnitten und aufgeklebt;
- ein eigenes kleines Frederick-Buch anfertigen. Dazu werden die Texte stark verkürzt vorgegeben; die Kinder malen die Bilder dazu.

  Mögliche Texte:
  (1) Die Mäuse sammeln Vorräte für den Winter.
  (2) Der Winter kommt. Die Mäuse ziehen sich in ihr Versteck zurück.
  (3) Die Mäuse sind glücklich. Sie haben viel zu essen.
  (4) Die Mäuse sind traurig. Alles ist aufgeknabbert.
  (5) Frederick packt seine Vorräte aus: Sonnenstrahlen, Farben, Wörter.
- mit ausgeschnittenen Mäuseohren Rollenspiele durchführen;
- herausfinden, wie Mäuse und andere Tiere in der Natur sich auf den Winter vorbereiten und diese kalte Jahreszeit überstehen.

zusätzliche didaktische Materialien:

Britta Arendt: „Frederick" – Literatur-Werkstatt. (Klasse 1-2). Mülheim a.d.R.: Verlag an der Ruhr

weiterführende Literatur:

Leo Lionni: Zwischen Zeiten und Welten. Autobiographie. München: Middelhauve 1998

Leo Lionni: Warum ich für Kinder schreibe. In: Dieter Pesch (Hrsg.): Bilderbücher. Schriften des Museumsvereins Dorenberg e.V., Bd. 31. Köln 1980, S.118-124

⇨ **Tipps:**

✸ Zum Bilderbuch gibt's auch Audio-CDs, VHS, Musikkassetten sowie eine Dia-Reihe mit 1 Bilderbuch + 15 Dias + didaktisch-methodische Vorschläge + Spielvorschläge. Landshut: media nova 1986, € 75

✸ Frederick-Tag - Das landesweite Literatur-Lese-Fest (Baden-Württemberg); www.frederick.de

✸ Wanderausstellung „Frederick und andere Tiere"
Zu reservieren bei:
Regierungspräsidium Stuttgart
Fachstelle für das öffentliche Bibliothekswesen; www.s.fachstelle.bib-bw.de/index.html

Schlagwörter: Mäuse, Werte, Winter, Außenseiter, Farben, Wörter, Natur

Chen Jianghong

Han Gan und das Wunderpferd

Aus dem Französischen von Erika und Karl Klewer

Frankfurt a.M.: Moritz 2004

40 Seiten, ISBN 3895651159, € 16,80

Deutscher Jungendliteraturpreis 1995

Dieses Bilderbuch ist auch in französischer Sprache erhältlich.

Inhalt

Der begabte Maler Han Gan malt am liebsten Pferde, die so lebendig wie möglich aussehen sollen. Mit der Zeit wird er ein berühmter Maler, von dem man erstaunliche Dinge erzählt. Er könne gar mit seinem Zauberpinsel Pferde zum Leben erwecken. Eines Tages kommt ein Krieger und bittet ihn, das feurigste und stärkste Schlachtross zu malen, das es je gegeben hat. Das gemalte Pferd wird auf einmal lebendig. Es ist unverwundbar und führt den Krieger von Sieg zu Sieg. Dieser tötet immer weiter, bis das Pferd ihn abwirft und flieht, weil es die Schrecken des Krieges und das entsetzliche Leid nicht mehr ertragen kann. Das Pferd läuft zurück zu Han Gan und reiht sich in ein Bild ein, auf dem andere Pferde friedlich miteinander leben.

Textauszug

Er (der Krieger) wollte immer weiter kämpfen, bis kein einziger Feind mehr am Leben war. Beim Anblick der Schrecken des Krieges, der so entsetzliches Leid über Menschen und Tiere brachte, kamen seinem Pferd die Tränen.

Gehalt/ Gestaltung/ Besonderheiten

- Es handelt sich um eine Anti-Kriegs-Geschichte.
- Die Geschichte des Malers Han Gan hat den Künstler Chen Jianghong zu diesem Bilderbuch inspiriert. Dieser lebte vor mehr als 1.200 Jahren in China und war für seine Darstellungen von Pferden berühmt.
- Wie Han Gan malt auch Chen Jianghong seine Bilder auf Seide. Sie sind großformatig und ähneln in Abfolge und Ausschnitt den traditionellen chinesischen Bildrollen.
- Der Zauber der chinesischen Bilderkultur machen das Bilderbuch zu einer ästhetischen Besonderheit.

Didaktische Vorschläge

2.-4. Schuljahr: Sprachlicher Lernbereich/ Weiterführendes Lesen/ Freies Schreiben

Das Vorstellen eines außergewöhnlichen Bilderbuches wie „Han Gan und das Wunderpferd“ kann den Ausgangpunkt bilden für das Einführen eines Lesetagebuches. In dem DIN-A4 großen Heft, auf dem mit bunten Buchstaben „Mein Lesetagebuch“ steht, werden wahlweise gelesene Inhalte zusammengefasst, Überlegungen angestellt, wie die Geschichte weitergehen könnte, eine persönliche Bewertung vorgenommen oder gemalt. Besonders „schöne“ Textpassagen können auch abgeschrieben werden. Jeder Eintrag beginnt mit einem aktuellen Datum, und zu jedem neuen Buch werden Autor, Illustrator, Titel und Verlag angegeben. Durch den erforderlichen Eintrag im Lesetagebuch setzen sich die Kinder mit dem Gelesenen noch einmal intensiv auseinander; zudem macht es den Kindern Freude, ihre eigenen Leseaktivitäten und damit verbunden auch die Fortschritte im Lesen und Schreiben zu verfolgen. Die erste Seite des Lesetagebuches sollte gemeinsam mit der Klasse exemplarisch zu einem Bilderbuch gestaltet werden.

 **Weitere Bilderbücher von Chen Jianghong:**

Der Tigerprinz.
Chen Jianghong. Frankfurt a.M.: Moritz 2005

Zhong Kui. Ein Besuch der Pekingoper.
Chen Jianghong. Frankfurt a.M.: Moritz 2001

Junger Adler.
Chen Jianghong. Frankfurt a.M.: Moritz 2006

⇨ **Textauszug:**

„Das Pferd, das du mir gegeben hast, ist verschwunden“, sagte der Krieger. „Weißt du, wo es ist?“ „Ja“, sagte Han Gan. „Siehst du das Bild da? Ich hatte fünf Pferde gemalt. Als ich eines Morgens aufwachte, waren es auf einmal sechs. Dort auf meinem Bild lebt es jetzt mit seinen Freunden und es geht ihm gut dabei.“

Schlagwörter: Malen, Krieg, Pferde, China

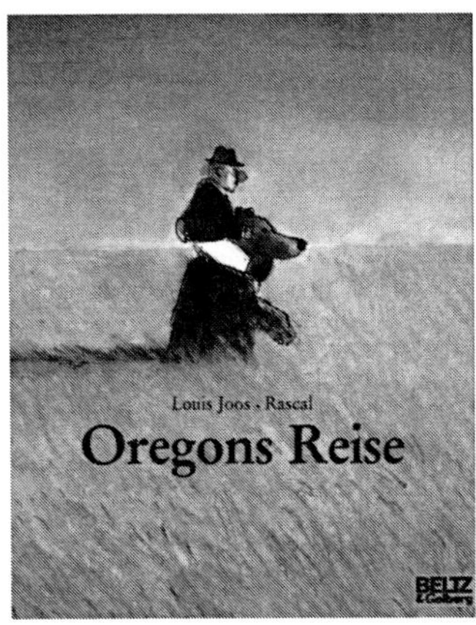

Rascal (Text), Louis Joos (Illustr.)

Oregons Reise

Aus dem Französischen von Willi Fährmann
Weinheim: Beltz & Gelberg 2004
32 Seiten, ISBN 3407760159, € 5,50
ausgezeichnet mit dem Katholischen Kinderbuchpreis
Dieses Bilderbuch ist auch als Minimax-Ausgabe erhältlich.

Inhalt

Der Clown „Duke" erzählt, wie er seinen Freund, dem Zirkusbären „Oregon", aus jahrelanger Gefangenschaft befreit und ihn von Pittsburgh aus in die weiten Wälder von Oregon bringt. Die beiden leben in einem Motel, schlafen unter freiem Himmel und fahren per Anhalter. In Oregon trennen sich die Freunde. Duke ist glücklich darüber, dass der Bär nun da leben kann, wo er eigentlich hingehört.

Textauszug

Wie an jedem Abend führte ich in der Manege meine Späße vor. Dann brachte ich Oregon in den Käfig zurück. Aber an diesem Abend war es anders als sonst. Es war wie im Märchen. Oregon begann zu sprechen und sagte zu mir: „Duke, bring mich in den großen Wald. Bring mich in das Land, das so heißt wie ich. Bring mich nach Oregon."

Gehalt/ Gestaltung/ Besonderheiten

- Dieses Bilderbuch spricht die Gefangenschaft und die nicht artgerechte Haltung von Wildtieren an.
- Das Buch enthält außerdem gesellschaftskritische Aspekte. Sie zeigen sich in der Szene, in der sich der Clown wegen seines Kleinwuchses und ein Lastwagenfahrers wegen seiner schwarzen Hautfarbe beklagen, dass sie es nicht leicht in diesem Land (den USA) hätten.
- Die Hässlichkeit von industrialisierten Städten wird der Schönheit der Natur gegenübergestellt.
- Die Geschichte ist schlicht und mit sparsamen Worten erzählt.
- Großformatige, leuchtend bunte Bilder begleiten den Text.

Didaktische Vorschläge

2.-4. Schuljahr: Sprachunterricht

Unterrichtsvorschläge:

- Anfertigung einer Personenbeschreibung von dem Clown Duke auf der Grundlage der ersten Bilderbuchseiten; Gestalten eines Passbildes von Duke; Personenbeschreibung und Passbild zusammen aufkleben;
- Gestaltung eines Zirkusplakates, das Duke und Oregon zeigt;
- Erzählen der Reisestationen nach Oregon nach einer Bilderfolge;
- Einrichtung einer Erzählstraße: Die aufeinanderfolgenden Bilder der Geschichte werden kopiert und wie Stationen mit Abständen an die Wand geheftet. Die Kinder gehen zu zweit an der Erzählstraße entlang und erzählen sich mit eigenen Worten die Geschichte;
- Erzählen der Geschichte von Duke und Oregon mit Hilfe von Stichwortzetteln (Stichworte auf einer Anzahl von fortlaufend nummerierten Zetteln schreiben);
- Gemeinsame Überlegung, warum der Bär Oregon in den großen Wald möchte, und Nachdenken über die Gefangenschaft von Wildtieren. (Unterrichtsmaterialien vom Verlag Beltz & Gelberg zum kostenlosen Download: http://www.beltz.de/html /frm_kinder.htm)

Weitere Bilderbücher, die den Tierschutz thematisieren:

- **Die Kanincheninsel.**
  Jörg Steiner (Text), Jörg Müller (Illustr.). Frankfurt a.M.: Sauerländer 1995
- **Strandhunde.**
  Katja Gehrmann. Hamburg: Carlsen 2001
- **Komm, Igel, komm/ Igel, komm, ich nehm dich mit.**
  Tilde Michels (Text), Sara Ball (Illustr.). München: Sellier 1992 (gebunden)/ München: dtv junior 1991 (broschiert)

⇨ **didaktische Literatur:**

Claussen, Claus: Erzählen lernen in der Grundschule. In: Claus Claussen; Valentin Merkelbach: Erzählwerkstatt. Mündliches Erzählen. Braunschweig 1995, S.35-82

Schlagwörter: Bär, Zirkus, Clown, Freundschaft, Natur

Vera Eggermann

Sardinen wachsen nicht auf Bäumen

Zürich: Atlantis 2002

28 Seiten, ISBN 3715203927

1998/ 99 ausgezeichnet als eines der schönsten Bücher aus aller Welt von der Stiftung dt. Buchkunst

Inhalt

Dass Sardinen nicht auf Bäumen wachsen weiß doch jede Katze. Aber woher kommen sie dann? Na klar, aus Sardinien! Die beiden Katzen Uli und Emilie machen sich auf den Weg, um das Geheimnis der Sardinen zu ergründen.

Weitere Bilderbücher mit besonderer typographischer Gestaltung:

- **Stimmen im Park**
- **Wir gehen auf Bärenjagd**
- **Der Sternenbote**
- **Jeder Tag hat eine Farbe**

(bibliogr. Angaben siehe Literaturverz.)

Gehalt/ Gestaltung/ Besonderheiten

- Das Bilderbuch gewinnt seinen Reiz durch seine besondere typographische Gestaltung.
- Durch die Integration des Textes in die Illustration, durch die ungewöhnliche Anordnung der Texte mal vertikal, mal konventionell horizontal, dann wiederum diagonal – verbunden mit dem gekonnten Wechsel von Schriftgröße und Stärke der Drucktypen – werden unterschiedliche Aussage-Qualitäten erreicht und besondere optische Effekte erzielt.

Didaktische Vorschläge

3./4. Schuljahr: Sprachlicher Lernbereich/ Schriftliches Gestalten

Im Zusammenhang mit typographisch außergewöhnlich gestalteten Bilderbüchern können Kinder erfahren, dass auch Schrift- und Textgestaltung für das Textverständnis sowie als Lesehilfen zu nutzen sind. Sie lernen Schrift zu interpretieren und diese als persönliche Ausdrucksformen zu schätzen. Bilderbücher mit einer unkonventionellen Schrift- und Textgestaltung können einen Zugang zur Schrift allgemein und im besonderen zur eigenen Handschrift eröffnen (vgl. Hollstein 2000). Das hier vorgestellte Bilderbuch ist ein besonders gutes Beispiel, wie durch typographische Gestaltungsmittel die Textaussage wirkungsvoll unterstützt und zugleich Spannung erzeugt werden kann. Deshalb regt es Kinder an, selbst Ideen für Spielereien mit Schrift zu entwickeln.

Schlagwörter: Schrift, Katze, Reise, Abenteuer

Rafik Schami (Text), Peter Knorr (Illustr.)

Der Wunderkasten

Weinheim: Beltz & Gelberg 1997
48 Seiten, ISBN 340780363X, € 12,90

Dieses Bilderbuch ist auch als Minimax-Ausgabe, Audio-CD und Kassette erhältlich.

Inhalt

Ein Geschichtenerzähler zieht durch die Altstadt von Damaskus. Von ihm hören die Kinder – in immer neuen Variationen – das Märchen vom Hirtenjungen Sami und der schönen Leila. Während er erzählt, pressen die Kinder die Augen an Gucklöcher. Doch mit der Zeit verblassen die wunderschönen alten Bilderrollen im Guckkasten. Um seinen Wunderkasten weiterhin nutzen zu können, bessert der Erzähler die Bilder aus und fügt in sein orientalisches Märchen moderne Reklamebilder ein, die er aus Zeitungen herausgerissen hat. Nach und nach werden die alten Bilder durch immer mehr Bildelemente aus der modernen Welt der Werbung ersetzt. Somit verändert Sich auch das erzählte Märchen. Schließlich verzichtet der Geschichtenerzähler auf das Zeigen der Bilder und vertraut erfolgreich der Bildkraft seiner Worte.

Gehalt/ Gestaltung/ Besonderheiten

- Es handelt sich um eine zeitlose Geschichte über die Macht der Phantasie.
- Durch Wahl spezifischer Motive, durch die Orientierung an der orientalischen Miniaturmalerei sowie an der Ornamentik der islamischen Kunst besitzen die Bilder orientalischen Charakter und vermitteln Märchenatmosphäre.
- „Autor und Illustrator gelingt es überzeugend, die Wunderwelt des gemalten Bildes, das abenteuerliche Leben der Prinzessin Leila, mit der trivialen Bilderflut der Werbung und deren „Prinzessin Kolgata“ zu konfrontieren. Das bereits mediengewohnte Kinder vermag das Buch – vor allem mit kundiger Hilfe – nachhaltig zu beeindrucken.“ (Verweyen 1996, o.S.)
- Das Bilderbuch enthält viel Text.

Didaktische Vorschläge

3./4. Schuljahr: Sprachunterricht/ Hör- und Sprecherziehung; Medienerziehung

Eine Erzählstraße einrichten

Die Bilder des Bilderbuches werden kopiert und wie Stationen mit Abständen an die Wand des Klassenraumes oder eines Ganges geheftet. Die Kinder gehen paarweise an der Erzählstraße entlang und erzählen sich mit eigenen Worten die Geschichte. Dies lässt sich nach, aber auch vor der Lektüre (dies kann sehr reizvoll sein) realisieren.

Ein eigenes Märchen aus Elementen der Zeitschriftenwerbung entwickeln

Ausgehend von Motiven in Zeitschriftenwerbung entwickeln die Kinder in Partnerarbeit eine eigene Geschichte. Sie schreiben diese auf, schneiden dazu Bildelemente aus und gestalten aus den Collagen einen Wandfries zur Geschichte.

Schlagwörter: Orient, Märchen, fremde Kulturen, Werbung, Gesellschaftskritik

Kirsten Boie (Text), Philip Waechter (Illustr.)

Josef Schaf will auch einen Menschen

Hamburg: Oetinger 2002

18 Seiten, ISBN 3789163392, € 12,-

09/2002 Buch des Monats der Dt. Akademie für Kinder- und Jugendliteratur

01/2003 Die besten 7 Bücher für junge Leser (DeutschlandRadio/ Focus)

Dieses Bilderbuch ist auch als Miniausgabe erhältlich.

Inhalt

Josef Schaf wünscht sich nichts sehnlicher als einen eigenen kleinen Menschen als Hausgenossen. Als er ihn endlich bekommt, hat er mit seinem Hausmenschen viel zu tun: Er füttert seinen Purzel, macht den Käfig sauber und geht mit ihm spazieren. Doch eines Tages entwischt ihm der Kleine und saust in den Wald. Dass Menschen so schnell sein können, hat Josef nicht gewusst. Er ist verzweifelt, doch die Tiere des Waldes helfen ihm, seinen Menschen wieder zu finden. Josef Schaf schmust mit ihm und nimmt sich vor, ihn nie wieder laufen zu lassen.

Textauszug

„Natürlich kriegst du keinen Menschen“, sagt Papa Schaf beim Mittagessen. „Das haben wir dir schon tausendmal gesagt. Aus, Punkt, Schluss.“
„In meiner Klasse haben alle einen!“ sagt Josef Schaf böse. „Alle! Immer darf nur ich nichts!“
„Man redet nicht mit vollem Mund“, sagt Mama Schaf ganz lieb.
„Du weißt doch, dass Papa und ich nichts von Hausmenschen halten. Es ist Menschenquälerei!“

Gehalt/ Gestaltung/ Besonderheiten

- In dieser fantasievollen Geschichte werden die Verhältnisse auf den Kopf gestellt: Nutztiere halten sich Menschen als Hausgenossen und haben die gleichen Freuden und Pflichten: füttern, sauber machen, ausführen, streicheln.
- Die Geschichte fördert die Empathiefähigkeit. Sie regt zur Diskussion um die Haltung von Haustieren an.

Didaktische Vorschläge

3./4. Schuljahr: Sprachunterricht/ Hör- und Sprecherziehung

Das Nacherzählen einer Bilderbuchgeschichte fällt vielen Kindern nicht schwer; eine interessante Herausforderung stellt für sie jedoch der Wechsel der Erzählperspektive dar. Hier gilt es, sich in die Situation einer Bilderbuchfigur zu versetzen, deren Sichtweise im Rahmen der Bilderbuchgeschichte unberücksichtigt bzw. nur gering berücksichtigt bleibt. Im vorliegenden Bilderbuch kann der Perspektivenwechsel zum Thema gemacht werden. Die Kinder können sich in die Lage des Hausmenschen „Purzel" einfühlen und versuchen, die Geschichte aus ihrer Sicht zu erzählen.

ab 2. Schuljahr: Sachunterricht / Erfahrungsbereich „Tiere"

Die Geschichte bietet einen guten Ausgangspunkt, um das Halten und Pflegen eine Haustieres zu thematisieren. Im Mittelpunkt sollten folgende Überlegungen stehen: Voraussetzung für die richtige Haltung und Pflege eines Tieres sind die Kenntnis und die Beachtung seiner Lebensgewohnheiten und -bedürfnisse. Mit dem Halten von Tieren ist Verantwortung verbunden.

Weitere Bilderbücher, die sich für einen erzählerischen Perspektivenwechsel eignen:

- **Klar, dass Mama Ole/ Anna lieber hat.**
  Kirsten Boie (Text), Silke Brix-Henker (Illustr.). Hamburg: Oetinger 1994
- **Komm, Igel, komm/ Igel, komm, ich nehm dich mit.**
  Tilde Michels (Text), Sara Ball (Illustr.). München: Sellier 1992/ München: dtv junior 1991
- **Stimmen im Park.**
  Anthony Browne. Oldenburg: Lappan 1999

Schlagwörter: Haustier, Pflegen, Geschenk, Schaf

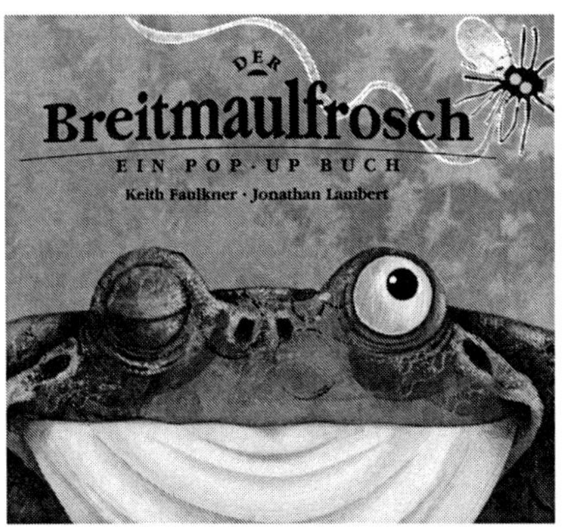

Keith Faulkner, Jonathan Lambert

Der Breitmaulfrosch

Aus dem Englischen von Paula Peretti
Düsseldorf: Patmos 1997
16 Seiten, ISBN 349138043X

Inhalt

Ein Breitmaulfrosch erzählt, dass er am liebsten Fliegen frisst. Er hüpft zu einem Vogel und zu einer Maus und fragt sie nach ihren kulinarischen Vorlieben. Dann begegnet er einem Krokodil, das antwortet auf seine forsch gestellte Frage, es fresse am liebsten köstliche Breitmaulfrösche. Da zieht der Breitmaulfrosch seine lange Zunge ein, formt sein Maul klein und schmal als wäre er ein Spitzmaulfrosch und entgegnet dem Krokodil, dass es Breitmaulfrösche ja vor Ort nur selten gäbe. Dann springt er vorsichtshalber in den Teich.

Textauszug

Der Breimaulfrosch schnappte sich ein paar frische Fliegen und hüpfte weiter. Da sah er einen großen grünen Alligator. „Ich bin ein Breitmaulfrosch und fresse am liebsten Fliegen", rief der Breitmaulfrosch. „Was frisst du am liebsten?" „Tja, also – am aller liebsten fresse ich köstliche, kleine Breitmaulfrösche", sagte der Alligator und zeigte dabei seine messerscharfen Zähne.

Gehalt/ Gestaltung/ Besonderheiten

- Dieses Bilderbuch gehört zu den Pop-up-Büchern. „Pop-up" bezeichnet einen bestimmten Buchtyp der Gattung „Spiel-Bilderbuch", bei dem sich die zweidimensionale Bildfläche zur Dreidimensionalität erweitert.
- Beim Aufklappen der fünf Doppelseiten entfalten sich Mäuler und Schnäbel der Tiere. Sie öffnen und schließen sich, wenn die Seiten bewegt werden. Auf der sechsten Doppelseite springt der Frosch mit einem lauten „Platsch" in den Teich zurück, während das Wasser in Form einer großen, blauen Rosette dem Leser scheinbar „entgegenspritzt".
- Das Buch besitzt eine besondere typographische Gestaltung, die Hinweise auf die Sprechweise des Frosches gibt.

Didaktische Vorschläge

2. Schuljahr: Sprachunterricht/ Weiterführendes Lesen

Ausgehend von diesem lustigen Pop-up-Bilderbuch können Dialoge sprechgestalterisch geübt und vorgetragen werden. Es bietet sich an, den Kindern den kurzen Text auf einem Arbeitsblatt zu präsentieren. Die wörtliche Rede kann unterschiedlich farbig unterstrichen werden. Nach gemeinsamen Überlegungen, wie es klingt, wenn sich der Breitmaulfrosch, der Vogel, die Maus und das Krokodil in den verschiedenen Situationen äußern, können die Kinder das Vorlesen mit dem Partner üben. Später wird es ihnen besonderes Vergnügen bereiten, wenn im Stuhlkreis ein Kind die beweglichen Bilder im Bilderbuch präsentiert, während mehrere Kinder in verteilten Rollen den Text dazu vortragen.

3./4. Schuljahr: Sprachunterricht/ musisch-ästhetischer Lernbereich

Ausgehend von dem vorliegenden Bilderbuch können Kinder mit der Buchgattung „Spiel-Bilderbuch" bekannt gemacht werden. Diese Bücher bieten eine zusätzliche Stimulanz in Form von im Buch integrierten „Techniken", die vom Leser aktiviert werden können. So mag der Leser an einer Papierlasche ziehen, einzelne Bildsegmente oder Folien im Buch umklappen, an Pappscheiben drehen u. v. m. Es wird Kindern Freude bereiten, eigene Spiel-Bilderbücher herzustellen. Dazu sollten sie vorab Techniken und Darstellungsmöglichkeiten dieser Buchgattung kennen lernen.
(Anleitungen und Ideen finden sich dazu in Hollstein u. Sonnenmoser 2006, S. 284ff.)

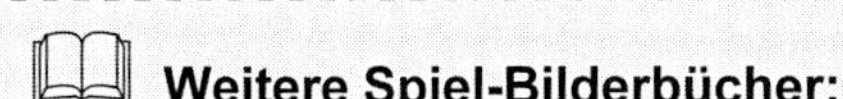

Weitere Spiel-Bilderbücher:

- **Groß, Klein, Dick, Dünn. Ich mag mich, wie ich bin.**
  Emma Damon. Stuttgart: Gabriel 2003
- **Mein Hund Oskar. Ein Pop-up-Bilderbuch.**
  Caroline Hees. München: Hanser 2002
- **Wenn ein Bär ein Auto kauft.**
  Stephen Wyllie. Hamburg: Xenos 1995
- **Penelope in der Schule.**
  Anna Gutmann, Georg Hallensleben. Hamburg: Carlsen 2005

Schlagwörter: Frosch, Tiere, Pop-up

Helmut Kollars

Es war einmal ein Zauberer ganz allein

München: Betz 1996

40 Seiten, ISBN 3219106315

Inhalt

Der kleine Zauberer, der lange Zeit allein und einsam war, sieht sich eines Tages einem anderen Zauberer gegenüber, der seinen Wohnturm unvermittelt neben dem seinen errichtet hat. Ohne etwas voneinander zu wissen, geraten die beiden Zauberer in einen Streit, bei dem sie schließlich ihre Türme zerstören. Über eine zufällig entdeckte Gemeinsamkeit finden sie jedoch zueinander und haben fortan viel Spaß zusammen.

Textauszug

Es lebte einmal
ein Zauberer ganz allein
in diesem Turm.
Ihm war so langweilig,
dass ihm nicht einmal mehr
sein Bier schmeckte.
Er hatte schon jeden
Zauberspruch gelesen
und jeden Zauberspruch
100 x ausprobiert.
So bereiste er die ganze Welt.

Gehalt/ Gestaltung/ Besonderheiten

- In der Geschichte geht es um Einsamkeit und Gemeinsamkeit, um das Kennenlernen, sich Streiten und sich Versöhnen. Es wird vermittelt, dass eine Freundschaft das Leben bereichen kann, und zugleich verdeutlicht, dass man jemanden erst kennen lernen sollte, bevor man über ihn urteilt.
- Der kurze Text besteht aus einfachen Sätzen. Die große Schrift ohne Serifen ist für Leseanfänger sehr gut geeignet.
- Die Bilder in cartoonhaftem Zeichenstil sind in kräftigen Farben gehalten; auf einigen Bildern finden sich witzige Details, die zum genauen Hinsehen auffordern.
- Bild und Text bieten ein gutes funktionales Zusammenspiel.

Didaktische Vorschläge

1. Schuljahr: Sprachunterricht/ Hör- und Sprecherziehung, Sozialerziehung

(vgl. Hollstein u. Sonnenmoser 2006)

Gespräch im Klassenverband; Gesprächsinhalte:

- Was der Zauberer mit seinem Freund alles unternehmen kann.
- Warum es schön ist, einen Freund/eine Freundin zu haben.
- Warum es wichtig ist, einen Freund/eine Freundin zu haben.
- Warum man erst jemanden kennen lernen sollte, bevor man über ihn urteilt.

Rollenspiel:
Die beiden Zauberer streiten miteinander, obwohl sie sich gar nicht kennen. Wir spielen, wie man das besser macht: Der kleine Zauberer - er trägt einen blauen Umhang - sieht eines Morgens, als er aus dem Fenster blickt, den Wohnturm eines anderen Zauberers - ihn kleidet ein roter Umhang. Wie verhalten sich die beiden Zauberer richtig?

Spiel mit Fingerpuppen:
Nach dem Basteln der Figuren (Anleitung s. Hollstein u. Sonnenmoser 2006) und der Requisiten (die Wohntürme der Zauberer lassen sich sehr gut aus Papprohren anfertigen), wird die Geschichte nachgespielt. Spielbeginn: Der kleine Zauberer entdeckt eines Morgens neben seinem eigenen einen weiteren Turm.

⇨ **zusätzliche didaktische Materialien:**

Gudrun Hollstein, Marion Sonnenmoser: Werkstatt Bilderbuch. Hohengehren 2006, Kap. III/4.6

 **weiterführende Literatur:**

Gudrun Hollstein: "Zuerst bewarfen sie sich nur mit faulem Obst!" - Soziales Lernen in der Grundschule mit Bilderbüchern. In: R. Arnold, H. Günther (Hrsg.): Innovative Bildungs- und Erziehungsprozesse. Kaiserslautern 2003, S. 125-131

Ein weiteres Bilderbuch vom kleinen Zauberer:

Der vergessene Zauberspruch. Helmut Kollars. München: Betz 1997

Weitere Bilderbücher für Schulanfänger zum Themenbereich Freundschaft:

- **Der Regenbogenfisch.** Marcus Pfister. Gossau: Nord-Süd 1992
- **Wahre Freunde.** Manuela Olten. Zürich: Bajazzo 2005

Schlagwörter: Freundschaft, Kennen lernen, Einsamkeit, Streiten, Gemeinsamkeit

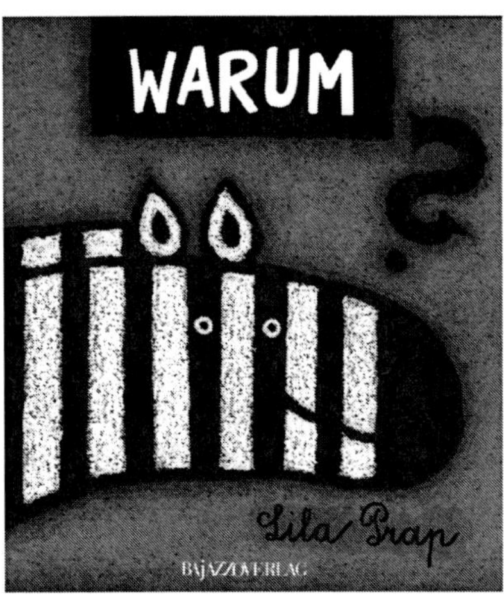

Lila Prap

Warum?

Aus dem Englischen von Thomas Minssen

Zürich: Bajazzo 2005

40 Seiten, ISBN 3907588568, € 13,90

Deutscher Jugendliteraturpreis 2005, Kategorie Sachbuch

Dieses Bilderbuch ist auch in englischer und französischer Sprache erhältlich.

Inhalt

Auf 14 Doppelseiten werden jeweils ein exotisches Tier anhand eines Bildes und einer Frage (z.B. „Warum lachen Hyänen?"), die sich auf eine Besonderheit des Tieres bezieht, vorgestellt. Rings um das Bild des jeweiligen Tieres finden sich dazu launige, witzige und phantasievolle Antworten ("weil´s kitzelt, wenn sie barfuß im Gras laufen."). Am rechten Seitenrand wird die Frage sachlich beantwortet, und es werden zusätzliche Informationen zum Tier vermittelt.

Gehalt/ Gestaltung/ Besonderheiten

- Es handelt sich hier um ein Sachbuch besonderer Art: Sachinformationen stehen phantasievollen Aussagen und Sprachspielereien gegenüber.
- Das Buch regt Kinder an, über Besonderheiten von Tieren (Hörner, Höcker, lange Hälse u.a.) nachzudenken.
- Auf den Vorsatzblättern sind die im Buch behandelten Tiere sowie Phantasietiere („Wawe", „Kamkäng", „Walaffe") kleinformatig abgebildet.
- Am Anfang des Buches werden die Leser aufgefordert, selbst Antworten auf die gestellten Fragen zu finden und Tiere zu malen.
- Die Bilder enthalten humorvoll stilisierte Tierfiguren in erdigen Farben; sie wurden mit Kreide auf schwarzes Papier gemalt.

Didaktische Vorschläge

2.-4. Schuljahr: Sprachunterricht; Sachunterricht

- Sprachspielereien: Phantasietiere erfinden nach den Vorbildern im Buch („Girugu", „Löwange");
- Phantasietiere malen oder aus verschiedenen Materialien gestalten;
- Ein Bilderbuch nach Art des vorliegenden Buches in Gruppenarbeit herstellen: Tiere auswählen, über diese Tiere in Sachbüchern nachlesen, interessante Fragen und lustige Antworten sowie Sachinformationen formulieren, Bilder malen;
- Bilderbuch als Ausgangspunkt für eine „Zootier-Werkstatt" nutzen.

Schlagwörter: exotische Tiere, Sprachspielerei

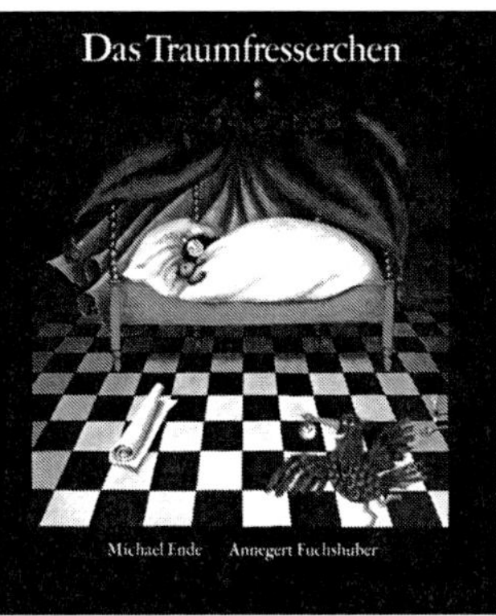

Michael Ende (Text), Annegert Fuchshuber (Illustr.)

Das Traumfresserchen

Stuttgart: Thienemann 1978

32 Seiten, ISBN 3522415000, € 6,50

Dieses Bilderbuch gibt es auch als Audio-CD, Kassette, Kindertheater und in interaktiver Form als CD-Rom von Terzio (2002).

Inhalt

Prinzessin Schlafittchen aus dem Schlummerland kann nicht schlafen, weil sie von bösen Alpträumen geplagt wird. Ihr Vater, der König, fragt in seinem Reich vergebens um Rat. Er verirrt sich und trifft auf das Traumfresserchen. Die beiden kehren zurück, und das Traumfresserchen frisst die bösen Träume der Prinzessin, sodass sie fortan wieder gut schlafen kann.

Gehalt/ Gestaltung/ Besonderheiten

Die Geschichte, die wie ein Märchen angelegt ist, eignet sich dazu, um mit Kindern über Ängste - nicht nur vor bösen Träumen - zu sprechen.

Didaktische Vorschläge

2.-3. Klasse: Fächerübergreifendes Lernen

Mögliche Unterrichtsaktivitäten:

- Eigene Angsttraumerlebnisse zeichnerisch darstellen und beschreiben;
- Möglichkeiten überlegen, wie der von Ängsten geplagten Prinzessin im Buch geholfen werden könnte, wobei diese nicht realistisch zu sein brauchen;
- das Traumfresserchen nach einer verbalen Beschreibung zeichnen;
- ein Traumfresserchen basteln;
- praktikable und sinnvolle Lösungen finden, wie man Angst vor Träumen bewältigen kann (vgl. Hollstein u. Sonnenmoser 2006, S.200).

3./4. Schuljahr: Medienerziehung

Das Bilderbuch kann mit der CD-ROM „Das Traumfresserchen“ unter folgenden Fragestellungen verglichen werden: Was leistet die CD-ROM im Vergleich zum Buch? Brauchen wir gedruckte (Bilder-)Bücher heute noch?

 **weiterführende Literatur:**

Dück-von Essen: Anne: „Man kann ja ruhig zugeben, dass man Angst hat!“ Kindliche Ängste und ihre Darstellung im Bilderbuch. In: Jens Thiele: Bilderbücher entdecken. 2. Aufl., Oldenburg 1986, S. 107-141

weitere Bilderbücher:

Martin hat keine Angst mehr. Ingrid Ostheeren (Text), Christa Unzner (Illustr.). Hamburg: Nord-Süd 1993

Wie ich Papa die Angst vor Fremden nahm. Rafik Schami (Text), Ole Könnecke (Illustr.). München: Hanser 2003

Schlagwörter: Träume, Alpträume, Angst

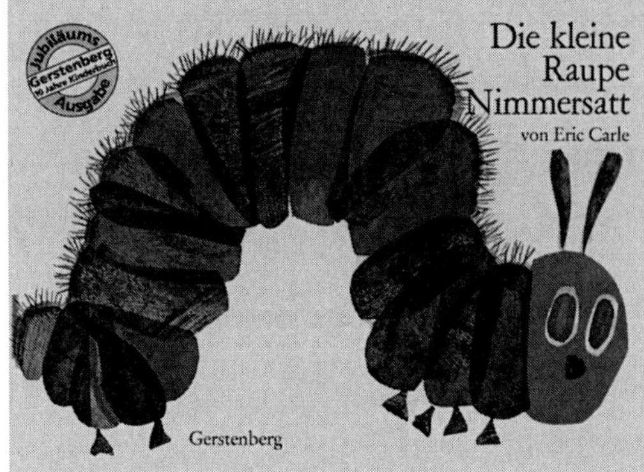

Eric Carle

Die kleine Raupe Nimmersatt

Aus dem Englischen von Viktor Christen

Hildesheim: Gerstenberg 1969

22 Seiten, ISBN 3806746745, € 10,50

Dieses Bilderbuch ist auch in englischer Sprache und broschiert erhältlich.

Inhalt

Aus einem winzigen Ei schlüpft eine kleine Raupe. Sie hat großen Hunger und frisst sich von Montag bis Sonntag durch die unterschiedlichsten Nahrungsmittel. Groß und dick geworden baut sie sich einen Kokon und bleibt zwei Wochen lang darin. Schließlich ist aus der Raupe ein wunderschöner Schmetterling geworden.

 **Ein weiteres Bilderbuch über eine Raupe:**

Das Raupenabenteuer.
Irmgard Lucht. Weinheim, Basel: Beltz & Gelberg 1996

Ein Bilderbuch über Schmetterlinge:

Die Werkstatt der Schmetterlinge.
Gioconda Belli (Text), Wolf Erlbruch (Illustr.). Wuppertal: Hammer 2005

Gehalt/ Gestaltung/ Besonderheiten

- Dieser “Klassiker” unter den Bilderbüchern vermittelt biologisches Grundwissen über die Entwicklung von Schmetterlingen.
- Es enthält einen knappen Text und farbenfrohe Bilder in Collagetechnik.
- Das Buch ist als Spielbilderbuch gestaltet: Ein Teil der Bilder ist perforiert, um anzudeuten, dass sich die Raupe durch die abgebildeten Nahrungsmittel gefressen hat. Die Löcher sind gerade groß genug, um eine kleine gebastelte Raupe hindurchkriechen zu lassen.

Didaktische Vorschläge

Sprachunterricht; Fremdsprachenarbeit

Das englische/ deutsche Bilderbuch und eine kleine Phantasiereise in englischer/ deutscher Sprache können als Anlass zum freien Schreiben dienen. Es ist anzunehmen, dass gerade die letzte Szene des Bilderbuches (aus dem Kokon schlüpft ein wunderschöner Schmetterling) die Phantasie der Kinder anregen wird: Was wird wohl aus dem wunderschönen Schmetterling? Wird er zu einem ersten Flug aufbrechen? Wohin wird der Flug gehen? Im Rahmen der Phantasiereise im Anschluss an die Bilderbuchpräsentation können die Kinder selbst in die Rolle eines Schmetterlings schlüpfen.

Differenzierungsangebot - Textanfang:

A) Ich streckte vorsichtig meine Flügel aus, und der Wind hob mich sanft hoch. Flatternd flog ich langsam ...

B) Der schöne Schmetterling streckte seine Flügel, und los ging es. Er wollte unbedingt die Welt entdecken. Zuerst flog er ...

Das Bilderbuch „The very hungry Caterpillar" ist prädestiniert für die Fremdsprachenarbeit in der Grundschule. Es zeichnet sich durch einen kurzen, einfachen Text aus, wobei sich Satzstrukturen wiederholen („On Monday he ate …, on Tuesday …"). Der Wortschatz ist für die Schüler leicht anhand der Illustrationen oder durch Mimik und Gestik des Lehrers zu verstehen. Er ist möglicherweise in Teilen schon aus dem Unterricht bekannt (hungry, food, look, house, moon, sun …). Das Buch kann u.a. zur Einführung von fremdsprachigen Bezeichnungen für Wochentage und/ oder Nahrungsmittel genutzt werden.
(Vgl. Hollstein u. Sonnenmoser 2006, S. 369ff.: Unterrichtsvorschläge, Phantasiereise in englischer Sprache, Textneufassung zum Bilderbuch „The very hungry caterpillar")

Überlegungen zu einem fächerübergreifenden Projekt zum Bilderbuch in einer 1. Klasse finden sich in Burger u. Weiß 1992.

> ⇨ **Tipp:**
> **Zur kleinen Raupe Nimmersatt gibt es auch eine Hörcassette, eine Audio-CD ein Malbuch und ein Spielbilderbuch (kleine Ausgabe).**

Schlagwörter: Raupe, Schmetterling, Wochentage, Nahrungsmittel, Metamorphose

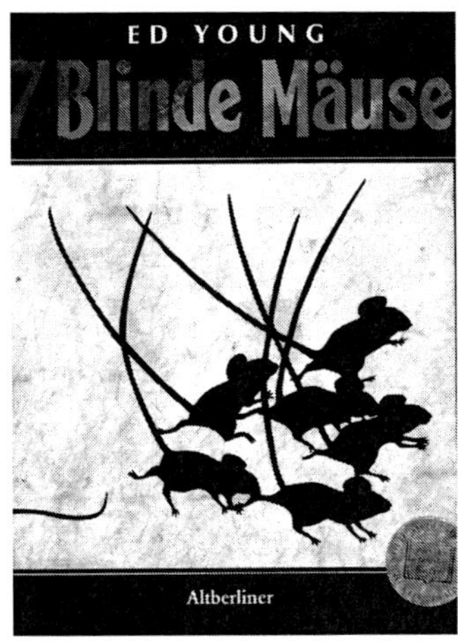

Ed Young

7 blinde Mäuse

Berlin: Altberliner 1996

48 Seiten, ISBN 3357006669, € 14,90

- Prämiert von der Stiftung Buchkunst als eines der schönsten Bücher
- Nominiert für den Dt. Jugendliteraturpreis 1996

Dieses Bilderbuch ist auch in englischer und französischer Sprache erhältlich.

Inhalt

Sieben blinde Mäuse entdecken eines Tages etwas Seltsames. An jedem der folgenden Tagen läuft eine andere Maus hinaus, um das Unbekannte zu erkunden. Jede Maus kommt zurück und schildert den anderen Mäusen ihre Detaileindrücke. So glaubt die rote Maus, die am Montag loszieht, eine rote Säule gefunden zu haben, und die grüne Maus, welche am Dienstag an der Reihe ist, berichtet von einer grünen Schlange. Doch trotz der vielen verschiedenen Eindrücke erschließt sich den Mäusen nicht, um was es sich handelt. Erst die letzte Maus schreitet das seltsame „Ding" vollständig ab, kombiniert alle Eindrücke und findet heraus, dass es sich um einen Elefanten handelt.

Textauszug

Sieben blinde Mäuse entdeckten eines Tages etwas Seltsames in der Nähe ihres Teiches. „Was ist das", riefen sie überrascht und rannten nach Hause. Als erstes lief am Montag die rote Maus hinaus, um das Geheimnis zu lüften. „Das ist eine Säule", sagte sie. Niemand glaubte ihr.

Gehalt/ Gestaltung/ Besonderheiten

- Die Parabel schärft den Blick für Zusammenhänge: Einzelheiten mögen zwar begeistern, jedoch gilt es dabei, das Ganze nicht aus den Augen zu verlieren. Die Lehre: „Wissen in Teilen macht eine schöne Geschichte, aber Weisheit entsteht, wenn wir das Ganze sehen." (Ed Young)
- Die Geschichte verdeutlicht auch, dass jeder eine andere, individuelle Sicht „der Dinge" hat: So wählt Ed Young für die Mäuse die gleichen Farben wie für die „Dinge", die sie beschreiben.
- Das Buch enthält einen kurzen Text; durch die wörtliche Rede wirkt die Sprache lebendig.
- Ausdrucksstarke Illustrationen in Collagetechnik zeigen nur das Wesentliche und wecken Neugier und Lust zum Raten; farbige Mäuse und „Objekte", die u.a. aus Buntpapier und handgeschöpftem, marmorierten Papier gestaltet sind, heben sich wirkungsvoll von den schwarzen Seiten ab.

Didaktische Vorschläge

2. Schuljahr: Sprachunterricht/ Hör- und Sprecherziehung

Die philosophische Geschichte lässt sich in den ersten beiden Schuljahren besonders gut über die Sinne und das Spiel erfahrbar und verständlich machen. Sie eignet sich hervorragend für eine Umsetzung als Schattenspiel. Aufgrund des gut überschaubaren Handlungsablaufes können Kinder mit dieser Geschichte ihre ersten Erfahrungen bezüglich dieses Mediums sammeln.

Lernschritte:

- den Inhalt/Gehalt der Bilderbuchgeschichte erfassen;
- den Texte der Geschichte mit verteilten Rollen lesen;
- mit einfachen Mitteln ein Schattentheater herstellen;
- die Bilderbuchgeschichte als Schattentheater umsetzen:

(vgl. Hollstein u. Sonnenmoser 2006, S.330ff.; hier findet sich ein detailliert beschriebener Unterrichtsvorschlag)

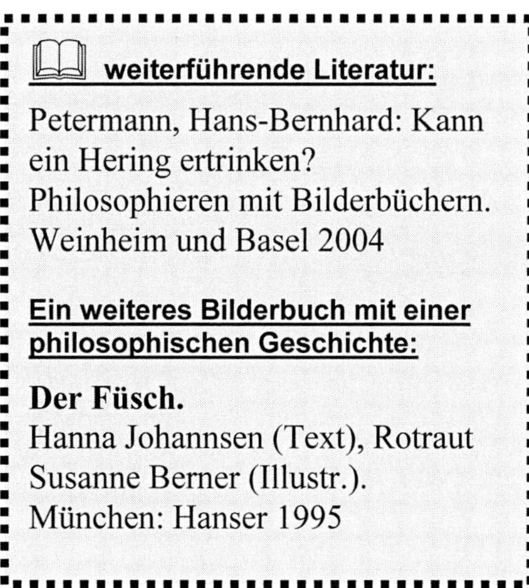

weiterführende Literatur:

Petermann, Hans-Bernhard: Kann ein Hering ertrinken? Philosophieren mit Bilderbüchern. Weinheim und Basel 2004

Ein weiteres Bilderbuch mit einer philosophischen Geschichte:

Der Füsch.
Hanna Johannsen (Text), Rotraut Susanne Berner (Illustr.). München: Hanser 1995

Schlagwörter: Sinne, Wochentage, Farben, Philosophie, Wahrheit, Wahrnehmung

Wenche Øyen (Illustr.), Marit Kaldhol (Text)

Abschied von Rune

Aus dem Norwegischen von Angelika Kutsch

München: Ellermann 1987

32 Seiten, ISBN 377076272X, € 12,-

Dt. Jugendliteraturpreis Sparte Bilderbuch 1988

Dieses Bilderbuch ist auch in engl. und franz. Sprache erhältlich.

Inhalt

Beim Spielen ertrinkt Saras Freund Rune. Saras Mutter hilft ihr, Trauer und Schmerz zuzulassen und mit dem Verlust des Freundes umzugehen. Sara erfährt, dass Rune nie wieder zurückkehrt, aber in ihrer Erinnerung weiterlebt. Geschildert werden außerdem Trauerrituale wie Gottesdienst, Beerdigung, Beileidsbekundungen und Grabbesuch.

Gehalt/ Gestaltung/ Besonderheiten

Dieses Bilderbuch vermittelt die Botschaft, dass Tod, Trauer und Abschied zum Leben gehören. Es beschäftigt sich sachlich und unsentimental mit der Wirklichkeit des Todes und verschweigt die belastenden Seiten von Tod und Trauer nicht. Zugleich vermittelt es Hoffnung und bietet Lebenshilfe.
Der Text besteht aus einfachen, kurzen Sätzen. Er wird durch ausdrucksstarke Aquarellbilder ergänzt. Die großformatigen, farbigen Bilder führen die Handlung weiter, während in kleinen, runden, schwarzweiß gehaltenen Bildern Saras Gefühle und Erinnerungen dargestellt werden.

Didaktische Vorschläge

2.-4. Schuljahr: weiterführendes Lesen, Sachunterricht, Ethik-Religion

- Überlegungen zum Titelbild und Titel: Wovon handelt die Geschichte?
- Verklanglichung des Geschichtenanfangs mit Instrumenten
- Spielen der Abschiedsszene „Sara und Rune verabschieden sich"
- Betrachtung des 6. Bildes (Folie, Hintergrund wurde herausgeschnitten): „Sara ist verzweifelt"
- Malen von Saras Gefühlen in Wasserfarben
- Gespräch: Tod, ein Abschied für immer
- Gespräch: eigene Erfahrungen mit dem Tod
- Gespräch: Wo werden Menschen beerdigt?
- Unterrichtsgang zum Friedhof
- Gespräch: Wie tröstet Mutter Sara? Die Schüler erinnern sich an verstorbene Menschen
- zu Bild 20 im Buch: Gestaltung einer Blumenwiese in Gruppenarbeit (Fotokarton, Buntpapier)

Schlagwörter: Tod, Sterben, Trauer, Abschied

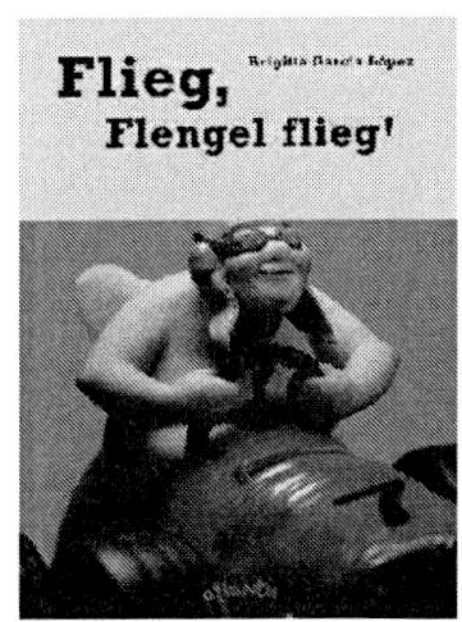

Brigitta Garcia López

Flieg, Flengel, flieg!

Zürich: Atlantis 2003

32 Seiten, ISBN 3715204680, € 13,90

Dieses Bilderbuch ist auch in englischer und französischer Sprache erhältlich.

Inhalt

Eines Nachts wird Max in seinem Kinderzimmer von einem Brummen geweckt und sieht verblüfft sein rotes Rennauto durch das Zimmer sausen. Gelenkt wird es von einem vergnügten kleinen Wesen mit winzigen Flügeln. Es stellt sich als Schutzengel mit Namen Flengel vor und berichtet dem überraschten Jungen, dass es ihn seit seiner Geburt begleitet. Flengel führt Max, der bei seiner Tante Sofie aufwächst, in Fantasiewelten ein, die ihm bislang verwehrt waren. Am Ende weiht Flengel den Jungen in die Kunst des Traumfliegens ein. Danach wird Flengel wieder unsichtbar. Max spürt jedoch immer wieder, dass Flengel in seiner Nähe ist.

Gehalt/ Gestaltung/ Besonderheiten

Das Bilderbuch weist eine besondere Bildgestaltung auf: Die Figuren und Kulissen wurden aus Modelliermasse und diversen Materialien gefertigt. Die einzelnen Szenen des Buches wurden im Fotostudio arrangiert und fotographiert.

Didaktische Vorschläge

3. Schuljahr: Musisch-ästhetischer Lernbereich

Gespräch:

- Was für ein Bild sehen wir vor uns?
- Welche Stimmung herrscht in der gezeigten Szene?
- Könnten wir auch solche „Bilder“ aus Modelliermasse herstellen? Mit welchem Material wäre das möglich?

Praktische Arbeit:

Wir malen, zeichnen, bauen oder modellieren unseren persönlichen Schutzengel bzw. Begleiter!
(Vgl. dazu Thiele 2003, S.49-51)

3. Schuljahr: Sachunterrichtlicher Lernbereich

Gespräch über die Bilderbuchgeschichte und das Motiv des Schutzengels:

- Wie sieht der Engel namens Flengel aus?
- Woher könnte er kommen?
- Wieso nennt er sich Flengel?
- Gibt es überhaupt Engel?
- Wer hat schon einmal selbst einen Engel bemerkt?
- Wie würdest du dich verhalten, wenn du einen Engel in deinem Zimmer entdecken würdest?
- Warum kommt der Engel ausgerechnet zu Max?
- Warum wird der Engel am Ende der Geschichte wieder unsichtbar für Max?

Praktische Arbeit: Wir sammeln Bilder von Engeln und untersuchen sie.
(Vgl. dazu Thiele 2003, S.49-51)

Schlagwörter: Schutzengel, Fliegen

Kirsten Boie (Text), Silke Brix-Henker (Illustr.)

Klar, dass Mama Ole/ Anna lieber hat

Hamburg: Oetinger 1994
40 Seiten, ISBN 3789163112, € 12,90

Inhalt

Die siebenjährige Anna erzählt anhand kleiner Episoden ihres Alltags, wie sehr sie sich durch ihren Bruder, den dreijährigen Ole, gestört fühlt. Wenn sie sich jedoch bei ihrer Mutter über Ole beschwert, ergreift diese immer Partei für ihn. Für Anna ist klar, dass ihre Mutter den Bruder lieber hat. Sie ist eifersüchtig und unglücklich. Eines Abends lässt die Mutter die beiden Geschwister allein. Anna fürchtet sich vor der Dunkelheit und vor Einbrechern, doch der kleine Bruder macht ihr Mut, und Anna erkennt plötzlich den Vorteil, einen kleinen Bruder zu haben.
Der dreijährige Ole berichtet anhand kleiner Episoden, die sich teilweise mit der ersten Erzählung überschneiden, wie sehr ihn die Schwester ärgert, neckt und demütigt. Aus Oles Sicht ergreift die Mutter immer nur Partei für die ältere Schwester. Ole ärgert sich darüber. Als er mit seiner Schwester eines abends alleine ist und sie ihn freundlich behandelt, entdeckt er seine Sympathie für Anna.

Gehalt/ Gestaltung/ Besonderheiten

- Die Eifersüchteleien und Streitereien zwischen zwei Geschwistern werden in zwei Geschichten erzählt: Einmal aus der Sicht des Schulmädchens Anna und - von der Rückseite des umgedrehten Buches ausgehend - aus der Sicht ihres kleinen Bruders Ole. Beide Erzählstränge sind geschickt miteinander verknüpft, beide Geschichten enden in der Mitte des Buches auf der gleichen Seite mit gleichem Text und Bild.
- Botschaften des Bilderbuches: In manchen Situationen ist es schön/ nützlich, einen Bruder/ eine Schwester zu haben. Jeder hat seine eigene Sichtweise auf die Dinge des Lebens.
- Das Bilderbuch fördert durch die Darstellung zweier Sichtweisen die Emphatiefähigkeit der Kinder.
- Die Illustrationen sind cartoonhaft gestaltet.

Didaktische Vorschläge

3./4. Schuljahr: Sprachunterricht/ Hör- und Sprecherziehung

Das Nacherzählen einer Bilderbuchgeschichte fällt vielen Kindern nicht schwer; eine interessante Herausforderung stellt für sie jedoch der Wechsel der Erzählperspektive dar. Hier gilt es, sich in die Situation einer Bilderbuchfigur zu versetzen, deren Sichtweise im Rahmen der Bilderbuchgeschichte unberücksichtigt bzw. nur gering berücksichtigt bleibt. Im vorliegenden Bilderbuch wird der Perspektivenwechsel zum Thema gemacht. Ausgehend von Oles geschilderten Erfahrungen können sich die Kinder in die Lage der älteren Schwester Anna versetzen und versuchen, die Geschichte aus ihrer Sicht zu erzählen. Später kann Annas Sichtweise im Bilderbuch nachgelesen werden.

Weitere Bilderbücher, die sich für einen erzählerischen Perspektivenwechsel sehr gut eignen:

- **Josef Schaf will auch einen Menschen.** Kirsten Boie (Text), Philip Waechter (Illustr.). Hamburg: Oetinger 2002
- **Komm, Igel, komm/ Igel, komm, ich nehm dich mit.** Tilde Michels (Text), Sara Ball (Illustr.).München: Sellier 1992 (gebunden)/ München: dtv junior 1991 (broschiert)
- **Stimmen im Park.** Anthony Browne. Oldenburg: Lappan 1992

⇨ **Textauszug 1 (Anna):**

Und nun hat Ole die Puppe kaputtgemacht! „Tot sein sollst du, tot, tot, tot!“ schreit Anna, aber da kommt Mama angerannt und sagt, dass man so was wirklich nicht sagen darf, pfui Teufel, und Anna soll sich mal schämen. Und außerdem hätte Anna ja auch nicht an dem Bein ziehen müssen, dann wäre die Puppe jetzt noch heil. Und mit Ole schimpft Mama gar nicht! Mit Ole schimpft sie kein einziges Wort, und daran sieht man doch mal wieder, dass sie ungerecht, ungerecht, ungerecht ist und dass sie Ole viel lieber hat als Anna.

⇨ **Textauszug 2 (Ole):**

Mama fragt, ob er nicht wenigstens am frühen Morgen, wenn sie zur Arbeit muss, mal damit aufhören kann, immer Streit anzufangen. Und dabei hat doch ganz bestimmt Anna angefangen! Aber natürlich nimmt Mama wieder Anna in Schutz, und nie beschützt sie Ole. Da ist es ja ganz klar, dass Mama Anna lieber hat als ihn, und das hat Ole schon immer gewusst. Weil Mama Anna immer mehr Pudding auf den Teller tut als Ole, immer, auch wenn sie sagt, es ist ganz genau gleich. Aber Ole kann ja wohl sehen, was mehr ist!

Schlagwörter: Geschwister, Eifersucht, Mutter-Kind-Beziehung

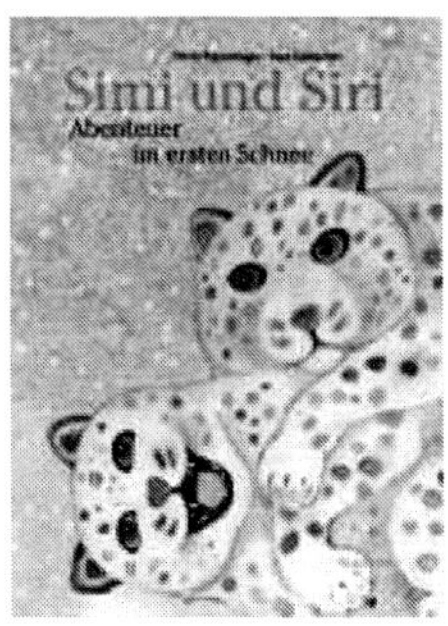

Nicole Poppenhäger (Text),
Ivan Gantschev (Illustr.)

Simi und Siri

Abenteuer im Schnee

Wuppertal: Hammer 2006
32 Seiten, ISBN 3872949489, € 12,80

Inhalt

Simi und Siri, die beiden Schneeleopardenkinder, wachsen in der Wildnis auf. Die erste Zeit nach ihrer Geburt tollen die beiden unbeschwert durch die Welt. Nach und nach bringt ihnen ihre Mutter die Regeln der Jagd bei. Sie lernen schnell, dass das Leben in der Wildnis sehr schwierig sein kann.
Als der Winter kommt, müssen alle drei ihr Zuhause verlassen, um im Tal Futter zu finden. Auf dem Weg dorthin werden Simi und Siri getrennt und geraten in große Gefahr. Simi wird von einer Schneelawine verschüttet und Siri, die ihren Bruder sucht, gerät in die Falle von Wilderern. Mühsam kann sich Simi aus den Schneemassen graben und Siri hat das große Glück, dass Naturschützer sie aus der Falle befreien können. Sie findet schließlich ihren Bruder wieder.

Textauszug

Plötzlich umschloss etwas Hartes eines ihrer Hinterbeine, wie Zähne, die sie gepackt hielten. Siri stürzte zu Boden. Ihr Bein schmerzte. Aber was noch viel schlimmer war: Sie kam nicht los. Sie war gefangen, in der Falle eines Menschen. Darüber hatte sie die Mutter nichts gelehrt. So legte sich Siri hin, um Kräfte zu sparen.

Gehalt/ Gestaltung/ Besonderheiten

- Das Bilderbuch macht Kindern deutlich, dass Wildtiere durch Natur und Mensch bedroht sind.
- Die Geschichte stellt den Schneeleopard in den Mittelpunkt, dessen letzte Exemplare in den Hochgebirgen Zentralasiens ihre Heimat haben und die kaum ein Mensch je in freier Natur zu Gesicht bekommen hat.
- Inspiriert wurde die Autorin von einem Artenschutzprojekt des NABU (Naturschutzbund Deutschland e.V.), das sich seit 1999 für den Schutz der letzten Schneeleoparden in Kirgistan einsetzt.
- Der Leser kann sich mit Hilfe eines Geheimcodes im Bilderbuch das dazugehörige MP3-Hörbuch herunterladen und sich die Geschichte vorlesen lassen.
- Die letzte Seite enthält Sachinformationen: Hier wird erklärt, warum Schneeleoparden vom Aussterben bedroht sind. Zugleich wird das Artenschutzprojekt zum Schneeleoparden vom NABU vorgestellt.

Didaktische Vorschläge

1. Schuljahr: Schriftspracherwerb

Während des Leselehrgangs können Bilderbücher einerseits als freie Leseangebote präsentiert werden, andererseits gewinnen die Kinder aber auch durch das regelmäßige Vorlesen wertvolle Erfahrungen: Bilderbücher lesen und betrachten macht Freude, stellt eine Bereicherung dar, ist ein Erlebnis. Lesevergnügen lässt sich Kindern bereiten, indem man ihnen zu jedem neu eingeführten Buchstaben ein Bilderbuch vorliest, das einen direkten Bezug zum „neuen" Buchstaben aufweist: Z.B. könnte der Buchstabe als Anlaut in einem der zentralen Wörter im Titel vorkommen. Alle/ einige Kinder können versuchen, dieses Wort selbst zu erlesen. Nach dem Vorlesen des Bilderbuchs kann dieses in der Klassenbücherei allen Kindern zum Betrachten und vielleicht auch schon zum eigenständigen Lesen zur Verfügung stehen. Mit Spannung werden die Kinder mit jedem Buchstaben ein neues Bilderbuch erwarten (vgl. Hollstein u. Sonnenmoser 2006). Das vorliegende Bilderbuch könnte im Rahmen der Einführung der Buchstaben S eingesetzt werden.
Die beiden Namen „Simi" und „Siri" sind lauttreu und lassen sich gut erlesen.

2./3. Schuljahr: Sachunterricht/ biologischer Lernbereich

Arbeitsmöglichkeiten:

- mit Hilfe von Sachbüchern und / oder Experten (Zoo u.a.) mehr über das Leben der Schneeleoparden herausfinden und einen Tier-Steckbrief oder ein kleines Sachbuch dazu anfertigen;
- Wissenswertes über Leoparden in Afrika und Asien herausfinden;
- andere bedrohte Tiere bei uns und anderswo kennen lernen;
- etwas für vom Aussterben bedrohte Tiere unternehmen.

Weitere Bilderbuchgeschichten über Wildtiere:

- **Kodiak, der kleine Bär.** Jacqueline Delaunay. Frankfurt a.M.: Moritz 2005
- **Solo (Pinguin).** Paul Geraghty. Mödling: St. Gabriel 1995
- **Verdi (Schlange).** Janell Cannon. Hamburg: Carlsen 1994

Schlagwörter: Artenschutz, Leoparden, Tierkind

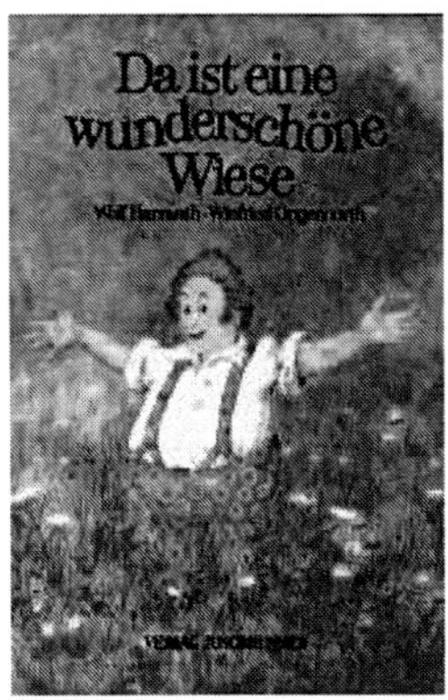

Wolf Harranth (Text),
Winfried Opgenoorth (Illustr.)

Da ist eine wunderschöne Wiese

Wien: Jungbrunnen 1985

32 Seiten, ISBN 3702655751, € 13,90

Österr. Kinder- und Jugendbuchpreis (für Illustration)

Inhalt

'Da ist eine wunderschöne Wiese!', sagt Herr Timtim, und alle stimmen ihm zu. Nur ganz wenig fehlt zur Bequemlichkeit: hier ein Zaun, dort ein Weg; hier ein Haus, dort eine Garage. Bald ist die Wiese zu einer neuen Stadt geworden. Und mit der Stadt wächst die Sehnsucht nach unberührter Natur...

Textauszug

Am Sonntag fahren die Stadtleute aufs Land.
Wo es ihnen gefällt machen sie Rast.
„Da ist eine wunderschöne Wiese!“, sagt Herr Timtim.
„Mit guter Luft und Blumenduft.
Mit schattigen Bäumen und Wolken zum Träumen.
Mit Amseln und Schmetterlingen und mit Regenwürmern.“
„Jawohl“, sagten auch die anderen Stadtleute.
„So eine hübsche, kleine Wiese!
Hier wollen wir bleiben.“

Gehalt/ Gestaltung/ Besonderheiten

- Es handelt sich um ein vergnügliches, aber auch nachdenklich stimmendes Bilderbuch, das die Schutzbedürftigkeit von Lebensräumen vor Augen führt.
- Von Doppelseite zu Doppelseite wird Schritt für Schritt die Veränderung einer Wiese zu einer Stadt gezeigt.
- Der Text besteht fast nur aus wörtlicher Rede und wirkt deshalb sehr lebendig.
- Die Illustrationen sind sehr detailreich gezeichnet; hier gibt es Vieles zu entdecken.

Didaktische Vorschläge

1.-3. Schuljahr: Sachunterricht/ Umweltbildung/ Biologischer Lernbereich

Das Bilderbuch regt an, eine Wiese als Lebensraum für Pflanzen und Tiere zu erkunden und über Schutzmöglichkeiten nachzudenken.

Unterrichtsmöglichkeiten:

- eine Wiese mit allen Sinnen erleben;
- herausfinden, welche Pflanzen auf einer Wiese zusammenleben;
- die „Stockwerke“ einer Wiese erkunden;
- Pflanzenteile zeichnen/ unvollständige Zeichnungen ergänzen;
- mit Pflanzen-Steckbriefen Erkundungen vornehmen;
- Pflanzen-Steckbriefe selbst erstellen;
- Pflanzen ausgraben und zwei Wurzelsysteme (Pfahlwurzel/ sprossbürtige Wurzel) kennen lernen;
- herausfinden, warum Brennnesselblätter „brennen“;
- Insekten und Spinnentiere in einem Glasgefäß beobachten und zeichnen;
- herausfinden, was unter Steinen und Holzstücken lebt;
- herausfinden, welche Insekten welche Blumen bevorzugen;
- die Bestäubung des Wiesen-Salbei beobachten (vgl. Hollstein 2002).

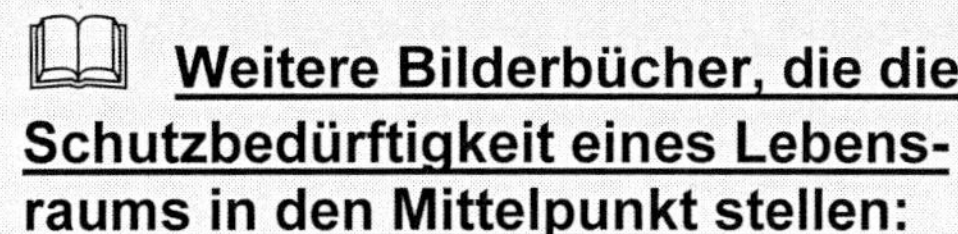

Weitere Bilderbücher, die die Schutzbedürftigkeit eines Lebensraums in den Mittelpunkt stellen:

- **Der große Kapokbaum.**
  Lynne Cherry. München: ars edition 1991
- **Der Maulwurf Grabowski.**
  Luis Murschetz. Zürich: Diogenes 1972

Schlagwörter: Wiese, Stadt, Naturschutz

Wolf Erlbruch

Frau Meier, die Amsel

Wuppertal: Hammer 2000,
Sonderausgabe 2006

32 Seiten, ISBN 3779500620, € 8,90

Schnabelsteherpreis 1996

Dieses Bilderbuch ist auch in englischer Sprache sowie als CD und Kassette (Patmos-Verlag) erhältlich.

Inhalt

Die dicke und große Frau Meier plagen Alltagssorge, die ihren Ehemann eher kalt lassen. Eines Tages findet sie eine junge Amsel und umsorgt sie – wie ihr eigenes Kind. Sie wendet sich dem kleinen Vögelchen liebevoll zu, füttert es Tag und Nacht und beschließt schließlich, ihm das Fliegen zu lehren. Hierfür wachsen Frau Meier ungeahnte Kräfte zu. Die Flugstunden führen zum Erfolg: Leicht wie eben Vögel fliegen, segeln beide über die Häuser hinweg. Herrn Meier lässt dies völlig unbeeindruckt.

Gehalt/ Gestaltung/ Besonderheiten

- Die Botschaft des Buches:
  Die Sorge um ein hilfloses Lebewesen lässt Menschen über sich hinauswachsen.
- Die phantastisch-realistische Geschichte wird augenzwinkernd erzählt.
- Im Buch finden sich auf leeren Bildraum applizierte, teilweise verfremdete Illustrationsteile in Kombination mit verschiedenen Techniken.

Didaktische Vorschläge

2./3. Schuljahr: Sprachunterricht/ Schreiberziehung/ Hör- und Sprecherziehung; musisch-ästhetischer Lernbereich

Künstlerische Technik erproben

Die Besonderheit der künstlerischen Bildmittel können im Unterricht herausgestellt und mit anderen künstlerischen Techniken in Bilderbüchern (Aquarellmalerei, Farbstiftzeichnungen, Figuren aus Knetgummi modelliert...) verglichen werden; es bietet sich an, die Wirkung ausgeschnittener Bildelemente (Applikationstechnik) selbst zu erproben.

Innensicht der Figuren entfalten

Herr und Frau Meier werden stets mit geschlossenem Mund dargestellt. So bietet die Geschichte zahlreiche Möglichkeiten aufzuschreiben, was die Figuren (vor allem Frau Meier) denken und empfinden oder auch sagen. Eine besondere Schreibmotivation geht dabei von Bildern aus dem Buch (Fotokopien) aus, in die Denk- und Sprechblasen bzw. Freiräume für eigene Schreibideen eingefügt werden.

Über den Bilderbuchtitel nachdenken

Die Kinder können dem Bilderbuch einen anderen Titel geben, nachdem seine Ironie erkannt worden ist.

Schlagwörter: Sorgen, Vogel, Amsel, Fürsorge, Fliegen, Tierkind

Daan Remmerts de Vries

Der nackte Bär

Hamburg: Oetinger 2000
30 Seiten, ISBN 3789172510

Inhalt

Ein Bär und seine kleine Freundin Lilli wollen baden gehen. Lilli zieht sich das Kleid aus und hilft dann dem Bären aus seinem Pelz. Die beiden haben eine Menge Spaß beim Baden, doch als sie wieder aus dem Wasser kommen, wartet eine Überraschung auf sie: Das Bärenfell ist weg! Der nackte Bär, der nun nicht mehr stark und selbstbewusst ist, wird zum Gespött des Raben, des Hasens und aller anderen Tiere. Schamgerötet und hilflos wartet er, bis ihm seine Freundin ein „Röckchen" aus Blättern bringt. Dann machen sich beide auf die Suche und entdecken, wie sich das Bärenfell scheinbar „wie von selbst" davon macht. Wütend schüttelt es der Bär und heraus purzeln viele kleine Ameisen. Er streift seinen Pelz wieder über und zieht mit Lilli vergnügt von dannen.

Gehalt/ Gestaltung/ Besonderheiten

- Die humorvolle Bildergeschichte erzählt von Freundschaft und davon, dass selbst ein Bär nicht mehr furchteinflößend wirkt, wenn ihm die „Bekleidung", das Zottelfell, fehlt.
- Das textfreie Bilderbuch bietet Kindern Raum, in den Bildern Eigenes zu finden und zu erfinden.
- Die unkonventionellen Illustrationen sind voller Ausdruckskraft und Witz. Sie sind in Collagetechnik gefertigt, die Figuren mit Kohlestift umrissen; jede Seite ist umrahmt mit farbigen Seidenpapier-Streifen, kombiniert mit Pinselstrichen in Gelb, Rot oder Beige, je nach Stimmung.

Didaktische Vorschläge

2.-4. Schuljahr: Sprachunterricht/ Freies Schreiben/ bildnerisches Gestalten

Einstieg: Kinder berichten über Erlebnisse beim Baden und Schwimmen im Meer/ in einem See.

- Impuls: „Auch Bären schwimmen gerne. Ich stelle euch jetzt eine Geschichte in Bildern vor, in der ein Bär mit seiner Freundin Lilli etwas Besonderes an einem See erlebt."
- Zeigen der Bilder bis Doppelseite 5: Bär und Lilli sind ratlos.
- Gespräch: Wovon handelt diese Geschichte, was ist geschehen? Was würden wir in der Situation des Bären tun?
- Einzelarbeit, Partner- oder Gruppenarbeit: einen Schluss für die Geschichte aufschreiben
- Vorstellen der Texte
- Präsentation des Bilderbuches bis zum Schluss

Schlagwörter: Bär, Stärke/ Schwäche, Freundschaft

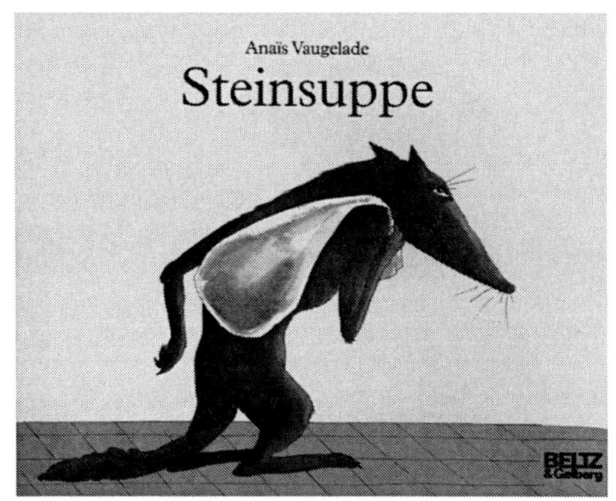

Anais Vaugelade

Steinsuppe

aus dem Französischen von Tobias Scheffel

Weinheim: Beltz & Gelberg 2004

28 Seiten, ISBN 3407760094, € 14,80,

nominiert für den Deutschen Jugendliteraturpreis

Dieses Bilderbuch gibt es auch broschiert und im Minimax-Format.

Inhalt

Ein Wolf kommt in das Dorf der Tiere. Am Haus der Henne klopft er an und bittet um Einlass, denn er will sich aufwärmen und Steinsuppe kochen. Die neugierige Henne überwindet ihre Ängste und ihr Misstrauen und hilft dem Wolf beim Suppekochen. Viele andere Tiere im Dorf haben bemerkt, dass der Wolf im Hause der Henne weilt. Ängstlich und neugierig zugleich nähern sie sich dem Erzfeind – und tragen schließlich alle etwas zur Suppe bei. Dann wird die Suppe in gemütlicher Runde verzehrt. Schließlich verlässt der Wolf die fröhliche Runde und wendet sich dem Haus des Truthahns zu.

Textauszug

Der Wolf tritt ein, seufzt und bittet:
„Bring mir einen Kessel, Henne."
„Einen Kessel?", ruft die Henne erschrocken.
„Hör zu, Henne, um Steinsuppe zu machen, braucht man nun mal einen Kessel."
„Das wusste ich nicht", gesteht die Henne.
„Ich habe noch nie welche probiert."
Und so sagt ihr der Wolf das Rezept:
„In einen Kessel gibt man einen großen Stein, tut Wasser hinein und wartet bis es kocht."
„Ist das alles?", fragt die Henne.

Gehalt/ Gestaltung/ Besonderheiten

- Diese Geschichte handelt davon, wie anfänglich Angst und Misstrauen (vor einem Feind oder Fremden) umschlagen kann in Vertrauen und Freundschaft. Der Wolf ist in untypischer Weise offensichtlich nicht der Böse, sondern derjenige, der andere aussöhnt und zusammen bringt.
- Die Geschichte ist spannungsgeladen bis zum Schluss, der offen bleibt: Steht dem Wolf wirklich der Sinn nur nach Gemüsesuppe? Ein Buch, das Kinder zum Nachdenken anregt.
- Die Interpretation des Textes wird „ganz im Sinne poetisch anspruchsvoller Literatur, zu einem offenen und mehrdeutigen Unterfangen, zu einem Spiel zwischen Gut und Böse und damit nicht zuletzt zu einem Angebot für die Auseinandersetzung mit traditionellen Erwartungen" (Blei-Hoch 2003, S.107).
- Durch wörtliche Rede und Lautmalerei (poch, poch, poch) wirkt die Sprache sehr lebendig.
- Die Tiere sind mit einfachen Strichen skizzenhaft gezeichnet, wobei Mimik und Gestik besonders auffallen.
- Hell-Dunkel-Kontraste (helle und warme Farben für das Haus der Henne, dunkle Farben für das „draußen" und den Wolf) unterstützen spannungsgeladene Atmosphäre.

Didaktische Vorschläge

1.-4. Schuljahr: Sprachunterricht/ Hör- und Sprecherziehung

Umsetzung als Rollenspiel

Die Bilderbuchgeschichte eignet sich sehr gut für eine Umsetzung als Rollenspiel. Die Kinder spielen Szenen aus der Bilderbuchgeschichte nach und haben so die Möglichkeit, über das Hineinschlüpfen in die Handlungsfiguren sich mit dem Aussagegehalt der Geschichte intensiv zu befassen. Vorher gilt es, die verschiedenen Charakterzüge der Tiere zu erfassen: Schüchtern, mitunter devot sind die einen, opportunistisch, arglos und keck die anderen. Sehr empfehlenswert ist das „Warmspielen" der Schüler; dies meint eine Hinführung zum eigentlichen Rollenspiel durch kleine Verkleidungs-, Pantomimen- und andere Ausdrucksspiele. Um die Chancen und Möglichkeiten des Rollenspiels voll auszuschöpfen, sind Spielmaterialien und Requisiten erforderlich.

Möglichkeiten der Umsetzung der Bilderbuchgeschichte:

- Szenen können – wie im Bilderbuch dargestellt – nachgespielt werden.
- Szenen lassen sich inhaltlich verändern und können dann im Rollenspiel erprobt werden.
- Wenn der Verlauf der Geschichte nicht vollständig bekannt ist, können die Kinder den bekannten Anfang zunächst nachspielen und dann nach ihren eigenen Ideen fortsetzen. („Schließlich zieht der Wolf ein spitzes Messer aus dem Sack ...". Wie mag die Geschichte weitergehen?)

(Vgl. auch Hollstein u. Sonnenmoser 2006, S.271f.)

Weitere Bildergeschichten, die sich für eine Umsetzung als Rollenspiel eignen:

- **Irgendwie Anders.** Kathryn Cave (Text), Chris Riddell (Illustr.). Hamburg: Oetinger 1994
- **Es war einmal ein Zauberer ganz allein.** Helmut Kollars. München: Betz 1996

⇨ **didaktische Literatur:**

Die Grundschulzeitschrift. 146/ 2001, Heftthema Szenisches Spiel

Schlagwörter: Misstrauen, Versöhnung, Fabel, Wolf, Märchen

Norman Junge (Illustr.),
Josef Schnelle (Text)

Zaubertrottel

Weinheim: Beltz & Gelberg 1988

Troisdorfer Bilderbuchpreis

Inhalt

In Abrakadabrien lebt ein kleiner Zauberer, der sich vom Aussehen und Verhalten von den übrigen Zauberern unterscheidet. Während sich die anderen Zauberer alles herbeizaubern, was sie für das normale „Zauberleben" brauchen, baut sich der kleine Zauberer sein Haus selbst und kocht sich auch das Mittagessen. Leider gelingen ihm seine Zaubereien nicht. Nachdem er versehentlich ganz Abrakadabrien voller Erdbeereis zaubert, wird er zum „Zaubertrottel" erklärt und muss das „Land" verlassen. Von einer Rampe gestoßen, fällt er tief hinab und landet weich in Herberts Bett. Herbert ist von den Schilderungen des Zaubertrottels hinsichtlich seiner Zauberkünste begeistert. Er fordert den kleinen Zauberer auf, ihm etwas vorzuzaubern. Und schließlich, mit großer Anstrengung, gelingt es dem kleinen Zauberer, einmal sein „Zauberziel" zu erreichen.

Textauszug

Eines Tages stand er einem leibhaftigen Drachen gegenüber – nichts Ungewöhnliches in Abrakadabrien. Sein Zauberhut war von den Flammen aus dem Drachenrachen schon halb versengt, da entschloss sich der kleine Zauberer, das Untier in eine Prinzessin zu verwandeln. Auf diese Weise wurde man in Abrakadabrien gewöhnlich mit Drachen fertig. Der kleine Zauberer schwang den Zauberstab, blies einen Zauberspruch in die Luft, und aus dem Drachen wurde ...

Gehalt/ Gestaltung/ Besonderheiten

- Gehalt: Auch wenn etwas nicht klappt, es lohnt sich, nicht aufzugeben und sich mit aller Kraft immer wieder zu bemühen.
- Das Buch enthält ungewöhnliche, cartoonhafte Illustrationen in Farbstift-Kugelschreibertechnik.
- Die Geschichte ist sehr spannend erzählt.
- Sie ist durch eine sehr lebendige Sprache gekennzeichnet.
- Sie besitzt einen relativ offen gehaltenen Schluss.

Didaktische Vorschläge

2.-4. Schuljahr: Sprachunterricht/ freies Schreiben; musisch-ästhetischer Lernbereich

(Vgl. Hollstein/ Sonnenmoser 2006)

Das Bilderbuch Zaubertrottel bietet sich mit seinem offenen Ende gut zum Weiterschreiben an. Schreibmöglichkeiten:

- Der Zaubertrottel versucht eines Tages erneut, etwas zu zaubern – das Vorhaben gelingt/ gelingt nicht.
- Der Zaubertrottel kehrt mit Herbert nach Abrakadabrien zurück.
- Herbert nimmt den Zaubertrottel mit in die Schule.

Eine gute Schreibhilfe ist dabei ein sog. „Erzählplan".
Im Rahmen einer Projektwoche „Rund um das Bilderbuch" kann ein eigenes Bilderbuch vom Zaubertrottel entstehen, wobei der Schwerpunkt auf die Gestaltung der Bilder gelegt werden kann.

Wesentliche Arbeitsschritte

- Die Kinder schreiben die Geschichte weiter, oder sie erhalten den Bilderbuchtext in stark gekürzter Form.
- Sie lernen eine oder mehrere künstlerische Technik/ Techniken für die eigene Bilderbuchgestaltung kennen und erproben sie (z.B. das Arbeiten mit Holz und Farbe (Holzschnitt), Feder und Tusche bzw. Füllfederhalter (Federzeichnung), unterschiedliche Papierarten, (Reißen, Schneiden , Kleben/ Collage), Wasserfarbe (Aquarell), Schablonen aus Pappe/ Farbe (Schablonendruck) ...
- Sie überlegen, welche Elemente eine Bilderbuch-Titelseite aufweist (Titel, Titelbild, Name des Autors/ Illustrators, Name des Verfassers).
- Sie wählen für ihr eigenes Bilderbuch eine Technik aus und gestalten für jede Doppelseite (links Text/ rechts Bild) ein Bild; oder: sie wählen für jede Doppelseite eine andere Illustrationstechnik.
- Sie gestalten die Titelseite für ihr Buch.

Weitere Bilderbücher zum Themenbereich „Zaubern"/ „Zauberei":

- **Zilly, die Zauberin.**
  Valerie Thomas (Text), Korky Paul (Illustr.). München: Parabel 1989
- **Irma hat so große Füße.**
  Ingrid und Dieter Schubert. Frankfurt a.M.: Sauerländer 1996:

Schlagwörter: Zauberer, Drache, Anders sein

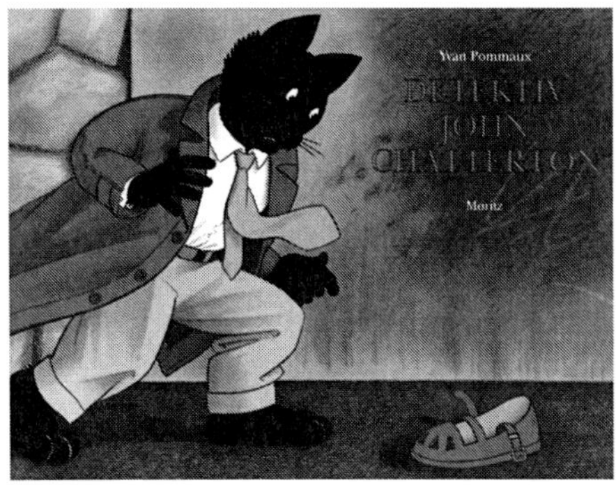

Yvan Pommeaux

Detektiv John Chatterton

Aus dem Französischen von Anima Kröger

Frankfurt a.M.: Moritz 1994
40 Seiten, ISBN 3895650099, € 12,80, mit Hör-CD

Deutscher Jugendliteraturpreis 1995
Max-und- Moritz-Preis 1996

Dieses Bilderbuch ist auch in franz. Sprache und im Miniformat erhältlich.

Inhalt

Eine Frau kommt aufgeregt ins Büro des Katzen-Detektivs John Chatterton und bittet ihn, ihre Tochter zu finden. Sie sei ganz rot gekleidet. Mit Glück und Kombinationsgabe kommt Chatterton der Sache auf die Spur: Ein skrupelloser, kunstsammelnder Wolf benutzt das Mädchen, um ein Kunstwerk zu erpressen. Doch Chatterton befreit das Kind aus den Klauen des Wolfs und bringt es wohlbehalten seiner Mutter zurück.

Textauszug

"Herr Chatterton, wie furchtbar! ... Meine Tochter ist verschwunden!!..." „Setzen Sie sich, gnädige Frau, und erzählen Sie!" „Ich habe ihre Freundinnen angerufen, aber da ist sie nicht! Ich habe ihre Großmutter angerufen, aber da meldet sich niemand!" „Wo wohnt die Großmutter? Alte Straße 12!" „Gut! Und Sie?" „Neue Straße 21!" „Wie war Ihre Tochter zuletzt gekleidet?" "Rot!... Knallrot! Rote Sandalen, rote Söckchen, rote Hose, rotes Hemd und rotes Harrband! Finden Sie sie wieder, ich bitte Sie!"

Gehalt/ Gestaltung/ Besonderheiten

- Es handelt sich hier um einen „Märchenkrimi", um ein Märchen als Kriminalfall im Rahmen einer Detektivgeschichte.
- Das Buch enthält zahlreiche Elemente des Comic: Linien für den Ausdruck von Bewegung, Geschwindigkeit und Schall, Integration der Schrift ins Bild, Sprech- und Denkblasen, Lautmalereien Klirr, Rums, Paf u.a..
- Die Detektivgeschichte verbindet alte und neue Bilderwelten. An mehreren Stellen wird auf das Märchen vom „Rotkäppchen" angespielt (Rotkäppchen-Parodie), an einer Stelle auch auf das Märchen „Hänsel und Gretel".
- Der Text ist stark reduziert, viele Seiten sind textfrei.

Didaktische Vorschläge

4. Schuljahr: Sprachunterricht; Medienerziehung

Mit dem vorliegenden Bilderbuch können Kinder zwanglos und in spielerischer Distanz Märcheninhalte und ihre Handlungsstrukturen rekapitulieren. Sie können die vertraute, in einer unbestimmten Vergangenheit angesiedelten Märchenhandlung in ihrer verfremdeten Inszenierung in der Jetzt-Zeit neu entdecken und dabei zugleich das Genre „Kriminalgeschichte“ kennen lernen.

Unterrichtsvorschlag (vgl. Mattenklott 1999):

- Vorstellung von John Chatterton im Bilderbuch; Gespräch über bekannte Detektive;
- Präsentation der ersten Szene bis dahin, wo Chatterton sich des Falls annimmt. Gemeinsame Überlegung, wie der Fall gelöst werden könnte;
- Präsentation der Geschichte bis zum Ende;
- Rekonstruktion des Märchens, wie es Pommaux erzählt. Arbeitsergebnisse werden in Form einer Skizze (Schema des Handlungsablaufes) festgehalten;
- Gruppenarbeit: Vergleich mit dem Text des Volksmärchens „Rotkäppchen“, Identische, ähnliche, verschiedene Handlungsträger und –funktionen werden schriftlich festgehalten;
- Zusammentragen der Ergebnisse im Plenum;
- Gruppenarbeit: Schreiben und Zeichnen eines neuen Chatterton-Falls auf der Grundlage eines frei gewählten Märchens;
- Vergleich von Bilderbuch und gleichnamigen Hörbuch.

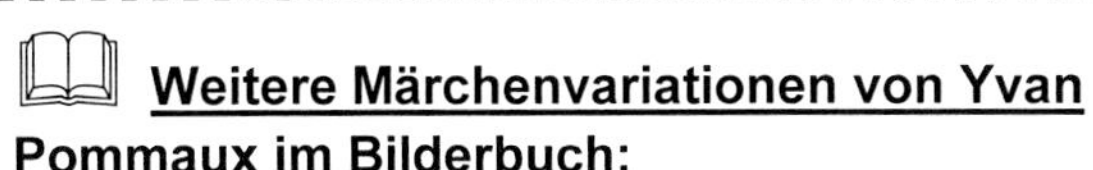

Weitere Märchenvariationen von Yvan Pommaux im Bilderbuch:

Variation des Märchens „Schneewittchen“

Lilly. Ein Fall für John Chatterton.
Yvan Pommaux. Frankfurt a.M.: Moritz 1966

Variation des Märchens „Dornröschen“

Der große Schlaf.
Yvan Pommaux. Frankfurt a.M.: Moritz 1998

⇨ **Hörbuch:**

Detektiv John Chatterton

Katharina Bihler, Peter Tiefenbrunner u.a. (Sprecher), Sven Decker, Jochen Krämer u.a. (Musik), Frankfurt a.M.: Moritz 2003, Buch mit 1 CD: ISBN 3-89565-009-9

Schlagwörter: Märchen, Rotkäppchen, Detektiv, Wolf, Krimi, Comic

Wolf Erlbruch

Die große Frage

Wuppertal: Hammer 2005

52 Seiten, ISBN 3872949489, € 14,90

Dieses Bilderbuch ist auch in englischer Sprache erhältlich.

Inhalt

Auf die große Frage „Warum bin ich auf der Welt“ geben Menschen, Tiere, aber auch ein Stein, eine Zahl und der Tod ihre persönliche Antwort.

weiterführende Literatur:

Petermann, Hans-Bernhard: Kann ein Hering ertrinken? Philosophieren mit Bilderbüchern. Weinheim, Basel 2004

Philosophieren mit Bilderbüchern - geeignete Titel:

Der Füsch. Hanna Johannsen (Text), Rotraut, Susanne Berner (Illustr.). München: Hanser 1995

7 blinde Mäuse. Ed Young: Berlin: Altberliner 1996

Gehalt/ Gestaltung/ Besonderheiten

- W. Erlbruch befasst sich in seinem Bilderbuch mit der philosophischen Frage nach dem Sinn des Lebens oder wie es ein Kind formulieren würde: Warum bin ich eigentlich auf der Welt? Auf die große Frage weiß Wolf Erlbruch auch keine Antwort, darum lässt er andere antworten: Den Piloten, den Vater, einen Blinden, einen Gärtner, den Tod...
- Mit wenigen Worten und in einfachen Bildern präsentiert Erlbruch die verschiedensten Ansichten über das Warum.
- Die Illustrationen weisen den sofort erkennbaren und mittlerweile berühmten Erlbruch-Stil auf, der durch den typischen Mix aus Collage, Zeichnung und Malerei gekennzeichnet ist.

Didaktische Vorschläge

3./4. Schuljahr: Sachunterricht/ Soziales Lernen

Erlbruch führt seinen Lesern vor Augen, dass es auf die Frage aller Fragen nur sehr persönliche Antworten geben kann. Und dass wir vielleicht deshalb auf der Welt sind, um herauszufinden, warum wir eigentlich auf der Welt sind. Am Ende des Bilderbuchs befinden sich zwei leere Seiten, um selbst gefundenen Antworten auf die große Frage einzutragen. Es bietet sich auch an, ein eigenes Bilderbuch (in Einzel- oder Gruppenarbeit oder als Klassenbuch) in Anlehnung an das vorliegende zu gestalten. Dazu können die Kinder nicht nur ihre eigenen Antworten aufschreiben, sondern auch die von befragten Personen.

Schlagwörter: Sinn des Lebens, Philosophie, Identität

Ali Mitgutsch

Mein schönstes Wimmel-Suchbuch

Ravensburg: Ravensburger Buchverlag 2005
24 Seiten, ISBN 3473300144, € 7,95

Drei attraktive, jahreszeiten-orientierte Wimmelbücher hat auch die Illustratorin Rotraut Susanne Berners bisher gestaltet, u.a. das

- ***Sommer-Wimmelbuch.*** *Hildesheim: Gerstenberg 2005*
- ***Winter-Wimmelbuch.*** *Hildesheim: Gerstenberg 2004*

Inhalt

Das Bilderbuch zeigt Menschen und ihre Aktivitäten in den Lebensräumen Bauernhof, Zoo, Stadt, Gebirge, Schwimmbad.

Gehalt/ Gestaltung/ Besonderheiten

- Es handelt sich um ein Bilderbuch ohne Text.
- Auf den (Wimmel-)Bildern gibt es sehr Vieles zu entdecken; sie sprühen vor Lebendigkeit und Aktivität, und regen deshalb zum Entdecken, Fragen und Geschichtenerzählen an. Somit ist das Bilderbuch für die Sprachförderung prädestiniert.

Didaktische Vorschläge

1. Schuljahr: Sprachunterricht/ Freies Schreiben

Zu ausgewählten Seiten/ Szenen schreiben die Kinder gemäß ihren Fähigkeiten

- einzelne Wörter,
- kleine Sätze oder
- kleine Geschichten.

Auf jedem Bild finden sich zahlreiche Gesprächsszenen. Die Kinder wählen eine/ mehrere Szene(n) aus und schreiben auf, was die dargestellten Personen sagen, rufen oder denken.
Das Bilderbuch ist hervorragend auch für die Sprachförderung einzusetzen, da die vielen kleinen abgebildeten Alltagsszenen zu mündlichen Äußerungen geradezu herausfordern.

Schlagwörter: Bauernhof, Zoo, Stadt, Gebirge, Schwimmbad, Suchen

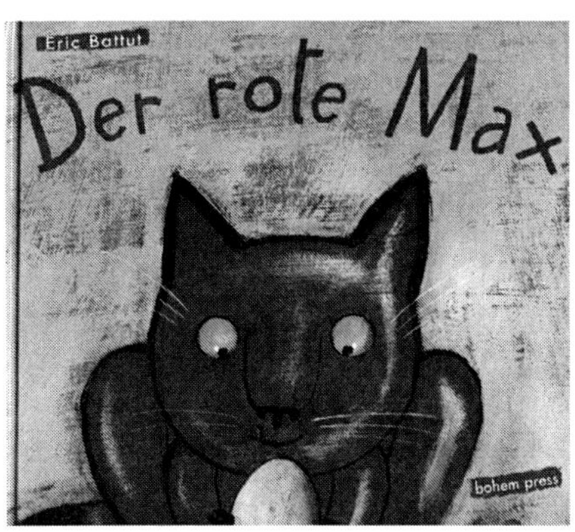

Eric Battut

Der rote Max

Aus dem Französischen von Danielle Heufemann

Zürich: bohem press 2003

28 Seiten, ISBN 385581371X, € 13,50

Dieses Bilderbuch ist auch in französischer Sprache erhältlich.

Inhalt

Der rote Kater Max findet ein Ei, und weil er schlau ist, schlürft er es nicht gleich aus. Eine reichere Mahlzeit vor Augen brütet er vorsichtig das Küken aus. Den ausgeschlüpften Vogel füttert er geduldig, um ihn ein bisschen fetter werden zu lassen. Schließlich fliegt der Vogel weg, und wütend blickt Max ihm nach. Doch der Kleine kommt zurück, die beiden sehen sich lange in die Augen und werden schließlich gute Freunde. Im Herbst fliegt der Vogel davon und Max sucht sehnsuchtsvoll den ganzen Winter nach ihm. Im Frühling kommt sein Freund endlich mit Frau und fünf kleinen Vogelkindern zurück.

Textauszug

Der klitzekleine Vogel wurde größer und eines Morgens sah der rote Max wütend seine Mahlzeit davonfliegen.
Aber der Vogel kam wieder und setzte sich neben den roten Max.
Lange sahen sie sich in die Augen.

Gehalt/ Gestaltung/ Besonderheiten

- Es handelt sich um eine einfache kleine Geschichte von der ungewöhnlichen Freundschaft zwischen zwei Tieren.
- Das Buch enthält kunstvoll schlichte Bilder in warmen Farbtönen; auf jeder Bildtafel steht der Kater im Vordergrund. Battut hat den Hintergrund sorgfältig gemalt, übermalt, ausgekratzt und –gewischt, so dass er durch kleinste Variationen der Farbtöne Braunrot, Gelb, verwaschenes Blau und Weiß die jeweilige Jahreszeit und Stimmung markiert. (Vgl. Mattenklott 2003)
- Das Bilderbuch ist aufgrund seines kurzen Textes und seiner typografischen Gestaltung (eine serifenfreie, sehr große Druckschrift) für Leseanfänger geeignet.

Didaktische Vorschläge

1. Schuljahr: Sprachunterricht/ Erstlesen

„Der rote Max“ gehört zu den wenigen Bilderbüchern, die Leseanfänger selber lesen können. Diese sind mit dem Lesen von Bilderbuchtexten in den meisten Fällen überfordert, da es sich hier nicht um spezielle Lektüre für Leseanfänger handelt. Innerhalb der Sparte Bilderbuch sind jedoch deutliche Unterschiede hinsichtlich Textmenge und -schwierigkeitsgrad zu verzeichnen. So besteht die Möglichkeit, Bilderbücher zu wählen, deren Text Leseanfängern annähernd entgegenkommt. Hinsichtlich der Textauswahl für diese Zielgruppe nennt Brügelmann (1995, S.168) folgende Kriterien:

- ein begrenzter Textumfang pro Seite;
- kurze einfache Sätze (möglichst nicht mehr als 7 Wörter), die dennoch nicht banal sein sollten;
- ein begrenzter Wortschatz-Umfang;
- kurze Wörter (nicht mehr als 10-20% Wörter mit drei und mehr Silben);
- eine sparsame Verwendung des Wort-Anteils mit seltenen Buchstaben (c, j, q, ß, x, y, a, ö, ü) oder mehrgliedrigen Schriftzeichen (ch, ck, ng, ph, rh, sch, th, ei);
- eine große, klare Druckschrift mit ausreichendem Wort- und Zeilenabstand.

Brügelmann versteht die genannten Kriterien nicht als „Ausschluss“- sondern als „Lastkriterien“: „Ausgangspunkt ist immer eine Textidee, die wir spannend, lustig oder informativ finden. Gute Texte ohne (technisch) schwierige Wörter sind unmöglich. Ob ein Wort dann tatsächlich Schwierigkeiten macht, hängt immer auch vom Sinnzusammenhang und vom persönlichen Bezug des Kindes zum Inhalt ab“ (ders. ebd., S.169).

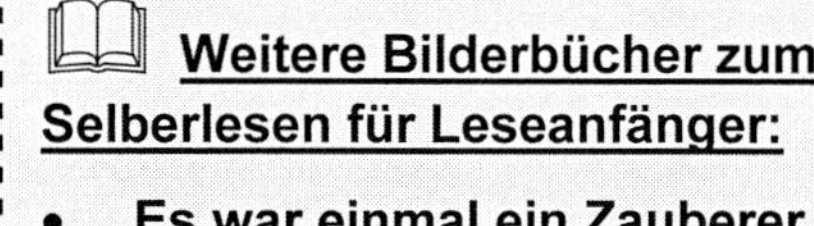

Weitere Bilderbücher zum Selberlesen für Leseanfänger:

- **Es war einmal ein Zauberer ganz allein.**
  Helmut Kollars. München: Betz 1996
- **Wahre Freunde.**
  Manuela Olten. Zürich: Bajazzo 2005
- **Albert kommt!**
  John Burningham. Frankfurt a.M: Sauerländer 1999

Schlagwörter: Katze, Vogel, Freundschaft

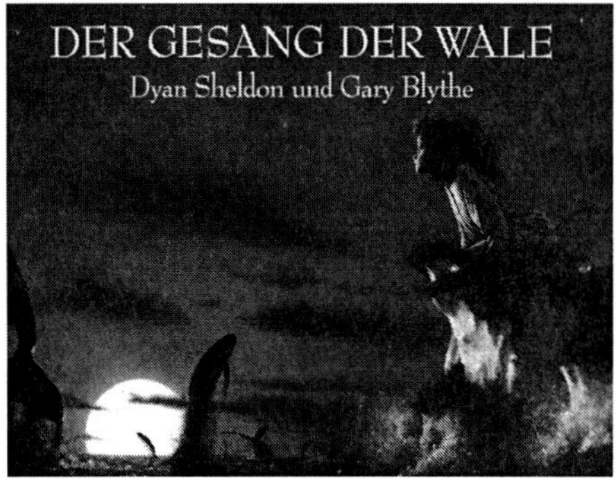

Gary Blythe (Illustr.), Dyan Sheldon (Text)

Der Gesang der Wale

Übersetzt von Rolf Inhauser

Frankfurt a.M.: Sauerländer 1994

32 Seiten, ISBN 3794134818

Dieses Bilderbuch ist auch in englischer und französischer Sprache erhältlich.

Inhalt

Die Großmutter erzählt Lilly von ihren früheren Begegnungen mit den Walen im Meer. Sie berichtet, dass man ihren Gesang hören kann, wenn man ihnen etwas Besonderes mitbringt, beispielsweise einen schönen Stein oder eine wunderbare Muschel. Lillys Onkel tut diese Geschichte als sentimentalen Unsinn ab. Für ihn ist es wichtig, dass Wale Speck, Fleisch und Knochen liefern. Lilly wirft eine gelbe Blume in die Wellen. Sie hofft, dass die gewaltigen Tiere ihr Geschenk annehmen und für sie „singen" werden. In der Nacht wacht Lilly auf und läuft zum Meer. Im Mondlicht kann sie die Wale beobachten und ihrem Gesang lauschen. Es scheint, als ob sie Lillys Namen rufen würden.

Textauszug

Lillys Onkel Frederick kommt hereingestapft.
„Ach, was erzählst du denn da für einfältiges Zeug!" poltert er.
„Wale waren wichtig wegen Fleisch und Knochen und Speck. Wenn du Lilly schon 'was erzählen musst, dann erzähl ihr 'was Nützliches. Red' ihr keinen Unsinn ein. Also so 'was: singende Wale!"

Gehalt/ Gestaltung/ Besonderheiten

- Das Buch sensibilisiert für die Schönheit und das Mystische der Natur. Es regt indirekt dazu an, Lebewesen wie Wale nicht nur unter wirtschaftlichen Gesichtspunkten zu sehen, sondern ihnen einen Wert an sich zuzugestehen. Es legt nahe, sich im Einklang mit der Natur zu verhalten und ihre Regeln zu beachten, z.B. ihr etwas zu geben, wenn man von ihr etwas bekommen möchte.
- Es enthält eindrucksvolle Bilder in poetisch-realistischer Malweise (Ölmalerei), wobei das große Format ihre Wirkung unterstützt.
- Der einfühlsame Text unterstützt wirkungsvoll die geheimnisvolle Atmosphäre, die durch die Illustrationen geschaffen wird.

Didaktische Vorschläge

3.-4. Schuljahr: Sachunterricht; musisch-ästhetischer Lernbereich

Die Geschichte bildet einen guten Ausgangspunkt für eine intensive Beschäftigung mit Walen als stark gefährdete Meeressäugetiere. Die sanften Riesen faszinieren Kinder aufgrund ihrer Größe ähnlich wie urzeitliche Tiere. Über die Geschichte lässt sich die Notwendigkeit eines Natur- und Artenschutzes ins Blickfeld rücken und die Bereitschaft der Kinder wecken, sich selbst umweltbewusst zu verhalten.

Mögliche Unterrichtsaktivitäten:

- Kennen lernen der Tierart sowie Vertiefung und Erweiterung des Wissens an Lernstationen;
- Einen Film über Wale sehen; Schreiben von Kommentaren zum Film;
- Gefährdung der Wale (Rollenspiel: Walfänger und Walschützer begründen/ verteidigen ihre Anliegen);
- Formulierung eines Walschutzbriefes;
- Hören von Walgesängen; Imitation des Walgesanges;
- Umsetzung der Geschichte als Schattenspiel.

(Vgl. Hollstein u. Sonnenmoser 2006, S. 358ff.)

Fremdsprachlicher Lernbereich

Der englische Text kann reduziert und vereinfacht werden, ohne dass die Geschichte ihren Reiz verliert. Die Sprache der Bilderbuchgeschichte erweist sich als differenziert, nicht wenige Verben und Substantive liegen über dem Niveau des alltäglichen Sprachgebrauchs. Es finden sich jedoch zahlreiche Wörter im Text, die im Alltag gebräuchlicher sind, wie zum Beispiel to sing, to dance, to dream, to sit, to give, to bring, to see, to listen, to hear, big, blue, uncle, grandmother, sky, moon, water, room, ships ...

(Vgl. Hollstein u. Sonnenmoser 2006, S.367-378: Reduktion und Vereinfachung des Bilderbuchtextes; Spielplan und Figurenvorlagen für ein Schattenspiel)

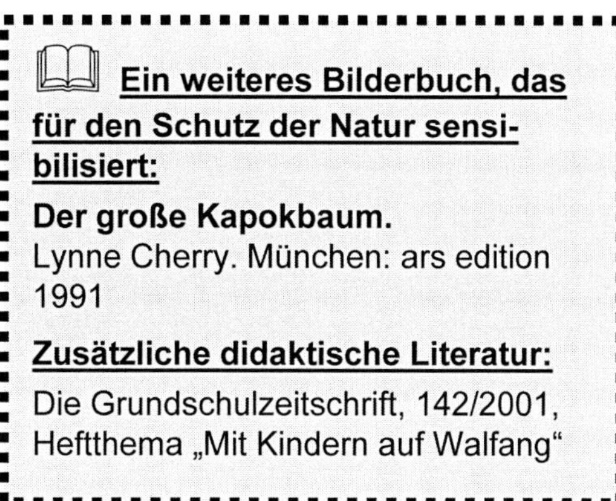

Ein weiteres Bilderbuch, das für den Schutz der Natur sensibilisiert:

Der große Kapokbaum.
Lynne Cherry. München: ars edition 1991

Zusätzliche didaktische Literatur:

Die Grundschulzeitschrift, 142/2001, Heftthema „Mit Kindern auf Walfang"

Schlagwörter: Wal, Tierschutz

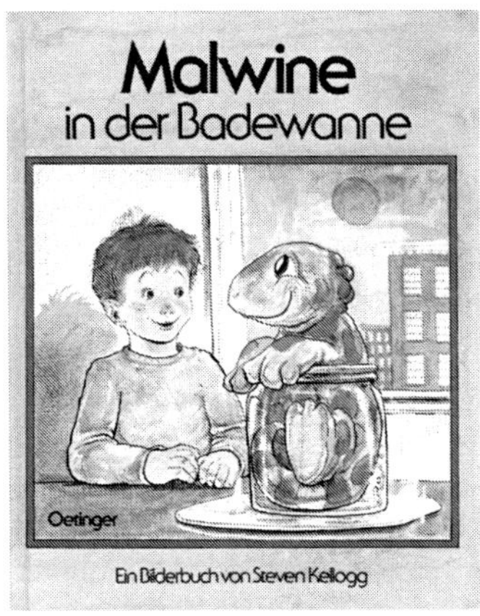

Steven Kellogg

Malwine in der Badewanne

Deutsche von Nele und Paul Maar
Hamburg: Oetinger 1979
38 Seiten, ISBN 3-7891-8182-9, € 10,90

Inhalt

Ulli hat Geburtstag und bekommt von seinem Onkel aus Schottland ein außergewöhnliches Geschenk, eine Kaulquappe, die Ulli liebevoll Malwine nennt. Doch die vermeintliche Kaulquappe wird mit jedem Tag ein Stückchen größer und passt irgendwann nicht mehr in die Badewanne: Malwine hat sich im Laufe der Zeit zu einem wasserliebenden Dinosaurier entwickelt. Als die Eltern Malwine in den Zoo geben wollen, schmuggelt Ulli sie in das Schwimmbad der Oberschule. Obgleich sich Malwine hier sehr wohl fühlt, kann sie dort nicht bleiben. Für den Bau eines Schwimmbeckens auf dem großen Parkplatz fehlt das Geld. So bittet Ulli die Bibliothekarin, Frau Sievers, um Hilfe. Diese weiß von einem Schatz, der sich in einem versunkenen Schiff im Hafen befinden soll. Gemeinsam mit Malwine wird der Schatz gehoben. Nun ist genug Geld vorhanden, um für Malwine eine geeignete Unterkunft zu bauen. Zum nächsten Geburtstag erhält Ulli für seine Naturkundesammlung von seinem Onkel wieder ein besonderes Geschenk. Aus dem merkwürdigen „Stein“, schlüpft ein nicht gerade kleines Vogelkind...

Gehalt/ Gestaltung/ Besonderheiten

- Gehalt der sehr vergnüglichen Bilderbuchgeschichte: Wer ein Tier besitzt, der muss für es sorgen. Man darf es nicht einfach aussetzen, wenn es sich nicht so entwickelt, wie man es sich vorgestellt hat.
- Das Buch enthält zart colorierte Federzeichnungen; die niedlich dargestellten Figuren sprechen Kinder sehr an.
- Durch den häufigen Gebrauch von wörtlicher Rede wirkt die Sprache sehr lebendig.

Didaktische Vorschläge

2./3. Schuljahr: Sprachunterricht/ Schreiberziehung

Das Bilderbuch bietet eine Fülle von Anregungen für das freie Schreiben der Kinder, u.a.:

- Als Malwine aus dem Spülbecken rausgewachsen war, musste sie in die Badewanne umziehen. „Eines Tages ...“ Wie mag die Geschichte von Malwine wohl weitergehen?
- Ulli braucht viel Geld für eine neue Unterkunft für seine Malwine. Er bittet die Bibliothekarin, Frau Sievers, um Hilfe. „Plötzlich fiel Frau Sievers etwas ein.“ Welchen Plan entwickeln wohl Frau Sievers und Uli?
- Schreibmöglichkeit ausgehend vom offenen Ende des Bilderbuches/ von der letzten Illustration: Was erlebt Ulli mit dem seltsamen Vogel, der aus dem „Stein“, einem Geschenk von Onkel Mac Allister, schlüpft? Hinweise dazu finden die Kinder auf dem Bild, das sich auf dem Buchrücken befindet.

2./3. Schuljahr: Sachunterricht/ Biologischer Lernbereich

Die Kinder erkunden (mit Unterstützung ihres Lehrers),

- wie sich aus einer Kaulquappe ein „richtiger“ Frosch entwickelt.
- wann Dinosaurier gelebt und wie sie sich fortgepflanzt haben.
- was heute über das „Ungeheuer von Loch Ness“ bekannt ist.
- welche Tiere sich als Haustiere eignen und wie diese gehalten und gepflegt werden sollten.

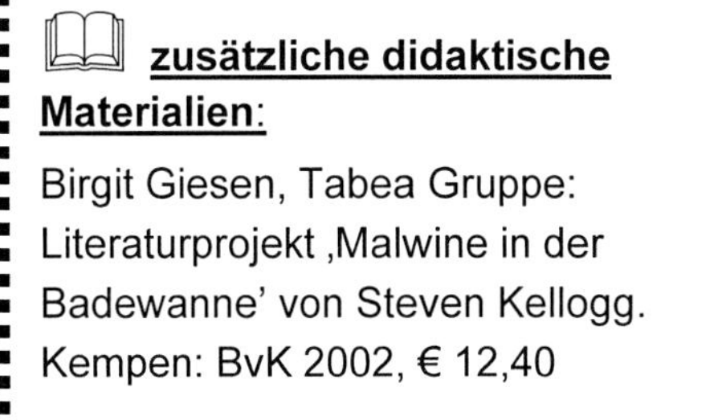

zusätzliche didaktische Materialien:

Birgit Giesen, Tabea Gruppe: Literaturprojekt ‚Malwine in der Badewanne' von Steven Kellogg. Kempen: BvK 2002, € 12,40

Textauszug:

Malwine aß jeden Tag viele, viele Käsebrötchen. Sie wuchs und wuchs und lernte mit jedem Tag mehr. Als Malwine zu groß für das Glas wurde, setzte Ulli sie in das Spülbecken. Als Malwine aus dem Spülbecken rausgewachsen war, musste sie in die Badewanne umziehen. Eines Tages sagte Frau Scheller, aus Malwine würde nie ein ordentlicher Frosch werden.

Schlagwörter: Dinosaurier, Metamorphose, Haustier, Ungeheuer

Jacqueline Delaunay

Kodiak, der kleine Bär

Aus dem Französischen von Tobias Scheffel

Frankfurt a.M.: Moritz 2005
28 Seiten, ISBN 3895651672, € 13,80

Dieses Bilderbuch ist auch in französischer Sprache erhältlich.

Inhalt

Die beiden kleinen Bären Kodiak und Ujak verlassen mit ihrer Mutter im Frühjahr zum ersten Mal ihre Höhle. Sie werden von einem großen Schwarzbären und später von einem Adler bedroht, doch die Mutter beschützt sie. In den folgenden Wochen und Monaten erzieht sie die Jungen und zeigt ihnen alles, was sie für ein selbständiges Bärenleben brauchen. Ujak überlebt jedoch nicht, und so bleibt Kodiak allein zurück. Er lebt mit seiner Mutter, bis sie ihn verstößt. Anfänglich trauert er, doch dann zieht er los in sein eigenes, freies Leben.

Textauszug

Fast zwei Jahre sind vergangen. Kodiak ist viel größer geworden, aber er ist inzwischen allein mit seiner Mutter. Eines Tages hatte sich Ujak zu weit von ihnen entfernt und verirrt. Wenig später fanden sie seinen leblosen Körper im Schnee. An diesem Morgen verhält sich Kodiaks Mutter seltsam. Sie hat gerade ein totes Karibu entdeckt, aber verbietet ihrem Sohn es anzurühren. Sie schimpft, sobald er sich nähern will, und verschlingt die Überreste des Tieres ganz allein.

Gehalt/ Gestaltung/ Besonderheiten

- Das Bilderbuch schildert unsentimental und realistisch einige Ereignisse und Erlebnisse im Leben von jungen Bären. Dazu gehören Erziehung, Gefahren, Tod, Trennung, Schutz und Geborgenheit.
- Es handelt sich aber auch um eine Geschichte von der Liebe einer Tiermutter zu ihren Jungen, von Abschied, Trauer und Verlassenwerden, aber auch vom Aufbruch in ein neues Leben.
- Der Leser erhält einen interessanten Einblick in die Lebensweise der Kodiakbären/ Braunbären.
- Die großformatigen, mit Farbstiften gestaltete Illustrationen (an jedem Bild arbeitete die Illustratorin durchschnittlich 2 Monate) beeindrucken Kinder; fast fotorealistisch ist die Darstellung der Bären in der Bergwelt Alaskas wiedergegeben.
- Auf der letzten Seite findet sich eine kurze Sachinformation über Kodiakbären.

Didaktische Vorschläge

3./4. Schuljahr: Sachunterricht/ Umweltbildung

Das Bilderbuch kann als Ausgangspunkt für ein Projekt zum Thema „Braunbären – Raubtiere, die unsere Hilfe brauchen" eingesetzt werden.

- „Expertengruppen" befassen sich mit Hilfe von Sachbüchern mit folgenden Themenbereichen:
  - Der natürliche Lebensraum der Braunbären
  - Ernährung/ Gefährlichkeit
  - Körperbau/ Fortbewegung/ Sinnesleistung
  - Fortpflanzung und Aufzucht der Jungen
  - Lebensweise/ Verhalten (Winterruhe/ Einzelgänger)
  - Verbreitung von Bären in Europa

Die Ergebnisse werden auf Plakatkarton festgehalten.

- Vorstellung der Gruppenarbeitsergebnisse; Zusammenfügen der Plakate zu einer Ausstellung;
- Gruppenarbeit: Gestaltung eines Lebensraumes für Braunbären aus Naturmaterialien auf einer Sperrholzplatte; Modellieren einer Bärenmutter mit Jungtieren aus Ton für jeden Lebensraum;
- schriftliche Anforderung von Informationen über Bärenschutz in Europa bei Naturschutzverbänden; Überlegung: Was können wir für den Schutz von Bären tun?

Sachbücher zum Thema "Bären":

für Kinder:

- Ian Stirling; Aubrey Lang: Bären. Verhalten und Lebensweise. München 1993
- Annemarie Schmidt et al.: Bären. Das Buch der Tierfamilien. Luzern 1987
- Michio Hoshino: Das Grizzly-Bären-Kinder-Buch. München 1992
- Helen Gilks; Andrew Bale: Bären. München 1993
- Andrew Charman; Chris Forsey: Das Bärenbuch. Hamburg 1990

für Erwachsene:

- Terry Domico; Mark Newman: Die Bären der Welt. Braunschweig 1990
- Candace Savage: Bären. Verhalten und Lebensweise des Braunbären in faszinierenden Bildern. 2. Aufl. Hildesheim 1993

⇨ Informationsmaterial zum Bärenschutz in Europa ist erhältlich bei:

Stiftung Europäisches Naturerbe (EURONATUR), Konstanzer Straße 22, 78315 Radolfzell

Schlagwörter: Bär, Erwachsen werden

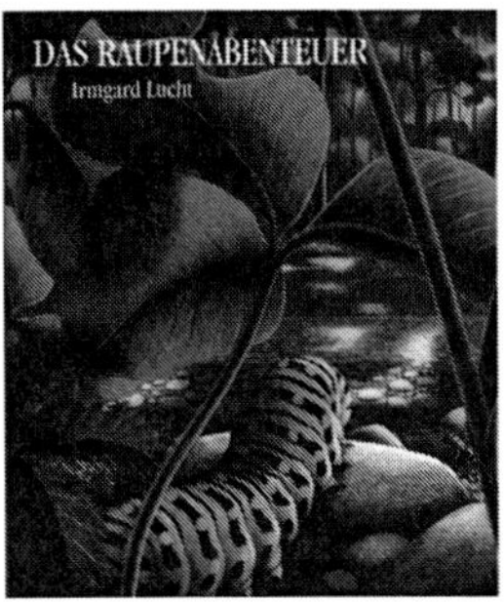

Irmgard Lucht

Das Raupenabenteuer

Weinheim: Beltz & Gelberg 1996
32 Seiten, ISBN 3407760345
Dieses Bilderbuch ist auch als Minimax-Ausgabe erhältlich.

Inhalt

Eine kleine Raupe macht sich vom Hunger getrieben auf einen beschwerlichen Weg über die Straße. Nur knapp entkommt sie vielen Gefahren.

Gehalt/ Gestaltung/ Besonderheiten

- Das Bilderbuch sensibilisiert für die Schönheit der Natur.
- Seine Botschaft lautet: Mit Ausdauer und Beharrlichkeit kann man sein Ziel erreichen.
- Eindrucksvolle Bilder zeigen die Entwicklung der kleinen Raupe über die verschiedene Stadien bis zum Schmetterling.
- In einem Nachwort berichtet Irmgard Lucht über die Entstehung des Buches.

Ein weiteres Buch zum Themenbereich:

Die Werkstatt der Schmetterlinge.
Gioconda Belli (Text), Wolf Erlbruch (Illustr.). Wuppertal: Hammer 2005

zusätzliche didaktische Materialien:

Gute Anregungen für das Thema „Schmetterlinge“ im Unterricht bietet die Zeitschrift „Sache-Wort-Zahl, Heft 4, 1996 (Heftthema „Schmetterlinge“).

Didaktische Vorschläge

2.- 4. Schuljahr: Fächerübergreifendes Arbeiten

Das Bilderbuch kann zu einem Schmetterlingsprojekt anregen. Folgende Aktivitäten sind dabei denkbar:

- Schmetterlinge der Heimat kennen lernen und beobachten,
- einen Schulgarten mit Pflanzen anlegen, in dem sich Schmetterlinge wohlfühlen,
- herausfinden, welche Schmetterlinge aus welchen Gründen vom Ausstreben bedroht sind,
- Raupen eine Zeit lang im Klassenraum halten und die Verpuppung verfolgen,
- Gedichte über Schmetterlinge lesen und Schmetterlinge malen,
- Bilderbücher über Schmetterlinge von Ernst Kreidolf, der als hervorragender Bilderbuchkünstler der Epoche des Jugendstils durch die Darstellung von Insekten bekannt geworden ist, lesen und betrachten,
- sich an der Schönheit von Schmetterlingen erfreuen.

Schlagwörter: Schönheit der Natur, Raupe, Schmetterling, Metamorphose

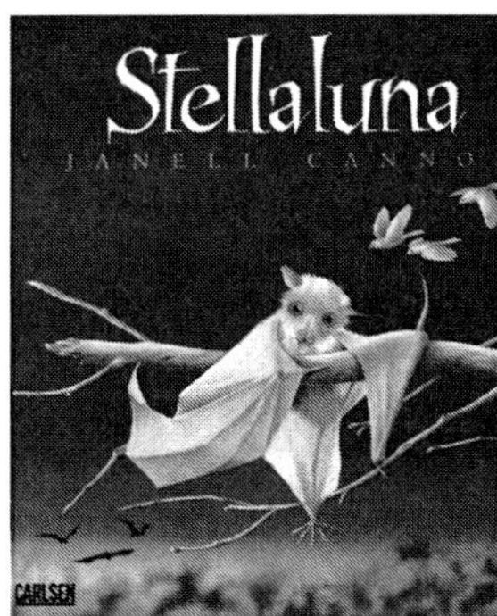

Janell Cannon

Stellaluna

Aus dem Englischen von Till Martin
Hamburg: Carlsen 1995
52 Seiten, ISBN 3-551-51521-2, € 14,50
Dieses Bilderbuch ist auch in englischer und spanischer Sprache erhältlich.

Inhalt

Stellaluna, ein Flughundbaby, wird durch den Angriff einer Eule von ihrer Mutter getrennt. Gemeinsam mit den Vogelkindern Pip, Flitter und Flap wächst sie nun in einem Vogelnest auf, wobei es ihr nicht immer leicht fällt, sich wie ein richtiger Vogel zu verhalten. Bei einem ihrer Flugversuche trifft Stellaluna ihre Flughundfamilie und auch ihre Mutter wieder. Sie lernt nun das richtige „Flughundeleben" kennen. Trotz aller Unterschiede bleibt die Freundschaft zwischen Stellalluna und den Vogelkindern bestehen.

Gehalt/ Gestaltung/ Besonderheiten

- Die Botschaft des Buches: Freundschaft gelingt auch unter Lebewesen, die hinsichtlich Aussehen und Fähigkeiten sehr verschieden sind.
- Das Bilderbuch enthält wunderschöne, photorealistische Illustrationen mit großer Ausdruckskraft.
- Durch wörtliche Rede ist die Sprache sehr lebendig.
- Im Anhang des Buches befinden sich Sachinformationen über Fledertiere.

Didaktische Vorschläge

2.–4. Schuljahr: Religion, Ethik, Sozialerziehung

- Gespräch: Trotz aller Unterschiede befreundet sein – Kinder berichten von eigenen Erfahrungen.
- Erstellen eines Plakates: Das ist mir an meinem Freund wichtig!

3./4. Schuljahr: Sachunterricht

Fächerübergreifendes Arbeiten im Rahmen einer Projektwoche rund um das Thema „Wir wollen mehr über Flughunde und Fledermäuse erfahren."
Arbeitsmöglichkeiten:

- in Sachbüchern Wissenswertes über Flughunde und Fledermäuse nachlesen (Wodurch unterscheiden sich Flughunde von Fledermäusen? Sind Flughunde/ Fledermäuse Säugetiere oder Vögel? Wo leben diese Tiere? Wovon ernähren sie sich?...);
- ein eigenes Buch über Fledermäuse/ Flughunde anfertigen;
- eine Ausstellung über Fledertiere gestalten;
- Fledermäuse sind vom Aussterben bedroht – wir laden einen Experten ein und erkundigen uns, was wir für die Erhaltung dieser Tiere tun können.

Schlagwörter: Anders sein, Ähnlichkeit, Freundschaft, Flughund, Vogel

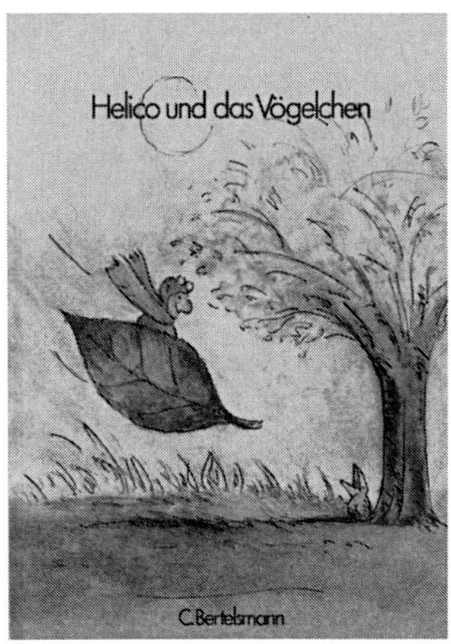

André Dahan

Helico und das Vögelchen

München: Bertelsmann 1988
34 Seiten, ISBN 3570021823

Inhalt

Jaco, ein hilfloses Vögelchen, das aus dem Nest gefallen ist, wird von Helico gefunden. Er nimmt den kleinen Vogel mit nach Hause, pflegt ihn und bringt ihm geduldig und liebevoll alles bei, was er zum Überleben braucht.

Ein weiteres Bilderbuch über die Aufzucht eines kleinen Vogels:

Frau Meier, die Amsel.
Wolf Erlbruch. Wuppertal: Hammer 2000, Sonderausgabe 2006

Gehalt/ Gestaltung/ Besonderheiten

- „Eine Parabel auf das Leben, eine Bildergeschichte vom Hegen und Pflegen, vom Lehren und Lernen, von Liebe und Zuwendung, von ersten Versuchen und Erfolgserlebnissen und vom wachsenden Selbstbewusstsein.“ (Buchrückseite)
- Die Geschichte besitzt eine einfache, überschaubare Handlungsstruktur.
- Das Bilderbuch enthält keinen Text, so dass es zum Erzählen geradezu herausfordert.
- Die Illustrationen sind in zarten Farben koloriert, die Figuren cartoonhaft gezeichnet; mit leichten, teilweise schwungvollen Strichen bringt der Künstler die Geschichte zu Papier.
- Die meisten Bilder füllen eine Buchseite, einige ziehen sich auch über die ganze Doppelseite hin.

Didaktische Vorschläge

2.-4. Schuljahr: Sprachunterricht/ Schreiberziehung

Jedes Bild im Buch zeigt nahezu ausschließlich Helico im liebevollen Bemühen um sein Vögelchen, so dass es sich anbietet zu überlegen, was die beiden Protagonisten in den jeweiligen Situationen denken und sagen.
Alle (oder ausgewählte) Bilder der Geschichte können mit Sprech- und Denkblasen versehen, kopiert und anschließend von den Kindern ausgefüllt werden. Es bietet sich auch an, die Geschichte nicht vollständig zu präsentieren, sondern sie an einem geeigneten Punkt abzubrechen, um die Kinder über den Fortgang der Geschichte spekulieren zu lassen. Ihre Überlegungen schreiben sie anschließend allein, mit einem Partner oder in der Gruppe auf. Dabei können sie

- lernen, eine Geschichte in ganzen Sätzen aufzuschreiben und diese mit einem Punkt zu beenden.
- einen „Erzählplan“ als Erinnerungs- und Schreibhilfe zu nutzen.
- das Aufschreiben von Gedanken und Aussagen von Handlungsträgern als Mittel kennen lernen, eine Geschichte lebendiger zu gestalten (vgl. dazu Hollstein 2000 (b)).

Weitere Bilderbücher ohne Text:

- **Warum?**
  Nikolai Popov. Gossau: Neugebauer 1995
- **Mein Schneemann.**
  Raymond Briggs. München: Bertelsmann 1991
- **Die Torte ist weg.**
  Thé Tjong-Khing. Eine spannende Verfolgungsjagd. Frankfurt a.M.: Moritz 2004:

Schlagwörter: Vogel, Pflege, Lernen, Tierkind

Heinrich Hoffmann

Der Struwwelpeter

oder lustige Geschichten und drollige Bilder

Esslingen: Esslinger Verlag Schreiber 1992

20 Seiten, ISBN 3480063349, € 5,-

Dieses Bilderbuch ist auch als Miniausgabe, Audio-CD und Popup-Buch erhältlich. Es wurde in 10 europäische Sprachen und 27 deutsche Mundarten übersetzt.

Inhalt

Die Geschichten („Die Geschichte vom bösen Friedrich", „Die Geschichte von den schwarzen Buben", „Die Geschichte von dem Zappel-Phillipp, „Die Geschichte vom Suppen-Caspar", „Die Geschichte vom Daumenlutscher", „Die gar traurige Geschichte mit dem Feuerzeug" ...) zeigen, wie Bedürfnisse und Wünsche der Kinder mit den strengen Verhaltensnormen der bürgerlichen Gesellschaft des 19. Jahrhunderts in Konflikt geraten. Fehlverhalten wird mit drastischen, unerbittlichen Strafen geahndet.

Textauszug

Am dritten Tag, o weh und ach!
Wie ist der Kaspar dünn und schwach!
Doch als die Suppe kam herein,
Gleich fing er wieder an zu schrein:
„Ich esse keine Suppe! Nein!
Ich esse meine Suppe nicht!
Nein, meine Suppe ess´ ich nicht!"
Am vierten Tage endlich gar
Der Kaspar wie ein Fädchen war.
Er wog vielleicht ein halbes Loth,
Und war am fünften Tage tod.

Gehalt/ Gestaltung/ Besonderheiten

- Der Struwwelpeter stellt einer der größten Bilderbucherfolge der internationalen Kinderliteraturgeschichte dar. Bald nach seinem Erscheinen ist das Buch zu internationaler Berühmtheit gelangt und in zahlreiche Sprachen übersetzt worden. 1876 erschien bereits die 100. Auflage.
- Das Buch steht bis heute im Meinungsstreit der Befürworter und Gegner. Kritisiert werden vor allem die in Bild und Text dargestellten harten Strafen: Da verbrennt ein Mädchen, verhungert ein Junge, werden Daumen abgeschnitten. Pressler stuft die Strafen als „so irreal überzogen (ein; d.V.), dass ein Kind vielleicht ein gewisses Gruseln verspürt, das ganze aber gar nicht als Realität sehen kann. So betrachtet besteht eine enge Verwandtschaft mit Wilhelm Buschs beiden Lausbuben Max und Moritz, die zum Schluss durch die Mühle gedreht und als Körner von den Hühnern aufgepickt werden" (Pressler 1984, S.109).
- Die Texte sind in eingängiger Reimform verfasst.
- Die Gestaltung der Figuren sowie die witzig-drastischen Episoden üben auch auf heutige Kinder Faszination aus.

Didaktische Vorschläge

3./4. Schuljahr: Sachunterricht/ Historisches Lernen

Die Anbahnung eines Geschichtsbewusstseins wird von allen Kultusministerien für den Sachunterricht der Grundschule gefordert. Bezüglich der Auswahl der Inhalte für historisches Lernen in der Grundschule erweist es sich als wichtig, dass die Schüler in den Themen etwas von ihrer eigenen Erfahrungswelt vorfinden. Als Quellen besonderer Art können auch ältere Bilderbücher genutzt werden. So bietet sich der „Struwwelpeter" an, um daran anknüpfend über Erziehungsmethoden früher und heute nachzudenken.

Gliederung einer Unterrichtseinheit:

- Die Schüler überlegen, was sie vom „Struwwelpeter" in Erinnerung behalten haben und warum.
- Sie finden heraus, dass im „Struwwelpeter" nicht nur Geschichten erzählt werden, sondern dass hier eine Erziehungsabsicht vorliegt, die heute nicht unbefragt übernommen werden kann. Sie erkennen gleichzeitig, dass das Bilderbuch aus vergangenen Zeiten stammt, in der ganz andere Lebensverhältnisse herrschten als bei uns heute.
- Die Schüler entwerfen in Kleingruppen selbst ein ernst gemeintes Bilderbuch zur Belehrung für Kinder in der heutigen Zeit; sie nennen und begründen dessen Wirklichkeitsbezug (vgl. Grünewald 1979).

Weitere Bilderbücher für das historische Lernen:

Themenbereich „Schule":

Albert Sixtus (Text), Fritz Koch-Gotha (Illustr.): **Die Häschenschule.** Esslingen: Esslinger o.J.

Themenbereich „Wohnen":

Lothar Meggendorfer: **Das Puppenhaus.** Esslingen, Esslinger 2006 (Reprint von 1889)

Verschiedene Lebensbereiche:

Klaus Kordon (Text), Peter Schimmel (Illustr.): **Die Lisa. Ein Leben.** Zug: Ars edition 1991

Tomi Ungerer: **Otto. Autobiographie eines Teddybären.** Zürich: Diogenes 1999

Literatur zur Geschichte des „Struwwelpeter"

- Doderer, Klaus: Klassische Kinder- und Jugendbücher. Kritische Betrachtungen. Weinheim, Basel 1975 (a)
- Doderer, Klaus; Müller, Helmut: Das Bilderbuch. Geschichte und Entwicklung des Bilderbuches in Deutschland von seinen Anfängen bis zur Gegenwart. Weinheim, Basel 1973
- Friese, Inka: Ein Klassiker am Ausgang seiner Epoche. Heinrich Hoffmanns „Der Struwwelpeter". In: Bettina Hurrelmann: Klassiker der Kinder- und Jugendliteratur. Frankfurt a.M. 1995, S.358-378
- Germanisches Nationalmuseum: Das Urmanuskript des Struwwelpeter von Dr. Heinrich Hoffmann. Nürnberg 1988

Schlagwörter: Erziehung, Strafe, Anpassung, Bilderbuchklassiker

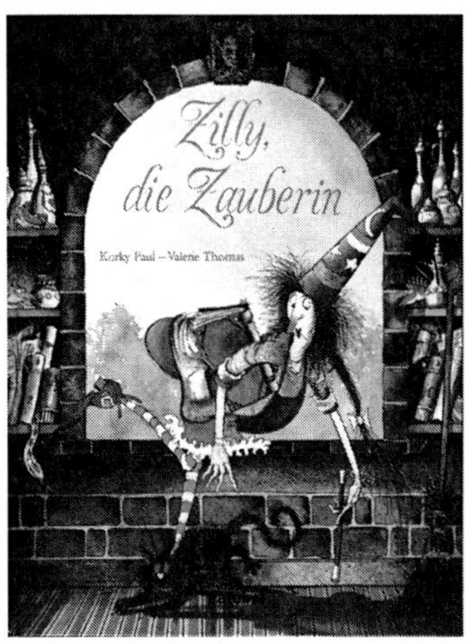

Valerie Thomas (Text), Korky Paul (Illustr.)

Zilly, die Zauberin

Deutsch von Barbara Haupt

München: Parabel 1989

40 Seiten, ISBN 378980312X, € 12,95

Dieses Bilderbuch ist auch in englischer und französischer Sprache erhältlich.

 **weitere Bilderbücher mit Zilly:**

Zilly und der Zauber-Computer. Paul Korky (Illustr.), Valerie Thomas (Text). Weinheim: Beltz & Gelberg 2004

Zilly fliegt wieder. Paul Korky (Illustr.), Valerie Thomas (Text). Weinheim: Beltz & Gelberg 2003

Inhalt

Die Zauberin Zilly lebt in einem schwarzen Haus. Da auch ihr Kater Zingaro schwarz ist, passieren immer wieder Unfälle. Eines Tages ärgert sich Zilly so sehr darüber, dass sie ihn erst grün und dann bunt hext. Beides bringt jedoch auch nur Nachteile mit sich. Dann kommt Zilly auf die Idee, ihrem Haus Farben zu geben und hat fortan keine Probleme mehr, den schwarzen Kater zu sehen.

Textauszug

Eines Tages, nach einem bösen Sturz, beschloss Zilly, etwas zu unternehmen. Sie schwang ihren Zauberstab, und - ABRAKADABRA! - Zingaro war nicht mehr schwarz, sondern grasgrün! Wenn Zingaro jetzt auf einem Sessel schlief, konnte Zilly ihn sehr gut sehen. Wenn Zingaro auf dem Teppich schlief, konnte Zilly ihn auch dort sehr gut sehen. Leider sah sie jetzt auch, wenn er auf dem Bett schlief. Zingaro durfte aber nicht auf dem Bett schlafen...

Gehalt/ Gestaltung/ Besonderheiten

- In der Geschichte werden verschiedene Effekte von Farben vermittelt, beispielsweise, dass schwarz sich von schwarz oder grün von grün nicht abhebt.
- Die Geschichte lässt sich sehr gut allein über die Illustrationen erschließen.
- Die detailreichen, teilweise bunten und farbenfrohen Illustrationen regen die Kinder zum Entdecken und Erzählen an.

Didaktische Vorschläge

1./2. Schuljahr: Musisch-ästhetischer Lernbereich

Ausgehend vom Bilderbuch können Kinder mit Farben experimentieren. Malauftrag: Zilly hat ihrem Kater ein buntes Fell gezaubert. Nun kann sie ihn in ihrem schwarzen Haus überall sehen. Male Zingaro mit bunten Farben (Deckfarben) auf schwarzem Untergrund!

3./4. Schuljahr: Fächerübergreifendes Lernen

Besonders motiviert schreiben Kinder dann Geschichten, wenn sie wissen, dass ihre Texte auch wirklich gelesen werden. Das Internet bietet neue Möglichkeiten, eigene Werke für andere zugänglich zu machen. Ausgehend von einer Bilderbuchgeschichte kann eine eigene Geschichte verfasst und mit dem Computerprogramm Anipaint bearbeitet und schließlich im Internet veröffentlich werden. Die Kreativ-Software für Kinder setzt keine großen Vorerfahrungen im Umgang mit Computer voraus; es bietet die Möglichkeit, Bilder, Text, Ton und Video auf einfache Weise zu kombinieren: Animierte Geschichten können somit erzählt und Multimedia Produktionen erstellt werden. Weitere Hinweise und Bestellung auf http://www.anipaint.ch (vgl. Gerhard 2002).

3./4. Schuljahr: Medienerziehung

Das Bilderbuch kann mit der CD-ROM „Zilly, die Zauberin" unter folgenden Fragestellungen verglichen werden: Was leistet die CD-ROM im Vergleich zum Buch? Brauchen wir gedruckte (Bilder-)Bücher heute noch?

Fremdsprachenarbeit

Die englischsprachige Fassung des Bilderbuches („Winnie, the witch") eignet sich gut für die Fremdsprachenarbeit in der Grundschule.

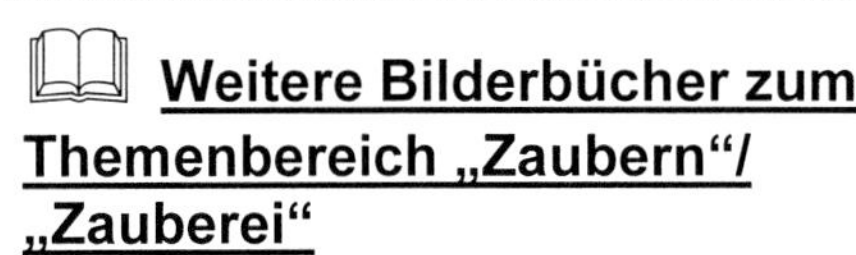

Weitere Bilderbücher zum Themenbereich „Zaubern"/ „Zauberei"

- **Zaubertrottel.** Norman Junge (Illustr.), Josef Schnelle (Text). Weinheim: Beltz & Gelberg 1988
- **Irma hat so große Füße.** Ingrid und Dieter Schubert. Frankfurt a.M.: Sauerländer 1996

Für Zilly-Fans:

Von Zilly gibt es auch eine Audio-CD, eine Stoffpuppe, ein Computerspiel sowie ein Livingbook (von Tivoli 1998, Neuausgabe: Das Zauberpaket, ISBN 3934789668, € 19,95)

Schlagwörter: Farben, Katze, Zaubern

David Wiesner

Die drei Schweine

Aus dem Amerikanischen von Sophie Birkenstädt

Hamburg: Carlsen 2002

40 Seiten, ISBN 3-551515565, € 15,-

Deutschen Jugendliteraturpreis 2003 (nom.)
Buch des Monats 04/2002 (Institut für Jugendliteratur)

Dieses Bilderbuch ist auch in engl. und franz. Sprache erhältlich.

Inhalt

Drei Schweine ziehen hinaus in die Welt, um ihr Glück zu suchen. Das erste Schwein baut ein Haus aus Stroh. Da kommt der Wolf und pustet das Haus um und das Schwein aus der Geschichte. Dem zweiten Schwein geht es ebenso. Das dritte Schwein, das ein Haus aus Steinen gebaut hat, folgt den beiden anderen aus der Geschichte. Die Schweine lassen das Buch zusammenfallen und stöbern nun zu zusammen im weißen Zwischenraum zwischen den Bildern herum. Das Klügste faltet aus einer Bilderbuchseite einen Papierflieger, und damit starten die drei zum Flug in neue Bilderbuchwelten. Aus einer bunten, kitschigen Darstellung läuft ihnen eine Katze zu, aus einer flächig-ornamentalen Illustration retten sie einen Drachen, der von einem Ritter getötet werden soll. Zu fünft streifen sie nun an unterschiedlichen Bilderbuchseiten gleich einer überdimensionalen Galerie entlang und kehren schließlich zusammen in das Steinhaus des dritten Schweins zurück. Der Wolf klettert aufs Dach und fällt buchstabenweise durch den Kamin in den Suppenkessel und wird schließlich verspeist.

Gehalt/ Gestaltung/ Besonderheiten

- Das Bilderbuch basiert auf der englischen Märchenfassung von den drei kleinen Schweinchen.
- Die Botschaft des Buches: Jeder kann sein Leben selbst in die Hand nehmen, „seine Geschichte" selbst gestalten.
- Wiesner experimentiert mit verschiedenen Zeichenstilen, mit Übergangseffekten und Perspektivenwechseln. Er lässt wie auf einer Bühne mit stürzenden Kulissen vertraute Szenarien zusammenbrechen und erlaubt seinen Protagonisten die Flucht aus dem Buch. „Illustrations- und Textfolge lösen sich voneinander und verfolgen, wenn auch nicht unabhängige, so doch paradoxe Handlungsabläufe. Dabei jagt der Wechsel von flächiger und plastischer Zeichnung den Betrachter über verschiedene Ebenen der Wahrnehmung und Wirklichkeit hinweg." (von Korff-Schmising, 2003)
- Das Text- und Bildabenteuer überrascht von Seite zu Seite, fesselt und reißt mit.

Didaktische Vorschläge

4. Schuljahr: musisch-ästhetischer Lernbereich

Bilderbuchillustrationen verlocken zum Erzählen - auch in Bildsprache. Eine Möglichkeit, das Erzählen in Bildern zu erproben, besteht darin, ausgehend von einer geeigneten Bilderbuchillustration die hier angedeutete Geschichte ganz oder teilweise in Bildsprache weitererzählen zu lassen. So können die Kinder auch zunächst nur einen Erzählschritt, der der zuletzt gezeigten Illustration folgt, bildlich festhalten. Das Bild, das diesen Erzählschritt zeigt, wird nach der Fertigstellung von den Mitschülern „gelesen", den übrigen Teil der „weitergesponnenen" Geschichte erzählt der Schüler mündlich. Erzählmöglichkeiten gehen auch von dem vorliegenden Bilderbuch aus: Nachdem die Kinder erkannt haben, dass die drei Schweine in verschiedenen Bilderbuchwelten unterwegs sind, können sie die Geschichte weiterentwickeln. Sie überlegen sich selbst oder ausgehend von vorliegenden Bilderbüchern eine „Bilderwelt", in die sich die drei Schweine hineinbegeben könnten und malen/zeichnen diese auf. Auch die Gestaltung einer Collage aus Zeitschriftenbildern ist möglich. Dabei dürfen sie Bildelemente aus dem vorliegenden Bilderbuch (dreidimensionale Darstellung der Schweine) in fotokopierter Form nutzen, um zum Beispiel ein Schwein aus dem Bild („Komm mit – schnell!) springen zu lassen. Das englische Märchen von den drei kleinen Schweinchen sollte den Kindern bekannt sein, wenn das Bilderbuch vorgestellt wird.

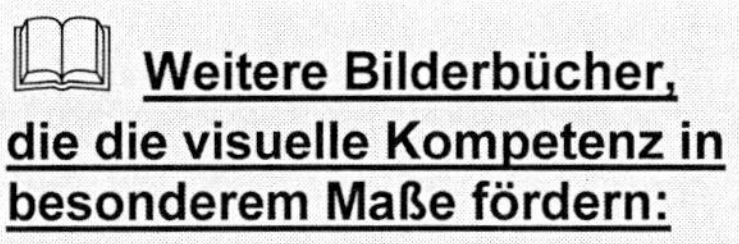

Weitere Bilderbücher, die die visuelle Kompetenz in besonderem Maße fördern:

Alles wird anders.
Anthony Browne. Oldenburg: Lappan 1990

Das Buch im Buch.
Jörg Müller. Aarau: Sauerländer 2001

Stimmen im Park.
Anthony Browne. Oldenburg: Lappan 1992

Textauszug

„Wow! Wie kommt´s, dass er euch nicht gefressen hat?"
„Wir sind ihm entkommen ... für immer."
„Jetzt haben wir mehr Platz. Schaut mal – uups!!
„Los, schauen wir uns um."
„O.K. Ich will das nur noch falten ..."
„Huiiiiiii"

Schlagwörter: Märchen, Schwein, Parodie, Sprachspiel

Annegert Fuchshuber

Karlinchen

Wien: Betz 2002

28 Seiten, ISBN 3219106129

Österreichischer Kinder- und Jugendbuchpreis, Ehrenliste
Kurhessischer Medienpreis (Empfehl.)

Dieses Bilderbuch ist auch in engl. Sprache und als kleine Ausgabe erhältlich.

Inhalt

Das Mädchen Karlinchen flieht voller Angst aus seiner brennenden Heimat. Hungrig gelangt es in ein friedliches Dorf und bittet dort um eine Bleibe und um Essen, doch die Leute holen die Polizei und wollen sie in ein Heim stecken. Sie läuft fort und kommt erst in das Land der Steinbeißer und dann in das Land der Seidenschwänze. Sie kann dort aber auch nicht bleiben, weil sie als Fremde abgelehnt wird. Karlinchen wandert weiter. Die Nahrung der Nebelkrähen kann sie nicht essen, die reichen Schaffraffer schicken sie weg, die armen Leute fürchten, sie wolle ihnen noch etwas von ihrem kargen Essen wegnehmen. Nur der Narr lädt sie schließlich in sein Baumhaus ein und gibt ihr zu essen.

Textauszug

Karlinchen lief davon,
denn Feuer fiel vom
Himmel, und sie hatte
Hunger,
und niemand kümmerte
sich um ein Kind,
das allein war und voll
Angst.

Gehalt/ Gestaltung/ Besonderheiten

- Die anspruchsvolle Geschichte übt Kritik an unserer unmenschlichen Überfluss- und Konsumgesellschaft. Einzelaspekte sind hierbei Geiz, Egoismus, Gleichgültigkeit, Nichtakzeptanz von Fremden, Andersartigkeit, Einsamkeit. Sie endet mit der provozierenden Frage, ob Humanismus und Nächstenliebe heute nur als Narrheit gelten können.
- Durch die Geschichte können Kinder lernen, die Probleme anderer Menschen zu erkennen, auf sie aufmerksam zu werden und Anteil zu nehmen.
- Die großformatigen Illustrationen sind in kräftigen Farben gestaltet; es finden sich hier Elemente des surrealistischen und expressionistischen Malstils. Zahlreiche Details auf den Bildern regen zum genauen Hinsehen und Entdecken an.
- Es wird eine sehr lebendige und anschauliche Sprache präsentiert.
- Der Gesamteindruck (dunkle Farbgebung, Fantasiegestalten) des Buches kann jüngeren Kindern eine bedrohliche und depressive Stimmung vermitteln.

Didaktische Vorschläge

3./4. Schuljahr: Fächerübergreifendes Lernen/ soziales Lernen

(von Carmen Kaczmarek)

Das Bilderbuch erfordert eine intensive und vertiefende Interpretation und zugleich ein vielfältiges Verarbeitungsangebot.

Gestaltung eines Hörspiels

(Für den musischen Bereich und ggf. als Anfangsmelodie bietet sich „das Lied vom Anderssein" von Klaus Hoffmann an.)

Schreiben

- Buchbesprechung: Die Kinder schreiben ihre persönliche Meinung zum Bilderbuch auf und begründen diese.
- Karlinchens Tagebuch: („Am Abend schreibt Karlinchen im Baumhaus des Narren ihre Erlebnisse auf ihrer Suche nach Hilfe in ihrem Tagebuch auf. Schreibe Karlinchens Tagebucheintrag!")
- Auf der Grundlage einer Suchmeldung fertigen die Kinder eine Personenbeschreibung von Karlinchen an.

Szenisches Spiel (auch als Schreibauftrag)

Nachdem sie die Polizei angerufen haben, erzählen die Dorfbewohner empört ihren Nachbarn von dem kleinen struppigen Kind, das an ihrem Gartenzaun aufgetaucht ist. Spielt diese Szene oder schreibt dieses Gespräch der Nachbarn auf.

Malen

Karlinchens Traum: In der ersten Nacht, die Karlinchen im Baumhaus des Narren verbringt, träumt sie von einem „Land der Buntgemischten", wo alle Wesen, die sie um Hilfe bat, glücklich miteinander leben. Überlegt euch, welche Wesen in diesem Land mit Karlinchen leben würden. Malt gemeinsam ein „Land der Buntgemischten"!

„Menschen in Not" - Zeitungen durchsehen

Das Dorf, in dem Karlinchen bisher glücklich lebte, brannte in wenigen Stunden ab. Nun stand das kleine Mädchen alleine da. Sucht aus Zeitungen Meldungen, die zeigen, wie Menschen auf der ganzen Welt ohne eigene Schuld in große Not geraten sind.

Ein weiteres Bilderbuch zum Themenbereich "Anderssein":

Irgendwie Anders.
Kathryn Cave (Text), Chris Riddell (Illustr.). Hamburg: Oetinger 1994, gebunden + Taschenbuch

⇨ **ergänzend zum Bilderbuch:**

Diareihe mit 1 Bilderbuch, 15 Dias, didaktisch-methodischen Hinweisen; Landshut: Media nova 1997, € 37,-

Schlagwörter: Fremdenfeindlichkeit, Geiz, Anders sein, Einsamkeit, Angst

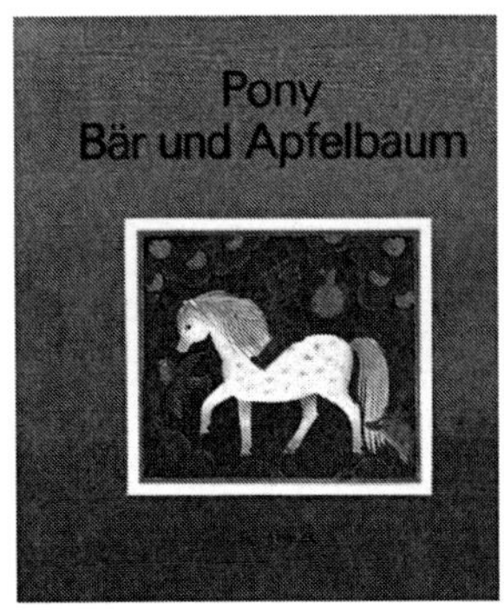

Sigrid Heuck

Pony, Bär und Apfelbaum

Stuttgart: Thienemann 1993

28 Seiten, ISBN 3522414209, € 11,90

Dieses Bilderbuch ist auch als Miniausgabe erhältlich.

Inhalt

Mitten im Wald auf einer Wiese wächst ein Apfelbaum. Ein Pony, das dort wohnt, frisst alljährlich die herabgefallenen Äpfel. Als diese eines Tages alle verschwunden sind, macht es sich auf die Suche.

Ein weiteres Bilderbuch, das einen Text mit eingefügten Bildern enthält:

Pony, Bär und Papagei.
Sigrid Heuck. Stuttgart: Thienemann 1983

Gehalt/ Gestaltung/ Besonderheiten

- Das Bilderbuch enthält einen Text, in dem ausgewählte Nomen durch Bilder ersetzt sind.
- Der Text besitzt eine für Leseanfänger geeignete Typographie: einen relativ großen Zeilenabstand, eine serifenfreie Schrift und eine angemessene Schriftgröße.

Didaktische Vorschläge

1. Schuljahr: Sprachunterricht/ Erstlesen, Erstschreiben

Das Lesen erfordert wichtige sprachlich-kognitive Fähigkeiten, u.a. die Fähigkeit zur Antizipation. Diese kann gefördert werden, wenn die Kinder vom Titel und/ oder Titelbild auf den möglichen Inhalt der Bilderbuchgeschichte schließen und wenn sie an geeigneten Stellen innerhalb der Geschichte überlegen, wie diese wohl weiter verlaufen wird. Als besonders fruchtbar für den Lernprozess erweisen sich Maßnahmen, die mit der Sinnerwartung auch die Worterwartung stimulieren. Hier können Bilderbücher herangezogen werden, die in den Text eingestreute Bildzeichen enthalten und so die Worterwartung anregen. Hervorragend eignet sich hier das Bilderbuch Pony, Bär und Apfelbaum. Ausgehend von diesem Bilderbuch können Kinder auch selber Texte schreiben und dabei ausgewählte Nomen durch Bilder ersetzen.

Schlagwörter: Pony, Bär, Apfel, Baum

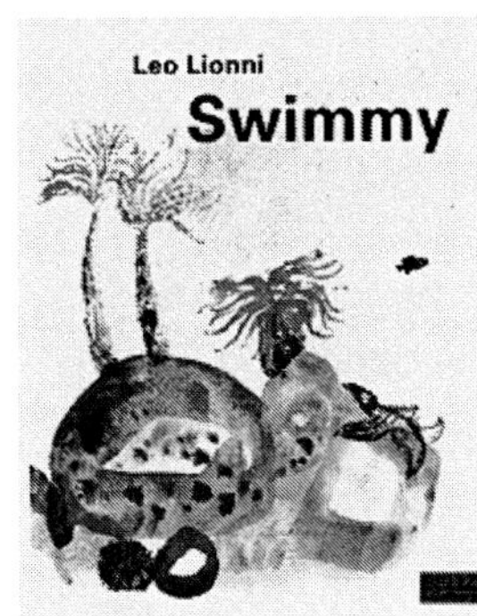

Leo Lionni

Swimmy

Deutsch von James Krüss

Weinheim: Beltz& Gelberg 2004

32 Seiten, ISBN 340777009X, € 12,95

Deutscher Jugendliteraturpreis/ Auswahl 1965

Dieses Bilderbuch ist auch als Minimax-Ausgabe erhältlich.

Inhalt

Ein Schwarm kleiner, roter Fische wird von einem hungrigen Thunfisch gefressen, nur Swimmy, ein kleiner schwarzer Fisch, überlebt. Für Swimmy entsteht ein Konflikt zwischen dem Wunsch, das Meer mit seinen vielfältigen Wundern zu erkunden, und der Bedrohung, dabei gefressen zu werden. Doch Swimmy findet eine Lösung: Alle Fische zusammen bilden einen Riesenfisch. Als die kleinen, roten Fische diese Form angenommen haben, schwimmt Swimmy als kleines, schwarzes Auge im Schwarm mit. Jetzt können sich die Fische - getarnt als Riesenfisch - gefahrlos ins offene Meer hinaus wagen.

Gehalt/ Gestaltung/ Besonderheiten

- „Swimmy ist ein autobiographisches Buch. Swimmy hat die Funktion des Künstlers inne. Er ist das Auge. Das bin ich." (Leo Lionni)
- Botschaft des Buches: Zusammen sind wir stark/ Gemeinschaftssinn bietet eine Lebenschance.
- Großformatige Aquarelle durchziehen das ganze Buch.
- Es sensibilisiert für die Schönheit der Natur (hier das Meer).

Didaktische Vorschläge

1./2. Schuljahr: musisch-ästhetischer Lernbereich; Sozialerziehung

- Ein großer Plakatkarton wird mit blauer und grüner Wasserfarbe (Meer) bemalt. Mehrere Wortkarten mit der Bezeichnung von Meereslebewesen (darunter diejenigen, die im Bilderbuch vorkommen) werden außen um den Karton gelegt. Jeder Schüler zieht eine Karte und setzt das Stichwort bildnerisch um. Er kann sich dabei an den Informationen von Sachbüchern orientieren. Die gemalten Meeresbewohner werden ausgeschnitten und auf den farbigen Papierbogen geklebt (vgl. Koenen 2005: Unterrichtsvorschläge vom Verlag zum kostenlosen Download).
- Die Kinder gestalten einen Riesenfisch aus lauter kleinen Fischen. Diese werden ausgeschnitten und aufgeklebt, Swimmy ist durch seine schwarze Farbe erkennbar.
- Die Kindern überlegen, wie man gemeinsam mit anderen besser als alleine durch das Leben kommt.

Schlagwörter: Fisch, Zusammenhalt, Schönheit der Natur

Manuela Olten

Wahre Freunde

Zürich: Bajazzo 2005

32 Seiten, ISBN 3907588592, € 12,90

Inhalt

Zwei Jungen prügeln sich auf dem Schulhof. Eine Lehrerin geht dazwischen und verlangt eine Erklärung. Da beginnen sich die Jungen gegenseitig zu beschimpfen und zu beschuldigen. „Der hat mir ...“ „Aber der hat ...“ „Zuerst hat der ...“ Die Spirale dreht sich weiter, ohne dass der Leser erfährt, weshalb die zwei aneinander geraten sind. Schließlich wissen die zwei Racker nicht mehr, was sie sich noch an den Kopf werfen können. Eine Weile schweigen sich beide ratlos an. Zuerst noch unsicher, finden beide schließlich den Weg aus dem Streit und vergessen, wie er aufgetreten ist. Sie verabreden sich zum Fußball spielen.

Textauszug

„Der hat meinen Schulranzen weggeworfen!“ - „Der hat meine Mütze geklaut!“ - „Der hat mir sein Butterbrot ins Gesicht gedrückt!“ - „Aber der hat seinen Popel an meine Jacke geschmiert!“

 **didaktische Literatur:**

Dietlinde H. Heckt: Müssen Kinder streiten lernen? In: Grundschule, 31. Jg., Heft 11/1999, S.44-45

Gehalt/ Gestaltung/ Besonderheiten

- Die Bilderbuchgeschichte gibt eine alltägliche Pausensituation ausdrucksstark wieder. Sie vermittelt die Botschaft, dass auch „wahre Freunde“ streiten, sich anschließend aber wieder versöhnen.
- Es enthält großflächige, von Erdfarben dominierte Bilder, wobei die Figuren cartoonhaft dargestellt sind
- Das Bilderbuch enthält sehr wenig, zum Teil typographisch überhöhten Text. Auch durch die klare Druckschrift und durch die Schriftgröße können bereits Leseanfänger dieses Buch selber lesen.

Didaktische Vorschläge

1. Schuljahr: Soziales Lernen

Ein wichtiges Thema zum Schulanfang ist das Kennen lernen von neuen Mitschülern. Das Kind steht dabei vor der Aufgabe, sich erste Sicherheit dadurch zu verschaffen, dass es eine feste Beziehung findet. So wird der Beginn von Freundschaften von Schulanfängern als besonders wichtiges Sozialereignis dargestellt. Es erweist sich als sinnvoll, auch im Unterricht „Freundschaft" zu thematisieren. Das vorliegende Bilderbuch befasst sich mit dem thematischen Aspekt des Streitens und sich Versöhnens. Die intensive Auseinandersetzung mit dem Bilderbuchinhalt kann die soziale Sensibilität fördern, d.h. die Bereitschaft, sich in die Rolle eines anderen zu versetzen, sich in seine Lage einzufühlen und das Ergebnis dieser Bemühung in das eigene Verhalten einzubeziehen. Da die beiden Freunde auch Teil einer Gruppe sind, erweist es sich als lohnenswert, nicht nur ihr Verhalten, sondern auch das der übrigen Kinder zu untersuchen. Hier zeigt sich zuerst ängstliche Neugier, schließlich Abwendung bis zum Schluss der Streit auf zwei andere Kinder übergeht.
Im Anfangsunterricht lässt sich das Bilderbuch vielfältig einsetzen. Hier kann es zunächst Ausgangspunkt für Gespräche im Klassenverband über folgende Aspekte bieten:

- Warum es schön ist, einen Freund/ eine Freundin/ Freunde zu besitzen.
- Warum es wichtig ist, einen Freund/ eine Freundin/ Freunde zu besitzen.
- Auch „wahre" Freunde streiten sich hin und wieder.
- Es gibt verschiedene Möglichkeiten, sich zu streiten.
- Es gibt verschiedene Möglichkeiten, sich zu versöhnen.

Darüber hinaus können Kinder unterschiedliche Verhaltensformen bezüglich des Streitens und sich Versöhnens im szenischen Spiel erproben.

⇨ **Weitere Bilderbücher zum Thema Streit/ Streiten:**

- **Du hast angefangen! Nein, du!** David McKee. Aarau: Sauerländer 1986
- **Macker.** David Hughes. Frankfurt a.M.: Alibaba 1993
- **Es war einmal ein Zauberer ganz allein.** Helmut Kollars. München: Betz 1996

⇨ **Weitere Bilderbücher zum Thema Freundschaft:**

- **Stellaluna.** Janell Cannon. Hamburg: Carlsen 1995
- **Riesengeschichte - Mausemärchen.** Annegert Fuchshuber. Stuttgart: Thienemann 1983

Schlagwörter: Freundschaft, Streiten, Versöhnen

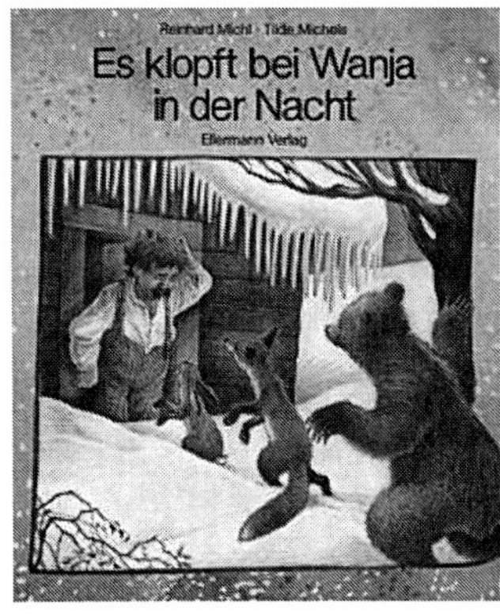

Reinhard Michl (Illustr.), Tilde Michels (Text)

Es klopft bei Wanja in der Nacht

Eine Geschichte in Versen

München: Ellermann 1987

28 Seiten, ISBN 3770762584, € 12,-

Deutscher Jugendliteraturpreis (Auswahlliste)
Gustav-Heinemann-Friedenspreis

Inhalt

Wanja gewährt drei halberfrorenen Tieren des Waldes, dem Hasen, dem Fuchs und dem Bären, Unterschlupf während einer eisigen Winternacht. Vorher schwören sie bei ihrer Ehre einander nichts zuleide zu tun. Tatsächlich vertragen sich alle, obgleich jeder sich vor jedem fürchtet. Der Fuchs erinnert sich, dem Bären unlängst ein Stück Fleisch gestohlen zu haben, der Hase weiß, dass Füchse gerne Hasen verspeisen, und der Bär fürchtet das Gewehr von Wanja, das ihn an Jagd und Jäger erinnert. Die Not hat alle zusammengebracht und in der Not ertragen sie sich gegenseitig. Doch am nächsten Morgen bringen sich die Tiere wieder voneinander in Sicherheit.

Textauszug

Wer ist´s, wer klopft da an sein Haus?
Ein Hase hockt im Schneesturm drauß´.
Der schreit und jammert kläglich:
„Ich friere so unsäglich."

Der Wanja sagt: „Komm nur herein.
Ich heize gleich im Ofen ein."
Das Feuer zischt und prasselt laut;
Die Wärme dringt bis in die Haut.

Gehalt/ Gestaltung/ Besonderheiten

- Eine handelt sich um eine Geschichte von Toleranz und Verträglichkeit trotz Andersartigkeit.
- Die Botschaft des Buches: In der Not werden aus Feinden Freunde; Not macht ein friedliches Miteinander möglich.
- Das Bilderbuch enthält klare, eingängige Reime, die Kinder schnell mitsprechen können; es eignet sich daher auch für die Sprachförderung in besonderem Maße.
- Die Illustrationen fügen sich gut in die Stimmung der Verse ein: Behagliche Brauntöne vermitteln die Wärme und Geborgenheit von Wanjas Behausung, kühle blau-graue Farbtöne lassen die klirrende Kälte förmlich spüren.

Didaktische Vorschläge

1./2. Schuljahr: Sprachunterricht, musisch-ästhetischer Lernbereich

Es bietet sich an, aus der Bilderbuchgeschichte ein szenisches Spiel oder – etwas aufwendiger in der Durchführung - ein „klingendes“ Theaterstück zu gestalten. Die Textpassagen können durch das eingängige Reimschema von den Kindern leicht erlernt werden. Verschiedene Stimmungen (Wanja und die Tiere schlafen, der Schneesturm tobt ums Haus, das Feuer knistert, die Tiere verlassen das Haus) und angesprochene Geräusche (es klopft, das Feuer zischt und prasselt, es kratzt und kracht, der Sturm rüttelt an dem kleinen Haus ...) können mit Orff'schen oder anderen Instrumenten wiedergegeben bzw. nachempfunden werden. Entsprechende Klangfolgen und Zusammenklänge können die Kinder in Gruppen erarbeiten und diskutieren.

⇨ **Tipp:**

Dieses Bilderbuch gibt es auch als broschierte Ausgabe.

weiterführende Literatur:

Sabine Hirler, Edith Penz: Rhythmische Spielgeschichten. Mit allen Sinnen durch die Welt. Seelze-Velber 1997

Ein weiteres Bilderbuch, das sich für ein „klingendes“ Theaterstück eignet:

Tranquilla Trampeltreu, die beharrliche Schildkröte.
Michael Ende (Text), Manfred Schlüter (Illustr.), Wilfried Hiller (Noten). Stuttgart: Thienemann 1982

Schlagwörter: Winter, Hase, Bär, Fuchs, Toleranz

Jutta Bauer

Die Königin der Farben

Weinheim: Beltz & Gelberg 2001

68 Seiten, ISBN 3407792212, € 11,-

nominiert für den Deutschen Jugendliteraturpreis 1999

Dieses Bilderbuch ist auch als Miniausgabe, als Audio-CD und in französischer Sprache erhältlich.

Inhalt

Die Königin Malwida ruft in ihrer schwarzweißen Welt ihre Untertanen: Erst das milde, freundliche Blau, das sie besänftigt, dann das ungestüme Rot, mit dem sie in wildem Ritt durch ihr Reich galoppiert, und schließlich das Gelb, das wärmt, aber auch zickig und gemein ist. Die Königin und die Farben geraten in einen Streit, und so vermischen sich die Farben, und alles wird Grau. Das Grau bedrückt Malwida, doch es will nicht weichen. Da muss Malwida weinen, und ihre Tränen verwandeln sich in Farben. So wird Malwidas Welt wieder bunt. Ihre Untertanen kommen zurück und spielen mit ihrer Königin in ausgelassenen Nuancen, Facetten und Formen. Die Königin sprüht vor Freude.

Hörbuch:

Die Königin der Farben. Ein musikalisches Märchen. Katharina Thalbach (Sprecherin), Wolfgang Henko, Henning Stoll und Frank Wulf (Musik). Hamburg: Hörcampany 2003 1CD: ISBN 3-935036-42-6, ca. 40 Min., € 15,90

Gehalt/ Gestaltung/ Besonderheiten

- Jutta Bauer erzählt eine Geschichte über das Wesen der Farben.
- Die Illustrationen, die mit Farbstiften und Tusche gezeichnet/ gemalt sind, entwickeln in der reduzierten Formensprache eine starke Expressivität. Die Protagonistin „Malwida" ist cartoonhaft gestaltet.
- Nicht nur der Name der Hauptperson „Malwida", in dem die versteckte Aufforderung „Mal wieder" zu entdecken ist, sondern auch die gesamte Gestaltung des Buches regt zu eigenen Farbspielen an.

Didaktische Vorschläge

3./4. Schuljahr: Musisch-ästhetischer Lernbereich/ Erfahrungs- und Handlungsbereich Malen/ Farbe

Bis etwa zum Ende des dritten Schuljahres haben die Kinder eine gewisse Fähigkeit im Ermischen von Farben gewonnen. Es kommt jetzt darauf an, die unterschiedlichen Wirkungen von Farben kennen zu lernen. Damit wird zum einen die Grundlage geschaffen, Farbwirkungen sinnvoll in den Bereichen des täglichen Lebens einzusetzen, zum anderen helfen die Kenntnisse über Farbwirkungen, Mittel und Absichten in Kunst und Werbung zu entschlüsseln.
Das Bilderbuch regt an, über „Farbeigenschaften" nachzudenken: Wie wirken bestimmte Farben auf uns? Welche Farben stimmen uns fröhlich, welche eher traurig? Welche Farben erscheinen uns kühl oder kalt, welche eher warm?
Die letzte schwarz-weiß gehaltene Doppelseite im Bilderbuch mit der Überschrift „Für eigene Versuche" fordert auf, gemeinsam mit Malwida das Spiel mit den Farben fortzusetzen: das machen gewiss alle Schüler gerne. Es bietet sich an, das gleichnamige Hörbuch mit dem Bilderbuch zu vergleichen.
Die Musik kann als Anregung für eigenes Tun (Malerei, Tanz, Spiel) dienen. (Einen Unterrichtsvorschlag zum Bilderbuch für das 1. und 2. Schuljahr findet sich bei Kretschmer 2003.)

📖 **Weitere Bilderbuchgeschichten, die Farben in den Mittelpunkt stellen:**

- **Jeder Tag hat eine Farbe.**
  Dr. Seuss (Text), Steve Johnson und Lou Fancher (Illustr.). München: Bertelsmann 1997
- **Das kleine Blau und das kleine Gelb.**
  Leo Lionni. Hamburg: Oetinger 1996
- **Babars Buch der Farben.**
  Laurent de Brunhoff. Zürich: Diogenes 1987

Schlagwörter: Farben, Streit, Versöhnung

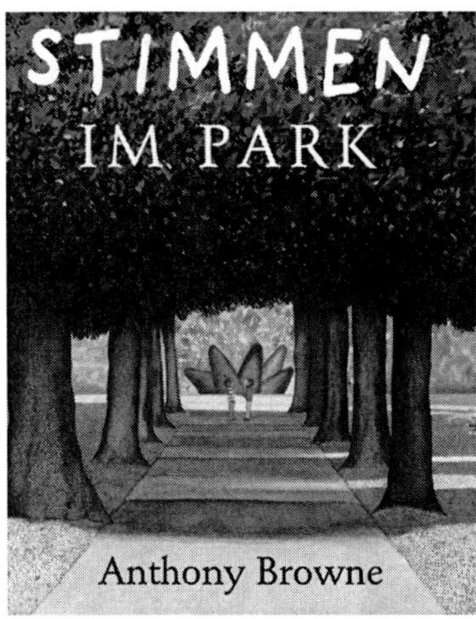

Anthony Browne

Stimmen im Park

Aus dem Englischen von Peter Baumann

Oldenburg: Lappan 1992

34 Seiten, ISBN 3890821936, € 15,90

Dieses Bilderbuch ist auch in englischer und französischer Sprache erhältlich.

Inhalt

Zwei Erwachsene und zwei Kinder treffen sich zufällig in einem Park: Eine reiche und mürrische Mutter mit ihrem Sohn, ein arbeitsloser Vater mit seiner Tochter. Während die Erwachsenen kaum Notiz voneinander nehmen, nähern sich die Kinder an und spielen schließlich unbekümmert miteinander.

 **weiterführende Literatur**:

Doonan, Jane: Stimmen im Park und Stimmen im Schulzimmer. Rezeptionsbezogene Analyse von Anthony Brownes „Stimmen im Park“ (1998). In: Jens Thiele: Das Bilderbuch. Oldenburg 2000. S.142-156

Gehalt/ Gestaltung/ Besonderheiten

- Im Bilderbuch erzählt nacheinander jede der vier Figuren, wie sie den Parkbesuch erlebt. Durch ihre Augen vermag der Betrachter vier verschiedene Versionen der gleichen Geschichte zu sehen. Obgleich das Mädchen mit seinem Vater in eher ärmlichen Verhältnissen lebt, ist es glücklicher als der Junge, der aus einer wohlhabenden Familie stammt.
- Die Geschichte regt zum Nachdenken über soziale Gegensätze, über das Glücklichsein und über unterschiedliches Elternverhalten an.
- Während die Darstellung von einer „Stimme“ zur anderen wechselt, verändern sich auch die Bilder im Buch: Der Park wird in den Jahreszeiten und in den Farben gezeigt, welche der Stimmung der jeweiligen Figur entsprechen.
- Browne nutzt die Wirkung verschiedener Schrifttypen: Jeder Person - „Stimme“ - ist eine Schriftart zugeordnet, Schriftart und Charakter der Personen korrespondieren miteinander.
- Browne stattet die Personen mit Gorillagesichtern aus. Der Zoomorphismus wirkt distanzierend, dennoch gelingt es sehr gut, sich in die unterschiedlichen Charaktere einzufühlen.
- Die Illustrationen weisen einen surrealistischen Malstil auf. Es finden sich hier Bildzitate René Magrittes. Die Bilder fordern zum genauen Hinsehen auf, denn es gibt Vieles zu entdecken: Bäume, die wie Hüte geformt sind, verschiedene Jahreszeiten auf einem Bild, Figuren aus Kunst und Literatur u.a.m.

Didaktische Vorschläge

4. Schuljahr: Musisch-ästhetischer Lernbereich

Austausch über Eindrücke zu Verhaltensweisen der Figuren

- Vorlesen der Textsequenzen, ohne Betrachtung der Bilder;
- Überlegung nach jeder der vier Sequenz: Was für eine Figur verbirgt sich hinter den Worten? Was erfahren wir über die Figur? Was fällt uns auf?
- Malen einer ausgewählten Figur - eigene Vorstellungsbilder von den Figuren werden in Bildern zum Ausdruck gebracht;

In Beziehung setzen der bildlichen Darstellung des Parks zu den Figuren

- gemeinsame Betrachtung der Bilder unter besonderer Berücksichtigung der Veränderungen in den Bildern (atmosphärischer Wechsel mit dem Wechsel der Figuren, jahreszeitliche Veränderungen);
- Entdecken der Verfremdungen in den Bildern;

In Beziehung setzen der Typographie zu Figuren/ Charakteren

- Kennen lernen verschiedener Schriften; Gespräch über die Wirkung von Schriftarten;
- gemeinsame Überlegung: Welche Schrift passt zu welcher Figur im Bilderbuch?
- Vergleich mit dem Bilderbuch: Welche Schriftart hat A. Browne für seine Figuren gewählt?

Kennen lernen von ausgewählten Bilder von René Magritte, um Bildzitate erkennen zu können

- Betrachtung von drei Bildern (Farbkopien/ Farbfolien) von R. Magritte (Das Reich der Lichter, Der falsche Spiegel, Der Mann mit der Melone);
- Betrachtung der Bilderbuchseite (Charles in Rückenansicht auf dem Weg in den Park, rechts die „Magritte-Laternen“)
- Finden von Bezügen zwischen den Motiven der Bilderbuchseite und den Bildern von Magritte. (Vgl. Kretschmer 2003, S.58ff.)

⇨ **Tipp**:

Der Bayrische Rundfunk (BR) hat "Stimmen im Park" als Hörspiel produziert.

Textauszug

Wir mussten beide lachen, als wir Albert beim Schwimmen entdeckten.
Dann spielten wir alle zusammen im Musikpavillon.
Ich war glücklich.
Charly pflückte eine Blume und schenkte sie mir.
Dann rief seine Mutter nach ihm und er musste gehen.
Er sah traurig aus.
Als ich nach Hause kam, stellte ich die Blume ins Wasser und kochte meinem Papa eine schöne Tasse Tee.

Schlagwörter: Perspektivenwechsel, Gegensatz arm/ reich, Park

Gerda Muller

Was war hier bloß los?
Ein geheimnisvoller Spaziergang

Frankfurt a.M.: Moritz 2000

ISBN 3895651095, € 10,50

Dieses Bilderbuch ist auch in französischer Sprache erhältlich.

Inhalt

Ein geheimnisvoller Spaziergang hinterlässt Spuren. Sie führen ausgehend von einem Kinderzimmer ins Bad, durch die Küche, in Hof und Garten, an eine Pferdeweide und an einen Bach und wieder zurück ins Haus. Ihre Veränderungen geben dem Betrachter Rätsel auf, denn neue Spuren kommen dazu und verschwinden dann wieder. Erst auf der letzten Seite sieht man die beiden Hauptakteure, ein Kind und einen Hund.

Gehalt/ Gestaltung/ Besonderheiten

- Die erzählte Geschichte ist eine Geschichte von Spuren. Der Betrachter muss durch genaues Hinsehen, Kombinieren und durch das Verfolgen der Spuren selbst herausfinden, was passiert ist.
- Immer wieder lässt sich etwas Neues auf den Bildern entdecken; so verraten die Spuren Vieles über das Handeln der Hauptfiguren.
- Es ist ein „Entdecker"-Bilderbuch mit nur einem einzigen Satz: „Geh den Spuren nach!"
- Das Buch bietet eine Fülle von Sprechanlässen.
- Es eignet sich hervorragend dazu, Kindern die Möglichkeiten des Bilderlesens erfahrbar zu machen.
- Kleine Zeichnungen auf den Vorsatzblättern helfen, einige der geheimnisvollen Vorgänge zu enträtseln; sie lassen sich wie ein Puzzle der Geschichte zuordnen.

Didaktische Vorschläge

1. und 2. Schuljahr: Sprachlicher Lernbereich/ Hör- und Sprecherziehung; Sachunterricht

Das Bilderbuch eignet sich hervorragend zur Förderung des Sprechens, der Konzentration und der Wahrnehmung kausaler Zusammenhänge.

Unterrichtsmöglichkeiten:

- genaues Betrachten und Überlegen: Was war vorher? Wie ist es jetzt? Was ist in der Zwischenzeit geschehen?
- Erzählen der Handlungsstränge
- Fortsetzen der Geschichte
- Gestalten eigener Spurenbücher
- sachunterrichtliche Beschäftigung mit Tierspuren
- Beobachten von „echten" Tierspuren im Schnee u.a.m.

(Vgl.: o.V. in Deutsch in der Grundschule 10.Jg., Ausgabe 29, 4/2000)

⇨ **Ein weiteres „Entdeckerbilderbuch" von Gerda Muller:**

Was war im Wald bloß los?
Ein geheimnisvoller Ausflug.
Frankfurt a.M.: Moritz 2004

Dieses Bilderbuch ist anspruchsvoller als Band 1, da die Spuren von drei Personen und Nebenfiguren zu entschlüsseln sind.

Weitere Bilderbücher ohne Text mit vielfältigen Sprechanlässen:

Mein schönstes Wimmel-Suchbuch.
Ali Mitgutsch. Ravensburg: Ravensburger Buchverlag 2005

Vier jahreszeitenorientierte Wimmelbücher hat die Illustratorin Rotraut Susanne Berner bisher gestaltet, u.a. das

- **Sommer-Wimmelbuch.**
  Hildesheim: Gerstenberg 2005
- **Winter-Wimmelbuch.**
  Hildesheim: Gerstenberg 2004

Schlagwörter: Winter, Schnee, Spuren, Rätsel, Suchen

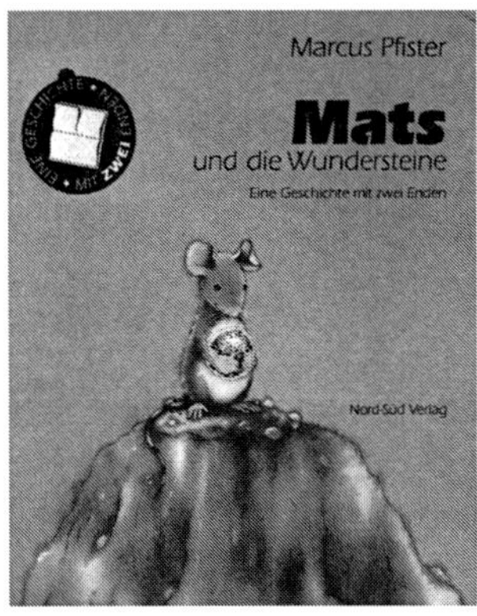

Marcus Pfister

Mats und die Wundersteine

Hamburg: Nord-Süd 1997
18 Seiten, ISBN 3314007809, € 15,80

Dieses Bilderbuch ist auch in englischer, französischer, japanischer und schweizerdeutscher Sprache erhältlich.

Inhalt

Die Maus Mats lebt mit Artgenossen in einem Felsen auf einer Insel. In der kalten Jahreszeit frieren sie in ihren Löchern und träumen von Licht und Wärme. Eines Tages findet Mats einen goldglänzenden Stein, der Licht und Wärme ausstrahlt. Alle Mäuse wollen natürlich so einen Wunderstein, doch ein alter Mäuserich mahnt, für etwas, das sie nehmen, auch etwas zurück zu geben. Das Bilderbuch präsentiert ein glückliches und ein trauriges Ende. In der ersten Version holen sich Mats und seine Freunde nur so viele Steine, wie sie brauchen. Sie geben dem Inselberg andere schöne, verzierte Steine zurück und leben glücklich und zufrieden. In der zweiten Version betreiben die Mäuse Raubbau und geben dem Berg nichts zurück. Er stürzt eines Tages ein, und nur Mats und der alte Mäuserich überleben.

⇨ **Tipp**: Geschichten mit Mats und die Figur Mats gibt's auch als Audio-CD, Kassette, Mitmachbuch zum Liederhörspiel, Sticker, T-Shirt, Badetuch, Geburtstagskalender und als animiertes Bilderbuch (Mats und die Wundersteine. Berlin: Cornelsen 2001, ISBN 3-464-90025-8, € 24,95).

Gehalt/ Gestaltung/ Besonderheiten

- In der Geschichte geht es um einen verantwortungsvollen Umgang mit der Erde/ Natur/ Umwelt. Sie veranschaulicht, dass jeder Einzelne mit seinem Verhalten zur Umwelt die Zukunft unserer Erde beeinflussen kann.
- In der Mitte des Buches entwickelt sich die Geschichte in zwei Richtungen. Die Seiten der zweiten Buchhälfte sind horizontal durchgeschnitten, wobei die oberen Seitenhälften das glückliche Ende, die unteren das traurige Ende der Geschichte präsentieren.
- Die Bilder sind in Aquarelltechnik gestaltet, die Wundersteine wirken besonders eindrucksvoll durch glänzende „Goldprägung".

Didaktische Vorschläge

2./3. Schuljahr: Sprachunterricht/ Freies Schreiben

Eine besondere Motivation zum Schreiben entwickelt sich dann, wenn das Bilderbuch nur zur Hälfte vorgelesen wird. Dabei lautet die letzte Textpassage so:

Die Felsmäuse bestürmten Mats mit Fragen. Am liebsten hätte jede gleich einen Wunderstein gesucht. Doch da meldete sich der alte Balthasar zu Wort. „Eins dürft ihr nicht vergessen: Die leuchtenden Steine gehören der Insel. Wenn wir ihr etwas nehmen, müssen wir ihr auch etwas zurückgeben."

Die Kinder können nun überlegen, wie die Geschichte wohl weiter verläuft und endet. Sie dürfen dabei – wie im Buch angelegt – entweder einen traurigen oder einen glücklichen Ausgang wählen.

Weitere Bilderbücher, die für einen verantwortungsvollen Umgang mit der Natur sensibilisieren:

Der große Kapokbaum.
Lynne Cherry. München: ars edition 1991

Da ist eine wunderschöne Wiese.
Wolf Harranth (Text), Winfried Opgenoorth (Illustr.). München: Jungbrunnen 2000

Alle Jahre wieder saust der Presslufthammer nieder oder die Veränderung der Landschaft.
Jörg Müller. Frankfurt a.M.: Sauerländer 1980

Schlagwörter: Umweltzerstörung, Maus, Verantwortung

Esther Spinner (Text), Anna Luchs (Illustr.)

Die Amsel heißt Selma

Zürich: Palazzo 2000

62 Seiten, ISBN 3907588134

Inhalt

Die Amsel Selma erzählt den Tieren (Bär, Cockerspaniel , Dachs ... Zitteraal) von einem Geburtstagsfest. Die Tiere folgen ihr, doch als das Fest beginnen soll, sind Kuchen und Schnaps schon verzehrt. Da dreht der Zitteraal die Zeit zurück „und das Fest beginnt".

Weitere Bilderbücher mit Sprachspielereien:

- **Das tierische Wörterbuch.** Lila Prap. Gossau: Nord-Süd 2006
- **Zwei x Zwirn. Ein Buchstabenspiel.** Linda Wolfsgruber. Düsseldorf: Sauerländer 2005
- **Es war einmal ein Zweimal.** Rolf Vogt. Nürnberg: Garbe 1995

Gehalt/ Gestaltung/ Besonderheiten

- Im Mittelpunkt des Bilderbuches stehen die Buchstaben des Alphabets und Tiere, die diese repräsentieren (A- Amsel; B-Bär, C-Cockerspaniel ...). Aus den Buchstaben der Tierbezeichnungen kreiert Esther Spinner Anagramme (BAER, BARE, ABER, REBA, RABE) und mit ihnen eine lustige Geburtstagsgeschichte.
- Das Buch fordert zum Spielen mit Buchstaben, Wörtern und Sprache auf.
- In einer Beilage zum Buch finden sich Buchstaben zum Herausdrücken für das Gestalten von Anagrammen.
- Auf jeder Doppelseite finden sich phantasievoll, mit einfachem Comicstrich gestaltete Tierbilder.
- Die Wörter/ Texte besitzen eine besondere typographische Gestaltung.

Didaktische Vorschläge

2.–4. Schuljahr: Schreiberziehung/ Spielen mit Sprache

Anknüpfend an das Bilderbuch entwickeln die Kinder selbst Anagramme und lustige Texte. Die Autorin erklärt im Bilderbuch, was zu tun ist:
„Ein Anagramm ist ein Spiel mit Buchstaben. (...) Das neue Wort muss gar nichts bedeuten. Es ist dann gut, wenn es dir gefällt. Eine einzige Regel für dieses Spiel gibt es: Du musst alle Buchstaben des alten Wortes wieder brauchen für das neue Wort. Jedes neue Wort, das du findest, ist ein Anagramm des alten Wortes. Und je länger du spielst, umso mehr Anagramme, also Wörter in den Wörtern, wirst du entdecken."

Schlagwörter: Alphabet, Sprachspiel

Martin Baltscheit

Die Geschichte vom Löwen, der nicht schreiben konnte

Zürich: Bajazzo 2003

40 Seiten, ISBN 3907588363, € 13,-

Dieses Bilderbuch ist auch als Hörbuch und Miniausgabe erhältlich.

Inhalt

Eines Tages bemerkt der Löwe eine schöne Löwin. Er will ihr einen Brief schreiben, und da er nicht schreiben kann, beauftragt er verschiedene Tiere damit. Die aber schreiben den Brief in ihrem Sinne. Mit jedem weiteren ungeeigneten Brief wird der Löwe ungeduldiger und wütender. Die Löwin hört sein Gebrüll und spricht ihn an. Der Löwe gesteht ihr tief beschämt, dass er nicht schreiben kann. Die Löwin zeigt Verständnis und bringt ihm das Schreiben bei.

Gehalt/ Gestaltung/ Besonderheiten

- Das Buch macht Kindern deutlich, warum es sich lohnt, Schreiben und Lesen zu lernen.
- Die cartoonhaften Illustrationen bestehen aus großflächigen Elementen und sind in einer Mischtechnik gestaltet (Aquarell, Collage, Acryl).
- Im Buch findet sich eine besondere typographische Gestaltung: Schriftfarbe und Schriftgröße variieren sinngemäß.
- Die Vorsatzseiten präsentieren eine Fülle von Briefmarken mit Motiven aus dem Bilderbuch. Sie regen zu eigenen Gestaltungsversuchen an.

Didaktische Vorschläge

1./2. Schuljahr: Sprachunterricht/ freies und angeleitetes Schreiben

- Einstieg: Gespräch über den Bilderbuchtitel;
- Vorstellen der Geschichte bis „Und der Löwe zerriss den Brief.“; Gemeinsame Überlegung, warum sich der Löwe ärgert;
- Vorlesen der Geschichte bis „...und die Giraffe las:“; Gemeinsame Überlegung, was der Mistkäfer geschrieben hat; Vorlesen bis „Und diesen Brief las der Geier vor:“
- Die Kinder schreiben (mit Hilfe einer Anlauttabelle) auf, was das Krokodil für den Löwen aufgeschrieben hat.“, Vorstellen der Schülertexte;
- Vorlesen des Bilderbuches bis „Ich würde ihr schreiben ...“
- Gemeinsame Überlegung, was der Löwe der Löwin gerne schreiben würde;
- Vorlesen des Bilderbuches bis zum Ende. Gespräch über die letzte Doppelseite: Der Löwe lernt schreiben;
- Gespräch: Warum es für Menschen nützlich ist, Schreiben zu können; warum es für Menschen wichtig ist, Lesen zu können;
- Kinder verfassen einen Brief an eine Person eigener Wahl; Vorlesen der Briefe.

Schlagwörter: Schreiben, Lesen, Löwe, Liebe

Rafik Schami (Text), Wolf Erlbruch (Illustr.)

Das ist kein Papagei

München: Hanser 1994
26 Seiten, ISBN 342362020X
Dieses Bilderbuch ist auch als Taschenbuch (dtv 2000) erhältlich.

Inhalt

Die kleine Lina kann sich bei ihren Eltern nur schwer Gehör verschaffen. Ganz mit sich selbst beschäftigt entscheiden diese sich bei der Auswahl eines Haustieres für einen Papagei. Die Eltern versuchen erfolglos, ihm das Sprechen beizubringen. Da hilft auch keine Strenge: der Papagei bleibt stumm oder schläft bei all den Versuchen einfach ein. Nur Lina befasst sich als einzige wirklich mit dem Vogel. Sie sagt ihren Eltern immer wieder, dass dieser kein Papagei sei. Als ihre Erkenntnis schließlich zu den Ohren der Eltern durchdringt und sie verstehen, dass es sich um eine Mamagei handelt, fängt der Vogel an zu sprechen. Die Mamagei erweist sich als klug, sprachbegabt und sehr gesprächig. Jedoch wiederholt sie nie, was andere ihnen vorsagen, so wie es Papageien gewöhnlich tun. Zum Schluss sind alle glücklich, die Eltern, da ihr Vogel nun doch sprechen kann, und Lina, weil sie in Mamagei eine Verbündete gefunden hat.

Gehalt/ Gestaltung/ Besonderheiten

- Indirekt ist mit dem Bilderbuch die Aufforderung verknüpft, „Minderheitenangehörige kennen und verstehen zu lernen, ihre Sprachen und kulturellen Identitäten zuzulassen und zu akzeptieren, damit sie ihre Kompetenzen entfalten können.“ (Rösch 1997, S.110)
- In der Geschichte wird der mehrsprachige Vogel von den ignoranten Eltern als sprachlos und identitätslos und damit als ein zu formendes Objekt wahrgenommen. „Das lässt sich als Parallele zum Umgang mit mehrsprachigen Minderheitenkindern an deutschen Schulen deuten, die – aufgrund tatsächlicher oder angenommener Schwierigkeiten in ihrer Zweitsprache (...) – als Problemfälle eingestuft werden.“ (dies. ebd., S.109)
- Die Illustrationen weisen den sofort erkennbaren und mittlerweile berühmten Erlbruch-Stil auf, der durch den typischen Mix aus Collage, Zeichnung und Malerei gekennzeichnet ist.
- Das Bilderbuch enthält relativ viel Text.

Didaktische Vorschläge

2./3. Schuljahr: Sprachunterricht/ interkulturelles Lernen

Es bietet sich an, folgende Aspekte mit den Kindern zu thematisieren:

- "Was bedeutet „Mamagei“?
- Lernt eine Mamagei anders sprechen als ein Papagei?
- Warum merken die Eltern nicht, dass die Mamagei schon mehrere Sprachen kann und ihre Sprache gar nicht mehr lernen muss?
- Woher kommt die Mamagei, bzw. wo hat sie überall gelebt?
- Kann einem Menschen etwas Ähnliches passieren wie der Mamagei in der Geschichte?“ (Rösch, 1997, S.113ff.)

 **Weitere Bilderbücher für das interkulturelle Lernen:**

- **Vimala gehört zu uns.**
  Petra Mönter (Text), Sabine Wiemers (Illustr.). Freiburg: Kerle (im Verlag Herder) 2002
- **Soham. Eine Geschichte vom Fremdsein.**
  Elisabeth Reuter. München: Ellermann 1993 (Elisabeth Reuter will mit dieser aktuellen Geschichte Verständnis für die Menschen wecken, die bei uns Asyl suchen.)
- **Wie ich Papa die Angst vor Fremden nahm.**
  Rafik Schami (Text), Ole Könnecke (Illustr.). München: Hanser 2003:

Textauszug

Der nächste Tag war ein Samstag, und gleich nach dem Frühstück setzte sich der Vater vor den Käfig. Er blickte streng und begann: „So, mein lieber Papagei, du bist jetzt schön artig. Wir wollen sprechen lernen. Sprich mir nach: Ich bin ein glücklicher Papagei!“

Schlagwörter: Kommunikation, Identität, Sprache, Vogel

Jörg Steiner (Text), Jörg Müller (Illustr.)

Die Kanincheninsel

Frankfurt a.M.: Sauerländer 1995

32 Seiten, ISBN 3794116364, € 7,90

Dieses Bilderbuch ist auch als broschierte Ausgabe, Kassette und Audio-CD erhältlich.

Inhalt

Vor der „Kaninchenfabrik“ – hier werden Kaninchen bis zur Schlachtung gemästet - hält wie jeden Tag ein Lastwagen, der die jungen Kaninchen bringt. Das Kleine Braune kommt zum Großen Grauen in den Käfig. Sie werden Freunde und beschließen, das gelobte Kaninchenland zu suchen. Gemeinsam fliehen sie in die Freiheit. Die Landschaft ist weit und schön, birgt aber auch viele Gefahren. Das große Graue fürchtet sich sehr und will wieder in die Fabrik, in den sicheren Käfig zurück. Das Kleine Braune vom Bauernhof aber liebt die saftigen Wiesen und den schattigen Wald und möchte sich im weichen Boden eine Kaninchenhöhle graben. Die Freunde trennen sich. Das Kleine Braune verliert zwar seinen Freund, doch es gewinnt dafür die Freiheit.

Ein weiteres Bilderbuch, dass für den Tierschutz sensibilisiert:

Strandhunde.
Katja Gehrmann. Hamburg: Carlsen 2001

Gehalt/ Gestaltung/ Besonderheiten

- Eine Parabel um Gefangenschaft und Freiheit, um Resignation und Anpassung einerseits, Mut zum Abenteuer und Hoffnung andererseits.
- Es handelt sich vermutlich um das einzige Bilderbuch auf dem Markt, das die Massentierhaltung thematisiert.
- Es enthält großformatige Illustrationen in realistischer Malweise; die kalten, fast gefrorenen Farben gehen unter die Haut.
- Wörtliche Rede macht die Sprache im Bilderbuch lebendig.

Didaktische Vorschläge

4. Schuljahr: Sprachunterricht/ Schreiberziehung

Die letzte Seite des Buches (S.32) zeigt ein Bild ohne Text: Das Kleine Braune trifft unter einem Baum nahe eines Sees einen Igel. Es bietet sich an, dieses Bild als Impuls für das freie oder angeleitete Schreiben zu nutzen: Das Kleine Braun erzählt dem Igel, wie es einen Freund gefunden und dann wieder verloren hat.

4. Schuljahr: Sachunterricht

Die Kinder erfahren, dass es „Tierfabriken" nicht nur im Bilderbuch gibt und dass zahlreiche Tiere (Schweine, Hühner, Puten ...) auf diese Weise gehalten und gemästet werden. Sie vergleichen an einem konkreten Beispiel Massentierhaltung mit einer artgerechten Freilandhaltung.

Textauszug

Sie rannten durch den Frischluftschacht, bis sie zu einer runden Öffnung an der Außenmauer kamen. „Großes Graues, wir haben es geschafft", flüsterte das Kleine Braune, „wir sind frei!" Lange saßen die beiden Kaninchen da und schnupperten. Die Nacht war sommerlich warm. Ganz in der Nähe zirpte eine Grille. „Das riecht aber komisch", flüsterte das Große Graue endlich. „Es riecht nach Heu", sagte das Kleine Braune. „Genau", sagte das Große Graue, obschon es nicht mehr wusste, was Heu ist.

⇨ zusätzliche didaktische Materialien:

Anke Schiller; Barbara Grune: Praktischer Unterricht Biologie: Tierschutz. Mit Kopiervorlagen. Stuttgart 2001.

Schlagwörter: Kaninchen, Freundschaft, Massentierhaltung, Freiheit

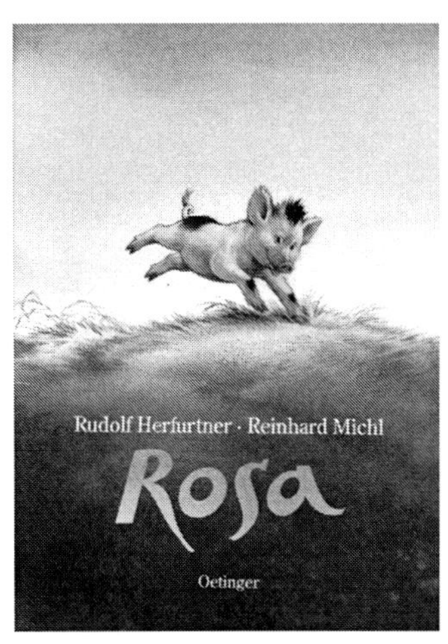

Rudolf Herfurtner (Text), Reinhard Michl (Illustr.)

Rosa

Hamburg: Oetinger 2001

22 Seiten, ISBN 3789166022, € 12,-

Troisdorfer Bilderbuchpreis 2002 (Preis der Kinder-Jury)

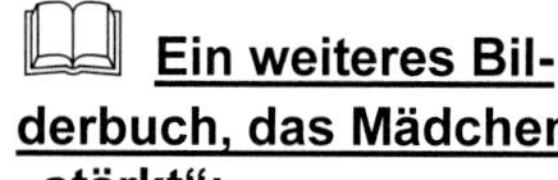

Ein weiteres Bilderbuch, das Mädchen „stärkt“:

Die dumme Augustine.
Otfried Preußler (Text),
H. Lentz (Illustr.).
Stuttgart: Thienemann
1972

Inhalt

Rosa, das Ferkel, lebt mit ihrer Familie in einem Wald. Sie hat fünf Brüder, die von den Eltern beauftragt werden, auf die zarte Schwester gut aufzupassen. Doch so schutzbedürftig ist Rosa gar nicht, im Gegenteil. Sie ist viel agiler und aufgeweckter als ihre Brüder, die lieber dösen, fressen und vom faulen Leben im Luxus träumen. Und so fällt Rosa auch nicht auf den bösen Wolf herein, der seine Wolfshöhle zur raffiniertesten Schweine-Fang-Anlage der Welt umgebaut hat. Ihre arglosen Brüder jedoch geraten in seine Falle, und nur mit einer klugen List, die sich Rosa ausgedacht hat, gelingt es ihnen, der Gefahr zu entkommen.

Gehalt/ Gestaltung/ Besonderheiten

- In der Geschichte werden typische Klischees über Mädchen („zart“, „schutzbedürftig“) konterkariert. Hier hat Rosa Eigenschaften, die ansonsten Jungen zugesprochen werden („mutig“, „schlau“). Die Jungen sind nicht in der Lage, das Mädchen zu schützen, und werden sogar von ihm am Schluss gerettet.
- Das Buch eignet sich, um Mädchen Mut zu machen und um ihr Selbstbewusstsein zu stärken.
- Michl „gestaltet seine Bilder im naturalistisch malerischen Stil. Mit grafischen Elementen in der Binnenstruktur unterstützt er die Illusion einer natürlichen Dreidimensionalität. Er kombiniert Bewegungsabläufe und Körpersprache, die dem Alter seiner Protagonisten und der Bösartigkeit ihrer Antagonisten entsprechen, mit menschlichen Ausdrucksqualitäten in der Grob- und Feinmotorik der Mimik: das allgemein Menschliche seiner Figuren wird zum Typ.“ (Dieck-Burkei 2002, S.21)
- Das Buch hat alles, um Kinder zu begeistern: Spannung, Gegensätze, Gefahrenpotenzial, Überraschungseffekte, Farbigkeit und Freude am Leben.

Didaktische Vorschläge

2. Schuljahr: Sprachunterricht

Der Anfang der Geschichte wird vorgelesen. Die Kinder fassen die Geschichte zusammen und erstellen einen Stammbaum der Schweinefamilie.

- Anhand von Mimik und Körpersprache (Illustrationen) beschreiben die Kinder die Charaktere der Schweinekinder.
- Die Jungen erhalten den Auftrag, darauf zu achten, was die Schweinemutter erzählt und was für Neuigkeiten die Schweinejungen dabei erfahren. Die Mädchen finden heraus, was Rosa erfährt. Die Gruppen tauschen ihre Ergebnisse aus.
- Die Jungen der Schweinefamilie fallen auf die Schweinefanganlage des Wolfs herein. Die Kinder äußern Vermutungen über den Fortgang der Geschichte. Die Vermutungen werden anhand des Textes überprüft und die Textstelle in verteilten Rollen (ausgeteilte Fotokopie) gelesen. Sie wird anschließend im szenischen Spiel dargestellt.
- Im Unterrichtsgespräch überlegen die Kinder, was Rosa tun könnte, um ihre Brüder zu befreien. Sie lesen den entsprechenden Textabschnitt (ausgeteilte Fotokopie) und beschreiben anschließend den Fluchtweg der Schweinekinder.
- Die Schweinekinder sind gefangen. Die Kinder schreiben die Geschichte zu Ende.
- Die Kinder verfassen Steckbriefe zu den einzelnen Figuren.

(Diese und weitere Unterrichtsvorschläge finden sich in Faußner et al. 2006, S.48ff.)

Schreibimpuls zum Bilderbuch „Rosa“:

Rosas Brüder waren in der Höhle des Wolfes gefangen. Rosa dachte: Ich muss Papa holen. Aber Rodrigo war nicht da. Dann dachte sie: Ich muss Mama holen. Aber Gloria hatte Kopfschmerzen. Da wurde ihr klar, dass sie ihre Brüder allein befreien musste. Und zwar durch den geheimen Hinterausgang.
„Du schon wieder“ piepste der Engerling. „Wenn du mich nicht frisst, sag ich dir noch mal was. Pass auf: ...“

Textauszug

Rosa war freilich gar nicht so zart, wie ihr Vater dachte. Beim Trinken an Glorias Bauch war sie immer die Erste und beim Waldspaziergang rannte sie immer vorneweg. Und wenn ihr Vater rief: „Vorsicht, Rosa! Du bist doch so zart!“, dann lachte sie und schlug einen Purzelbaum.

Schlagwörter: Schwein, Wolf, Mut, Gefahr

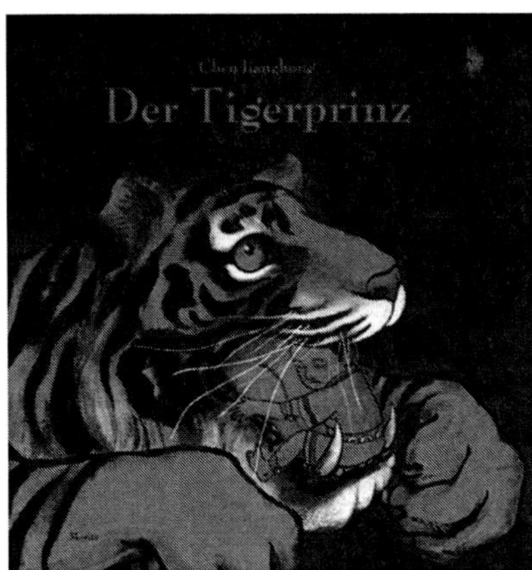

Chen Jianghong

Der Tigerprinz

Aus dem Französischen von Erika und Karl Klewer

Frankfurt a.M: Moritz 2005
46 Seiten, ISBN 3895651680, € 16,80

ausgezeichnet mit dem "Luchs" und der "Eule des Monats" 10/05

Dieses Bilderbuch ist auch in französischer Sprache erhältlich.

Inhalt

Jäger haben einer Tigerin großes Leid zugefügt. In ihrem Hass auf die Menschen überfällt sie deren Dörfer. Der König will Soldaten in den Urwald schicken, doch ein alter Weiser rät ihm, die Tigerin milde zu stimmen, indem er ihr seinen Sohn Wen schickt. Wen kennt keine Furcht und geht alleine zur Tigerin in den Wald. Erst will die Tigerin Wen fressen, doch dann fühlt sie sich an ihre Kinder erinnert und vergisst ihren Hass. Sie behandelt Wen wie ihr eigenes Kind und zeigt ihm alles, was ein Tiger wissen muss. Einige Zeit später kehrt Wen wieder in die Menschenwelt zurück und wird ein guter König. Er bringt der versöhnlich gestimmten Tigerin seinen eigenen Sohn, damit sie ihn erzieht.

Textauszug

Die Tigerin hat ihn gerochen. Sie schleicht sich heran. Aber gerade, als sie sich auf ihn stürzen will, erinnert sie sich an etwas. Sie nimmt Wen vorsichtig ins Maul, genauso, wie sie es früher mit ihren eigenen Kindern getan hat.

Gehalt/ Gestaltung/ Besonderheiten

- Diese Geschichte beruht auf einer alten, chinesischen Legende, wonach ein kleiner Junge namens Ziwen von einer Tigerin aufgezogen worden war.
- Es handelt sich um ein faszinierende Mutter-Sohn-Geschichte, voller Spannung und voller Gefühle. Es wird gezeigt, dass Liebe und Muttergefühle stärker als Kummer und Hass sein können.
- Gleichzeitig wird die Brutalität des Menschen gegenüber wilden Tieren dargestellt und ein Einblick in die Gefühlswelt einer Tiermutter gegeben.
- Für seine ausdrucksstarken Bilder verwendet Chen Jianghong die traditionelle Technik „Tusche auf Reispapier“.

Didaktische Vorschläge

3./4. Schuljahr: Sprachunterricht/ Lese- und Schreiberziehung

Anregend auch für das schriftliche Erzählen kann ein besonders ausdrucksstarkes einzelnes Bild eines Bilderbuches wirken. Es kann den Kindern durch eine Fotokopie zugänglich gemacht werden. Ein verbaler Impuls in Form eines kurzen Textes hilft, dazu Ideen für das Schreiben zu entwickeln. Solche Bilder aus unterschiedlichen Bilderbüchern – durch Laminierung haltbar gemacht – können in einem Kasten gesammelt werden. Beispielsweise im Rahmen der Freiarbeit können die Kinder dann ein Bild, das sie besonders anspricht, wählen und etwas dazu schreiben. Ein solcher „Bilderkasten" motiviert nicht nur zum Schreiben, sondern gleichzeitig auch zum Vor- und Selberlesen, denn alle Kinder werden gern ihre eigenen Texte zusammen mit den Bildern präsentieren. Zudem werden sie gewiss neugierig sein, welches Buch und welcher Inhalt sich hinter den Bildern verbergen. Die faszinierenden Bilder aus dem Bilderbuch „Der Tigerprinz" sind für einen Bilderkasten hervorragend geeignet. Zum Beispiel könnte das Bild auf der Seite 4 mit dem folgenden Impuls präsentiert werden:
„Die Tigerin hat den kleinen Prinzen Wen als ihren Sohn angenommen. Sie lehrt ihn alles, was kleine Tiger können müssen. Eines Tages jedoch ... Was passiert? Schreibe auf!"

Weitere Bilderbücher von Chen Jianghong:

- **Han Gan und das Wunderpferd.**
  Chen Jianghong. Frankfurt a.M.: Moritz 2004
  Deutscher Jugendliteraturpreis 2005
- **Zhong Kui. Ein Besuch in der Pekingoper.**
  Chen Jianghong. Frankfurt a.M.: Moritz 2001
- **Junger Adler.**
  Chen Jianghong. Frankfurt a.M.: Moritz 2006

Schlagwörter: Mutterliebe, Tiger, China

Friedrich Wolf (Text), Willi Glasauer (Illustr.)

Die Weihnachtsgans Auguste

Berlin: Aufbau 2003
30 Seiten, ISBN 3351040210, € 12,50
Dieses Bilderbuch ist auch als Audio-CD, Hör- und Videokassette erhältlich.

Inhalt

Opernsänger Löwenhaupt kauft eine lebendige Gans für einen Festtagsbraten. Bis Weihnachten soll sie in einer Kiste im Kartoffelkeller ihr Quartier haben. Die drei Kinder versorgen das Gänschen und taufen es Gustje. Besonders der kleine Peter schließt den Vogel ins Herz. Er verhindert die Schlachtung zunächst dadurch, dass er Gustje zu sich ins Zimmer nimmt. Des Vaters ungeschickten Versuch, den Tod der Gans durch eine ordentliche Dosis Schlafmittel sanft zu gestalten, gelingt nicht: Das Tier bleibt am Lcbcn und übersteht selbst die brutale Rupfung. Für das nackte, frierende Tier wird nun ein Pullover mit Rollkragen gestrickt, das setzt die Mutter durch. Vater Löwenhaupt staunt nicht schlecht, als er die Gans mit ihrem schicken Pullover dahertapsen sieht. So kommt es, dass Auguste als wesentliches Mitglied der Familie am Weihnachtsfest teilnimmt. Und als der Frühling anbricht, ist Auguste bereits wieder ein warmer Federflaum gewachsen.

Gehalt/ Gestaltung/ Besonderheiten

- Es handelt sich hier um eine der schönsten deutschen Weihnachtsgeschichten.
- Das Bilderbuch enthält stimmungsreich gestaltete, zart kolorierte Federzeichnungen.
- Durch die häufige Verwendung wörtlicher Rede wirkt die Sprache sehr lebendig.

Didaktische Vorschläge

1.-4. Schuljahr: Sprachunterricht

Vorlesen des Bilderbuches

Weihnachtszeit ist auch Vorlesezeit. Neben der hektischen Betriebsamkeit gibt es in der Adventszeit auch die Zeiten der Ruhe. Das vorgestellte Bilderbuch könnte vom Lehrer jetzt oder auch im Rahmen einer kleinen Weihnachtsfeier vorgelesen werden. Aber nicht nur in der Weihnachtszeit sollte das Vorlesen in der Grundschule seinen festen Platz erhalten. Das Vorlesen von (Bilder-) Büchern macht neugierig auf andere Bücher, und es bereitet zugleich das eigene Lesen-Wollen maßgeblich vor. Studien weisen auf die hohe Bedeutung des Vorlesens für die literarische Sozialisation von Kindern hin. Sie erklärt sich durch die damit verbundene vielfältige geistige Aktivität der Kinder: Sie erhalten Anregungen zur Erweiterung ihres Erfahrungshorizontes, sie erfahren die beeindruckende Wirkung des sprachlichen Ausdrucks und sie werden angeregt, zum Gehörten Assoziationen hervorzubringen.

An einen Autor/ Illustrator einen Brief schreiben

Es bietet sich an, nachdem ein Bilderbuch vorgestellt und besprochen wurde, einen Brief an den Autor bzw. den Illustrator zu schreiben, um ihm mitzuteilen, was an diesem Buch gut gefallen bzw. weniger gut gefallen hat. In diesem Zusammenhang können Kinder auch die formalen Aspekte der Briefgestaltung kennen lernen.

 **didaktische Literatur:**

Die Grundschulzeitschrift, 150/2001, Heftthema „Vorlesen“

Weitere Bilderbücher für die Weihnachtszeit:

- **Die vier Lichter des Hirten Simon.** Gerda Marie Scheidl (Text), Marcus Pfister (Illustr.). Hamburg: Nord-Süd 1995
- **Der kleine Stern.** Masahiro Kasuya (Illustr.), Yoko Watari (Text). Kiel: Wittig 1998
- **Das Geschenk der Weisen.** O. Henry (Text), Lisbeth Zwerger (Illustr.). München: dtv 1989
- **Simons Weihnacht.** Anneliese Lussert (Text), Loek Koopmans (Illustr.). Hamburg: Nord-Süd 1995

Textauszug:

So kam der Morgen. Theres war als Erste in der Küche. Draußen fiel in dicken Flocken der Schnee. Was war das? Träumte sie noch? Aus der Speisekammer drang ein deutliches Geschnatter. Unmöglich! Wie Theres die Tür zur Kammer öffnete, tapste ihr schnatternd und schimpfend die gerupfte Auguste entgegen. Theres stieß einen Schrei aus; ihr zitterten die Knie.

Schlagwörter: Weihnachten, Gans

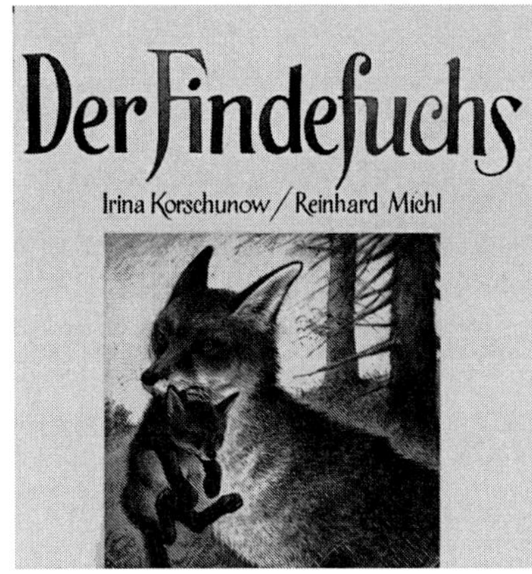

Irina Korschunow (Text),
Reinhard Michl (Illustr.)

Der Findefuchs

Stuttgart: Thienemann/ dtv 1982,
gebunden/ Taschenbuch (dtv Junior)
32 Seiten, ISBN 3522419901,
€ 11,90/ 5,50

Dieses Bilderbuch ist auch in englischer Sprache sowie auf Kassette und Audio-CD erhältlich.

Inhalt

Eine Füchsin findet einen verwaisten Jungfuchs. Obgleich sie selbst drei eigene Kinder zu versorgen hat, verteidigt sie den „Findefuchs" gegen Gefahren und Widerstände (Flucht vor dem Jagdhund, Kampf mit dem Dachs, Zweifel der Nachbarin) und nimmt ihn in ihre Familie auf.

Textauszug

Die Füchsin roch fast wie seine Mutter. Sie war genauso warm. Er kroch an ihren Bauch und suchte nach der Milch. Die Füchsin wich zurück. Der kleine Fuchs war nicht ihr Kind. Sie hatte ihn nicht zur Welt gebracht. Sie musste für ihre drei eigenen Kinder sorgen. Der kleine Fuchs fing an zu winseln. Die Füchsin sah, wie er vor Kälte zitterte. Da ging sie nicht fort. Sie legte sich neben ihn, um ihn zu wärmen.

Gehalt/ Gestaltung/ Besonderheiten

- Die Autorin gibt mit der anthropomorphisierten Erzählung ein Beispiel für Geborgenheit und Liebe. Sie vermag das Empfinden für Liebe und Zusammengehörigkeit bei Kindern zu stärken und zu zeigen, dass die Liebe zu einem Kind nicht unbedingt an Blutsverwandtschaft gebunden ist.
- Die Geschichte vermittelt zudem Informationen aus der realen Lebenswelt von Füchsen.
- Die meisterhaften, überaus realistisch gestalteten Illustrationen von R. Michl sind abwechselnd schwarz- weiß und farbig gestaltet.
- Für ein Bilderbuch ist der Textanteil relativ hoch.

Didaktische Vorschläge

1.-3. Schuljahr: Fächerübergreifendes Lernen

Sprachunterricht

Das Bilderbuch eignet sich hervorragend – auch durch das vorliegende Taschenbuchformat – als erste Ganzschrift im Unterricht. Es lässt sich einsetzen

- als Lesestoff für das freie Lesen zu Hause und in der Schule;
- zum Vorlesen (klanggestaltendes Lesen) und Nacherzählen;
- als Klassenlektüre mit Arbeitsaufgaben;
- als Ausgangspunkt für freie und angeleitete Schreibversuche;
- als Anregung zum Malen;
- als Grundlage für ein Papiertheaterstück.

Freies und angeleitetes Schreiben

a) Die Vorgeschichte
„Was passierte, bevor der kleine Fuchs allein im Gebüsch lag? Schreibe eine Vorgeschichte auf! Der kleine Fuchs ging mit seiner Mutter aus ihrem Bau..."
b) Die Fuchskinder erleben ein Abenteuer
„An einem schönen sonnigen Tag spielen die kleinen Füchse vor dem Bau. Ihre Mutter ist gerade unterwegs, um Futter für die hungrigen Mäuler zu suchen. Die Fuchskinder sind übermütig und laufen durch den Wald. Plötzlich ... "
c) Wie der Findefuchs eine neue Mutter bekam
„Der Findefuchs ist alt geworden und hat nun eigene Kinder. Eines Tages erzählt er ihnen, wie er eine neue Mutter bekam."
Wir schreiben die Geschichte auf, basteln ein Papiertheater und spielen die Geschichte (vgl. Hollstein u. Sonnenmoser 2006, S. 272ff.)

Sachunterricht

„Wir informieren uns über Füchse und gestalten eine Ausstellung dazu!"

zusätzliche didaktische Materialien:

Michael Kirch, Irina Korschunow: Antolin Lesebegleitheft zu Der Findefuchs. Schroedel, € 2,95

Sabine Willmeroth: Literatur-Kartei Der Findefuchs. Verlag an der Ruhr 2001, € 17,90

Schlagwörter: Fuchs, Toleranz, Liebe

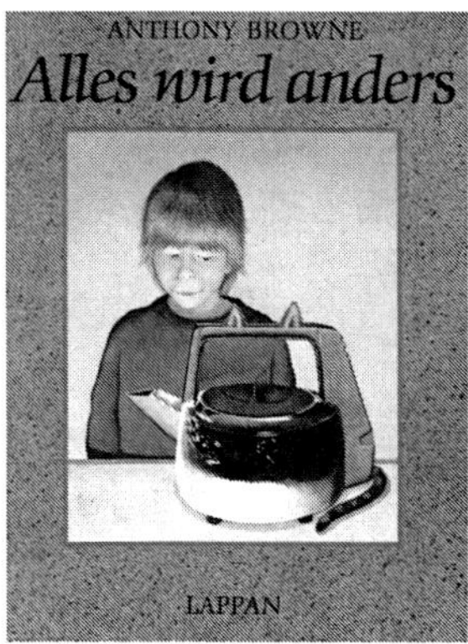

Anthony Browne

Alles wird anders

Deutsch von Peter Baumann

Oldenburg: Lappan 1990

30 Seiten, ISBN 3890820905

Dieses Bilderbuch ist auch in englischer und französischer Sprache erhältlich.

Inhalt

Eines Morgens bemerkt Stefan an der Teekanne eine seltsame Veränderung. Auch andere Dinge in der Wohnung und draußen verändern sich. Aus dem Fernsehsessel wird plötzlich ein Gorilla, ein Fahrradreifen verwandelt sich in einen Apfel, der untere Teil eines Besens wird zu einem Igel. Die seltsamen Veränderungen ereignen sich nach der Äußerung von Stefans Vater: „Alles wird anders." Was mag der Vater wohl damit gemeint haben? Wird wirklich alles anders werden? Als Stefans Eltern nach Hause kommen, klärt sich die mysteriöse Sache schnell auf: Stefan hat ein Schwesterchen bekommen.

Textauszug

Am Donnerstag morgen um Viertel nach zehn bemerkte Stefan eine seltsame Veränderung an der Teekanne...
An diesem Morgen war sein Vater weggefahren, um Stefans Mutter abzuholen.
Bevor er gegangen war, hatte er gesagt, dass jetzt alles anders werde.

Gehalt/ Gestaltung/ Besonderheiten

- In dieser Geschichte geht es um die psychische Befindlichkeit eines Kindes aufgrund von Verunsicherung.
- A. Browne spiegelt die psychische Befindlichkeit von Stefan in surrealistischen Bildern, die auch Bildzitate aus den Kunstwerken van Goghs und Magerittes enthalten, eindrucksvoll wider.
- Dieses Bilderbuch fördert die Rezeptionskompetenz der Kinder in besonderem Maße: Die Bilder fordern sie zum genauen Hinsehen auf; es gibt Vieles zu entdecken und zu deuten.
- Das Buch enthält wenig Text mit einer großen Schrift.

Didaktische Vorschläge

3./4. Schuljahr: Musisch-ästhetischer Lernbereich

Thema: Wir „lesen“ die Bildsprache von Anthony Browne

Mögliche Vorgehensweise:

- Zeichnung eines Teekessels an der Tafel: Überlegung: Wie kann dieser Gegenstand mit viel Phantasie in etwas völlig anderes, z.B. in ein Tier, verwandelt werden;
- Kinder fertigen Skizzen an; Vorstellung der Arbeitsergebnisse;
- Präsentation des Bilderbuches bis zu dem Bild, das das Eintreffen der Eltern andeutet. Genaue Betrachtung einzelner Bilder, besondere Beachtung der Bilddetails;
- gemeinsame Überlegung: Was könnte Stefans Vater gemeint haben?
- Präsentation des Geschichtenendes und Gespräch: Was wird mit einem Baby im Haus alles anders werden?
- Betrachtung ausgewählter Bilder; (Im Gespräch erkennen die Kinder, dass sich die Verwandlung der Gegenstände in Stefans Kopf abspielt und der Künstler diese „Phantasie-Bilder“ gemalt hat: „Sie zeigen uns auch, wie unsicher und verwirrt Stefan ist.“)
- Kinder verändern einen ausgewählten Gegenstand durch Malen oder Aufkleben nach eigenen Phantasien (vgl. Hollstein u. Sonnenmoser 2006, S.184ff).

Das Bilderbuch in englischer/ französischer Sprache eignet sich für die Fremdsprachenarbeit in der Grundschule.

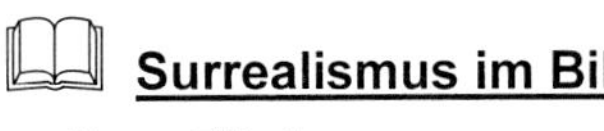

Surrealismus im Bilderbuch - weitere Titel:

Stimmen im Park. Anthony Browne. Oldenburg: Lappan 1999

Zoo. Anthony Browne. Oldenburg: Lappan 1992

(Kinderzeichnung)

Schlagwörter: Phantasie, Traum/Realität, Geschwister

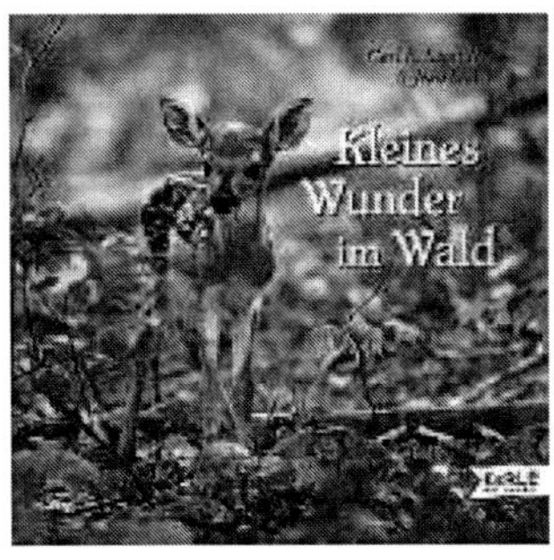

Carl R. Sams II, Jean Stoick

Kleines Wunder im Wald

Aus dem Amerikanischen von Beate Riess und Fritz Kalberlah

Freiburg i.Br.: Kerle im Verlag Herder 2005

48 Seiten, ISBN 3451706849, € 11,90

Inhalt

Ein kleines Rehkitz schläft allein im tiefen Gras am Waldesrand. Andere Tiere sind besorgt und vermuten, dass es von der Mutter verlassen worden ist. Aber das Kitz weiß genau, dass Mama Reh zurückkommen wird. Das hat sie ihm schließlich versprochen. Mit diesem Vertrauen wagt es sich dann auch ein ganzes Stück vom Waldrand fort, entdeckt die Welt und trainiert unbemerkt seine zarten Beinchen. Schließlich kommt die Rehmutter zurück und erklärt ihrem Kind, dass Kitze durch den fehlenden Eigengeruch vor Feinden geschützt sind und warum sie es allein zurückgelassen hat. Die Tage gehen ins Land und das Kitz wird immer kräftiger genau wie andere Tierkinder im Wald: die Meise, der Waschbär, die Entenküken. Schließlich ist es bereit, seiner Mutter in den Wald zu folgen.

Textauszug

„Erinnere dich ...", sagte Mutter Reh, und leckte dem Kitz behutsam das gefleckte Fell. Das Kitz stellte seine Ohren auf, um den vertrauten Worten seiner Mutter zu lauschen. „Du bist ein neugeborenes Kitz und hast noch keinen Geruch ... Ich musste von dir fortgehen, damit unsere Feinde dich nicht finden können ..."

Gehalt/ Gestaltung/ Besonderheiten

- Das Buch erklärt, warum Rehkitze von ihren Müttern vorrübergehend allein gelassen werden, und fordert somit indirekt auf, Tierkinder in der Natur nicht anzufassen bzw. mitzunehmen. Somit sensibilisiert es für den Tierschutz.
- Hier wird nicht nur die Geschichte eines kleinen Rehkitzes erzählt, das auf seine Mutter wartet, sondern auch naturkundliche Kenntnisse vermittelt. Nebenbei fordert es zum genauen Beobachten der Umwelt auf.
- Ein Bilderbuch für „alle, die die unberührte Natur schützen und sich für die Wildnis einsetzen" (die Buchautoren).
- Die beiden Wildlifefotographen Sams II und Stoick präsentieren spektakuläre Naturfotographien.
- Das Buch besitzt eine besondere typographische Gestaltung.

Didaktische Vorschläge

1./2. Schuljahr: Sachunterricht/ Biologischer Lernbereich

Besonders junge Tiere üben auf Kinder eine starke Anziehungskraft aus. Es macht den Kindern Freude, zu erleben, wie Tiereltern ihre Jungen versorgen, pflegen und schützen. Der Unterricht greift diese Erfahrungen und Erlebnisse auf. Die Kinder sollen das Verhältnis der Tiereltern zu ihren Jungen beobachten und achten lernen. Dadurch kann auch vorgebeugt werden, dass Kinder aus falscher Tierliebe heraus störend in diese Verhältnisse eingreifen. Einen guten Ausgangspunkt für eine Unterrichtseinheit zum Thema „Tiere und ihre Jungen“ bildet das vorliegende Bilderbuch.

Unterrichtsvorschläge:

- herausfinden, welche Tierkinder noch mit dem kleinen Reh im Wald aufwachsen;
- Tierkinder und ihre Eltern im Wildgehege, im Zoo oder auf dem Bauernhof beobachten;
- überlegen, was wir für den Schutz von jungen Wildtieren tun können;
- weitere „kleine Wunder“ (s. letzte Seite im Bilderbuch) auf der Wiese, am Wegesrand, auf dem Feld suchen und ein eigenes Bilderbuch dazu erstellen. („Kleine Wunder auf der Wiese“, „Kleine Wunder am Wegesrand ...).

Ein weiteres Naturbilderbuch von den beiden Fotographen/ Autoren:

Das Geheimnis im Winterwald.
Carl R. Sams II; Jean Stoick. Freiburg i.B.: Kerle im Verlag Herder 2004

Ein weiteres Bilderbuch, das für den Tierschutz sensibilisiert:

Komm, Igel, komm/ Igel, komm, ich nehm dich mit.
Tilde Michels (Text), Sara Ball (Illustr.). München: Sellier 1992 (gebunden)/ München: dtv junior 1991 (broschiert):

Schlagwörter: Wald, Reh, Tierkind, Tierschutz

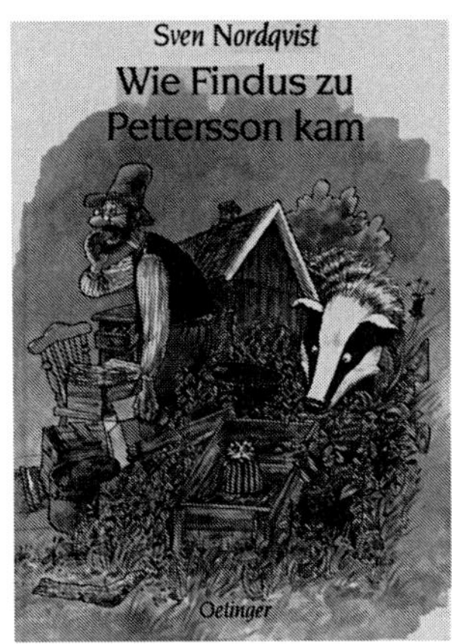

Sven Nordqvist

Wie Findus zu Pettersson kam

Aus dem Schwedischen von Angelika Kutsch

Hamburg: Oetinger 2002

30 Seiten, ISBN 3789169161, € 12,-

Inhalt

Ein alter Mann namens Pettersson fühlt sich sehr allein und traurig. Da schenkt ihm die Nachbarin einen Karton mit der Aufschrift „Findus grüne Erbsen 12 Dosen". Darin sitzt ein winziger Kater. Pettersson freut sich über das Tierchen und nennt es „Findus". Von da an hat er Findus immer um sich. Eines Tages meldet sich Findus zu Wort. Er sieht in der Zeitung einen Clown und wünscht sich eine gestreifte Hose, die ihm Pettersson schließlich anfertigt. Bald darauf ist Findus jedoch verschwunden. Er hat sich aus dem Haus herausgewagt und flüchtet vor einem Dachs in eine Kiste. Pettersson durchsucht aufgeregt das Haus, findet Findus aber nicht. In der Kiste versprechen seltsame Wesen, Mucklas, Findus zu helfen. Sie legen eine Spur vom Haus in den Garten zur Kiste, die Pettersson schließlich zu Findus führt. Pettersson tröstet das Katerchen und lässt es alle Winkel des Gartens erkunden.

Textauszug

Aber eines Morgens wurde Pettersson wach, weil etwas nicht so war wie sonst. Er fühlte sofort die schwere Stille von früher, als noch kein Kater im Haus gewesen war, der ihn hüpfend weckte. Pettersson war sofort hellwach und sprang aus dem Bett. „Findus! Wo bist du?", rief er und suchte unter der Bettdecke, unterm Kissen, unter dem Bett, in den Schuhen, draußen im Vorraum, in der Küche. „Findus! Bist du hier?"

Gehalt/ Gestaltung/ Besonderheiten

- Die Geschichte erzählt von einer Freundschaft/ Vater-Sohn-Beziehung.
- Die Bilder sind sehr detailreich gestaltet; jedes Bild lädt zum Entdecken und Erzählen ein.
- Das Buch enthält einen relativ umfangreichen Text in geringer Schriftgröße, so eignet sich die Geschichte vor allem zum Vorlesen.
- Erfahrungsgemäß gehören die Findus-/ Pettersson-Bücher schnell zu den Lieblingsbüchern besonders von Schulanfängern

Didaktische Vorschläge

1. Schuljahr: Sprachunterricht/ Erstlesen/ Erstschreiben

Eigene Schreibversuche
Die Vorstellung des Bilderbuches kann die Kinder motivieren, freie Texte zu schreiben. Eine große Hilfe kann hier eine Anlauttabelle darstellen.
Die Kinder malen ein Bild, schreiben ein Wort dazu, wie z.B. Findus, vielleicht schreiben sie aber auch schon einen Satz oder einen kurzen Text.

Arbeit an dem Buchstaben P,p und/ oder F,f
Im Anschluss an die Vorstellung des Bilderbuches können sich die Kinder intensiv mit dem Buchstaben P,p und/ oder F,f befassen, unterstützt durch die üblichen Übungen wie Schreibrichtung, Abhören für An-, In- und Auslaut, Lese- und Schreibübungen.
(Weitere Unterrichtsvorschläge zum Lesen- und Schreibenlernen mit Findus und Pettersson finden sich bei Pfeiffer (2002).)

Weitere Bilderbücher in der Reihe „Findus und Pettersson":

- Eine Geburtstagstorte für die Katze
- Findus und der Hahn im Korb
- Pettersson kriegt Weihnachtsbesuch
- Pettersson zeltet

Für das fächerübergreifende Lernen mit „Findus und Pettersson"

- **Das große Liederbuch von Pettersson und Findus.** Sven Nordqvist et al. Hamburg: Oetinger 2001
- **Das große Gartenbuch.** Sven Nordqvist et al. Hamburg: Xenos 2004
- **Mit Findus durch das ganze Jahr.** Sven Nordqvist et al. Hamburg: Oetinger 1999
- Regina Spirgatis-Budnick: **„Wie Findus zu Pettersson kam" – Literatur-Werkstatt.** Mühlheim a.d.R.: Verlag an der Ruhr 2003

⇨ Für Findus-und-Pettersson-Fans gibt es außerdem:

Audio-CD/ MC, interaktive Software, TV-Serie, DVD, Kinofilm, Plüschtiere, Bastelbuch, Gartenbuch, Kochbuch, Liederbuch, Musical, Holz-Memory, Henkelbecher, Puzzle, Spiel, Rucksack, Brustbeutel, Regenschirm, und, und, und...

Schlagwörter: Abenteuer, Freundschaft, Katze, Haustier

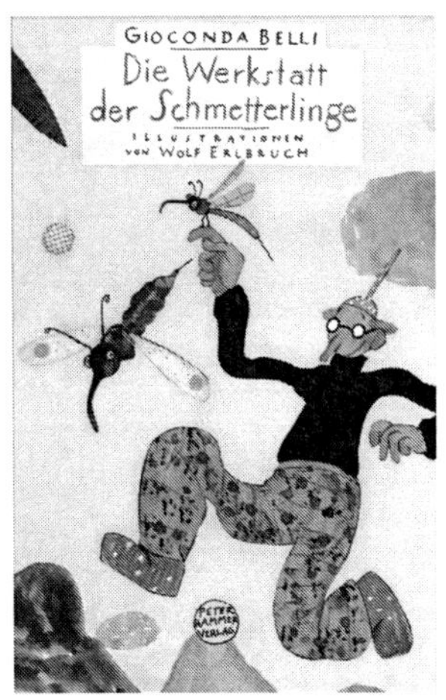

Gioconda Belli (Text), Wolf Erlbruch (Illustr.)

Die Werkstatt der Schmetterlinge

Wuppertal: Hammer 2005

40 Seiten, ISBN 3872948679, € 20,50/ 11,-

ausgezeichnet mit dem Luchs 96 (2004)

Dieses Bilderbuch ist auch in englischer und französischer Sprache erhältlich.

Inhalt

Bei den Erschaffern der Dinge dieser Erde arbeitet auch Rodolfo, der Enkel des Erfinders des Regenbogens. Er träumt davon, ein Wesen zu schaffen, schön wie eine Blume, lebendig wie ein Insekt, leicht wie ein Vogel... Dabei darf er die Welt nicht durcheinanderbringen: Pflanzen, Tiere, Mineralien, Gestirne sind streng getrennt. Er macht viele Entwürfe, kommt aber seinem Traum von der absoluten Schönheit nicht näher. Aber er gibt nicht auf, und eines Tages hat er die ersehnte Idee: Er schafft eine Welt voller Schmetterlinge.

Textauszug

„Der Schmetterling verstößt nicht gegen die Gesetze der Schöpfung“, sagt Rodolfo, als sie sich beruhigt hatten.“ Er ist ein Insekt, aber er ist so zart wie eine Blume und kann so fliegen wie ein Vogel. Die Menschen werden seine Schönheit bewundern und sich viele geheimnisvolle Geschichten über ihn erzählen. Wir sollten dieses Wesen in vielen tausend Farben entwerfen ... Wenn ihr einverstanden seid, beantragen wir eine eigene Werkstatt, nur für die Schmetterlinge.“

Gehalt/ Gestaltung/ Besonderheiten

- Die Botschaft des Buches: Glaube an deine Träume und sie werden wahr.
- Das Bilderbuch spricht das Thema „Schöpfung“ an und verdeutlicht die Wichtigkeit und den Sinn der verschiedensten Tiere, speziell den der von vielen Menschen ungeliebten Insekten.
- Es enthält relativ viel Text.
- Hier zeigt sich der unverwechselbare und zuweilen fast skurrile Stil von Erlbruch, der im Grenzbereich von Kunst und Illustration anzusiedeln ist. Die Illustrationen sind als Collagen/ Montagen gestaltet.
- Zahlreiche Dialoge machen die Geschichte lebendig.

Didaktische Vorschläge

3./4. Schuljahr: Fächerübergreifendes Arbeiten

Das Bilderbuch stellt einen guten Ausgangspunkt für eine Projektwoche zum Thema „Schmetterlinge" dar. Folgende Lern- und Arbeitsmöglichkeiten bieten sich an:

- Gedichte über Schmetterlinge lesen;
- Bilderbücher über Schmetterlinge von Ernst Kreidolf, der durch seine besonders einfühlsame Darstellung von Insekten in anthropomorphisierter Form im Bilderbuch zu Beginn des 20. Jahrhunderts (Epoche des Jugendstils) bekannt geworden ist, lesen und betrachten;
- Schmetterlinge in der Natur beobachten;
- Schmetterlinge malen;
- Erkundigungen bei einer Naturschutzorganisation darüber einholen, wie jeder etwas für den Schutz von Schmetterlinge in der Natur tun kann;
- das Leben und Werk der Naturforscherin Maria Sibylla Merian kennen lernen;
- Raupen im Klassenzimmer halten und ihre Entwicklung zum Schmetterling beobachten;
- freies Schreiben (s. Ausführungen zum Bilderbuch „Die kleine Raupe Nimmersatt")
- ein eigenes Schmetterlingsbuch erstellen.

Ein weiteres Bilderbuch über Schmetterlinge:

Das Raupenabenteuer.
Irmgard Lucht. Ravensburg: Ravensburger Buchverlag 1997

Bilderbücher von Ernst Kreidolf:

- Lenzgesind. Ernst Kreidolf: München: ars Edition o.J.
- Sommervögel. Ernst Kreidolf. München: ars Edition o.J.

und außerdem...

Seidenraupe, Dschungelblüte. Die Lebensgeschichte der Maria Sibylla Merian. Charlotte Kerner. Weinheim, Basel 1988/1998
(eine Merian-Lebensgeschichte für Kinder ab etwa 10 Jahre)

⇨ ***Unterrichtsvorschläge zum Themenbereich „Schmetterlinge" finden sich in den Zeitschriften Sache-Wort-Zahl, 4/1996 / Heftthema „Schmetterlinge" sowie Die Grundschulzeitschrift, 151/2002 / Heftthema „Lernen durch Nähe und Schauen".***

⇨ **Zum Bilderbuch gibt es auch eine CD und eine Kassette.**

Schlagwörter: Schmetterling, Märchen, Traum, Insekten

Albert Sixtus (Text), Fritz Koch-Gotha (Illustr.)

Die Häschenschule

Hamburg: Alfred Hahn's Verlag o.J.

32 Seiten, ISBN 3872860321, € 8,90

Dieses Bilderbuch ist auch als Musikkassette, CD, DVD und Miniausgabe erhältlich.

Inhalt

Die jungen Hasen gehen zur Schule. Der Unterricht beginnt mit dem Frühgebet. Es folgen Pflanzenkunde, Tiergeschichte – nicht ohne Warnung vor dem Feind, dem Fuchs – und Eier malen. In der Pause tollen die Jungen herum, die Mädchen verhalten sich still. In der nächsten Stunde wird ein säumiger Schüler bestraft, es folgen Musikunterricht und eine Stunde im Lehrgarten. In der Turnstunde üben die jungen Hasen das Hakenschlagen. Bevor sie den Heimweg antreten, werden sie nochmal zur Vorsicht gemahnt. Der Fuchs lauert schon auf dem Weg, doch da die Hasen im Unterricht gut aufgepasst haben, fällt keiner auf die List des Fuchses herein.

Textauszug

Nun beginnt die erste Stunde,
Häschen haben Pflanzenkunde.
Eh´ sie eine Antwort geben,
müssen sie die Pfötchen heben.
Und der Lehrer fragt geschwind,
welche Kräuter essbar sind
Hasenhans, der weiß das wohl:
„Am allerbesten schmeckt der Kohl!“

Gehalt/ Gestaltung/ Besonderheiten

- Das Buch, das 1924 erstmals erschien, zählt zu den ganz wenigen „Longsellern“ der deutschsprachigen Kinderliteratur.
- In einer heiteren, aber auch gleichzeitig treffend-satirischen Darstellungsweise zeichnet Koch-Gotha ein Bild des Kleinbürgertums der zwanziger Jahre.
- Kinder haben Freunde an der Darstellung ihrer märchenhaft-verfremdeten Lebenswelt und lieben den eingängigen Text im Reimschema.
- Die Komik in der Charakteristik der gezeichneten Personen bemerkt wohl nur der distanzierte Erwachsene: Er kann schmunzeln über die häusliche Hasenmutter, den spießig-gesetzten Hasenvater als Familienoberhaupt, den typischen Volksschullehrer der Zeit, der nicht immer die besten Manieren an den Tag legt.
- Wegen der konservativen bürgerlichen Wertvorstellungen, die das Buch „transportiert“ – u.a. autoritäre Kindererziehung, die Dominanz des männlichen Geschlechts – und wegen der angeblich zu starken Anthropomorphisierung wurde das Buch immer wieder kritisiert.

Didaktische Vorschläge

3./4. Schuljahr: Sachunterricht/ Historisches Lernen

Die Anbahnung eines Geschichtsbewusstseins wird von allen Kultusministerien für den Sachunterricht der Grundschule gefordert. Bezüglich der Auswahl der Inhalte für historisches Lernen in der Grundschule erweist es sich als wichtig, dass die Schüler in den Themen etwas von ihren eigenen Erfahrungswelt vorfinden. Handelnd sollten sie sich Themen erschließen können und dabei auch an fachgemäße Arbeitsweisen herangeführt werden (Auswertung von Gemälden, Fotos, Befragung von Zeitzeugen u.a.) Als Quellen besonderer Art können auch ältere Bilderbücher genutzt werden. So bietet sich die Häschenschule an, um über „Schule früher und heute“ nachzudenken. Dabei kann im Kontrast das Bilderbuch „Katzenjule in der Schule“ vorgestellt werden, das vom Inhalt und vom Sprachduktus her an die Häschenschule anschließt, jedoch ein modernes Schul- und Alltagsleben präsentiert und dabei die weiblichen Figuren in den Mittelpunkt rückt.

(Ingrid Uebe (Text), Katrin Engelking (Illustr.): Katzenjule in der Schule. Ravensburg: Ravensburger 1998)

Weitere Bilderbücher, die für das historische Lernen in der Grundschule genutzt werden können:

Themenbereich „Erziehung“

Struwwelpeter.
Heinrich Hoffmann

Themenbereich „Wohnen“

Das Puppenhaus.
Lothar Meggendorfer: Esslingen: Esslinger 2006 (Reprint von 1889)

verschiedene Lebensbereiche

Die Lisa. Ein Leben.
Klaus Kordon (Text), Peter Schimmel (Illustr.). Zug: Ars edition 1991

⇨ **Literatur zur Geschichte der „Häschenschule“:**

- Bode, Andreas: Einfach nicht totzukriegen. Bilderbuch-Klassiker. In: Raecke, Renate, Baumann, Ute (Hrsg.): Zwischen Bullerbü und Schewenborn. Auf Spurensuche in 40 Jahren deutschsprachiger Kinder- und Jugendliteratur. München 1995, S.70-79
- Doderer, Klaus: Klassische Kinder- und Jugendbücher. Kritische Betrachtungen. Weinheim, Basel 1975
- Doderer, Klaus, Müller, Helmut: Das Bilderbuch. Geschichte und Entwicklung des Bilderbuches in Deutschland von seinen Anfängen bis zur Gegenwart. Weinheim, Basel 1973

Schlagwörter: Schule, Hasen, Unterricht, Bilderbuchklassiker

Otfried Preußler (Text),
Herbert Lentz (Bilder)

Die dumme Augustine

Stuttgart: Thienemann 1972
28 Seiten, ISBN 3522410602, € 12,90

Dieses Bilderbuch ist auch auf VHS erhältlich.

Inhalt

Der dumme August ist ein erfolgreicher Zirkusclown. Während er die Zuschauer in der Manege zum Lachen bringt, versorgt seine Frau, die dumme Augustine, den Haushalt, die drei Kinder, Hund und Katze. Nachts träumt sie manchmal davon, auch einmal aufzutreten. Aber davon will ihr Mann nichts hören, denn er meint, dass Frauen an den Herd gehören. Eines Tages muss der dumme August mit fürchterlichen Schmerzen zum Zahnarzt. Als er nicht rechtzeitig zu Vorstellungsbeginn zurück ist, steigt die dumme Augustine in den Zirkusring. Sie zeigt allen, dass sie mindestens so großartig ist wie der dumme August. Auch ihr vom Zahnschmerz erlöster Mann hat das gesehen und ist begeistert. Sie beschließen, künftig alles gemeinsam zu machen: die Hausarbeit und Vorstellungen als Zirkusclowns.

Textauszug

An diesem Abend saßen der dumme August und seine Frau noch lange Zeit vor dem Wagen. Der Mond schien, die Affen und Löwen schliefen schon, und die Kinder auch. „Weißt du was, Augustine?", sagte der dumme August. „Von jetzt an wollen wir unsere Arbeit gemeinsam tun, Ich helfe dir in der Küche und bei den Kindern – und du trittst mit mir zusammen im Zirkus auf. Denn fürs Kochen und Schrubben und Wäschewaschen allein bist du viel zu schade!"

Gehalt/ Gestaltung/ Besonderheiten

- Dies ist „eines der ersten" (...) und „noch immer eines der stringentesten und überzeugendsten Bilderbücher zum Thema Geschlechterverhalten und Gleichberechtigung" (Ralf Schweikart).
- Das Buch eignet sich, um Mädchen Mut zu machen und um ihr Selbstbewusstsein zu stärken.
- Großformatige, farbenfrohe Illustrationen durchziehen das ganze Buch.

Didaktische Vorschläge

2./3. Schuljahr: Sozialerziehung

Eine gesellschaftliche Demokratisierung kann nicht voranschreiten, wenn einem Geschlecht grundsätzlich weniger berufliche Entfaltungsmöglichkeiten als dem anderen zur Verfügung stehen. Sozialerziehung kann hier dem traditionellen Geschlechterverhältnis entgegen wirken. Dabei gilt es zum einen, Kinder - unabhängig vom Geschlecht - hinsichtlich ihrer individuellen Fähigkeiten zu stärken und zum anderen, ihnen zu helfen, Schwächen auszuleben und zu überwinden. Das Lesen/Vorlesen und Besprechen geeigneter Bilderbücher kann dieses Anliegen nachhaltig unterstützen.

„Männer und Jungen handeln, Mädchen und Frauen kommen vor". Diese treffende Beschreibung der Rollendarstellung gilt jedoch immer noch für zahlreiche aktuelle Bilderbücher. (Vgl. Jentgens 1999) Es sind jedoch auch Bilderbücher zu beziehen, die positive Muster für ein gleichberechtigtes Miteinander bieten bzw. das Problem traditioneller Rollenzuschreibung auf angemessene Weise reflektieren. Dazu gehört das hier vorgestellte Bilderbuch. Es stärkt Mädchen und macht ihnen Mut, ihren Lebensweg selbstbewusst zu beschreiten. Im Zusammenhang mit dem Bilderbuch können Kinder über ihren möglichen zukünftigen Lebensweg und damit verbunden über Berufswünsche nachdenken, dazu malen und ihre Werke dazu im Klassenverband vorstellen.

 **Weitere Bilderbücher, die Mädchen „stärken":**

- **Rosa.** Rudolf Herfurtner (Text), Reinhard Michl (Illustr.). Hamburg 2001: Oetinger
- **Rothütchen.** Geoffroy de Pennart. Frankfurt a.M.: Moritz 2005
- **Rutti Berg, die Bäuerin, wär so gerne Königin.** Sybille Hein. Zürich: Bajazzo 2005
- **Prinzessin Piffigunde.** Babette Cole. Hamburg: Carlsen 1998
- **Tante Anna und der Schwarze Mann.** Phyllis Root (Text), David Parkins (Illustr.). Aarau: Sauerländer 1996

Schlagwörter: Clown, Zirkus, Familie, Haushalt

Peter Sís

Der Baum des Lebens

München: Hanser 2004

40 Seiten, ISBN 3446205233, € 17,90

- ausgezeichnet mit 'Die besten 7 Bücher für junge Leser', 10/2004
- ausgezeichnet als „Buch des Monats" durch Deutsche Akademie für Kinder- und Jugendliteratur 10/2004
- ausgezeichnet mit dem Bologna Ragazzi Award 2004
- nominiert für den Deutschen Jugendliteraturpreis 2005, Kategorie Sachbuch

Dieses Bilderbuch ist auch in englischer und französischer Sprache erhältlich.

Inhalt

Der junge Charles Darwin erhält eine gute Erziehung und soll Arzt oder Pfarrer werden, doch er hat andere Pläne. Er interessiert sich für die Beobachtung der Natur. Da erhält er eine Einladung zu einer Forschungsreise auf dem Segelschiff „Beagle". Er bereist viele Länder und beobachtet Kulturen, Tiere und Pflanzen. Er führt Experimente durch, sammelt interessante Materialien und notiert alles in seinen Tagebüchern. Nach der Reise spaltet sich sein Leben in drei Bereiche. Der Leser erfährt vom öffentlichen Leben (Vorträge, Exponate, Bücher), vom Privatleben (Heirat und Kinder) und vom heimlichen Leben Darwins (Ausarbeitung einer Theorie über die Evolution, die natürliche Auslese und die Anpassung der Arten). Als sie veröffentlicht wird, ist seine Theorie eine Sensation, doch er schafft sich damit auch viele Feinde. Im Alter schreibt der Naturforscher Bücher und hört bis zu seinem Tod nicht auf, sich mit der Natur zu befassen.

Textauszug

Als Charles neun Jahre alt ist, schickt ihn sein Vater auf ein Internat in der Nähe, das auch schon sein Bruder besucht. Es ist eine gute Schule mit strengen Regeln, wie sie damals üblich waren. Charles mag die Schule nicht. Er mag die Klassiker nicht. Er mag nicht in einem riesigen Schlafsaal voller Jungs nächtigen. Er will hinaus ins Freie, will reiten, schießen, angeln, auf langen Spaziergängen durch die Natur Dinge sammeln. Wann immer er kann, rennt er nach Hause. Im Geräteschuppen von The Mount führt er mit seinem Bruder Erasmus, genannt „Ras", gern chemische Experimente durch. Charles´ Spitzname lautet „Gas".

Ein weiteres Bilderbuch über das Lebenswerk eines berühmten Menschens:

Der Sternenbote. Peter Sís. München: Hanser 1996 (über Galileo Galilei)

Ein weiteres Bilderbuch mit einer besonderen typographischen Gestaltung:

Stimmen im Park. Anthony Browne. Oldenburg: Lappan 1999

Gehalt/ Gestaltung/ Besonderheiten

- Das Bilder-Sachbuch stellt eine Einführung in das Leben und Werk von Charles Darwin dar. Der Leser erfährt Vieles über seine Forschungsarbeit, seine Naturbeobachtungen und die Versuche, daraus Schlüsse zu ziehen. Zugleich erhält er einen Einblick in sein privates Leben.
- Das Buch enthält feine, detailreiche Zeichnungen, die auf zeitgenössischen Quellen beruhen. Sie sind informativ und zugleich ästhetisch gestaltet.
- In die Bilder integrierte Zitate und Dokumente geben einen Aufschluss über die Zeit.
- Karten, naturwissenschaftliche Skizzen, zahlreiche Tagebuchblätter und surreale Bildkompositionen fügen sich zu einem detailreichen und anschaulichen Panorama von hoher erzählerischer Qualität. (Vgl. Kritikerjury 2005)
- Das Buch setzt gute Lesefähigkeiten und einige biologische und historische Vorkenntnisse voraus. Die Schrift ist oft sehr klein und nicht einfach zu lesen

Didaktische Vorschläge

4. Schuljahr: Sachunterricht/ Sprachunterricht

Kinder und Jugendliche brauchen Vorbilder.

Bereits in der Grundschule sollten Kinder Menschen mit einem bedeutsamen Lebenswerk kennen lernen dürfen. Dazu gehört auch Charles Darwin. Es bietet sich an, ausgehend von diesem Bilderbuch noch weitere Biographien vorzustellen.

Tiere und Pflanzen erforschen

Das Bilderbuch regt Kinder an, selbst Erkundungen im Zusammenhang mit Tieren und Pflanzen durchzuführen. Ihre „Forschungsergebnisse" können sie ähnlich wie Charles Darwin in „Tagebüchern" bzw. Sammelmappen festhalten.

Schriftliches Gestalten

Das Bilderbuch bietet einen guten Ausgangspunkt, um mit Kindern über die Möglichkeiten der typographischen Gestaltung von Texten zu sprechen. Es regt auch zu eigenen Gestaltungsversuchen an, wobei das Schreibprogramm eines Computers einbezogen werden kann. (Vgl. Hollstein 2000)

Schlagwörter: Charles Darwin, Evolution, Forschung

John Burningham

Albert kommt!

Deutsch von Rolf Inhauser

Frankfurt a.M: Sauerländer 1994

36 Seiten, ISBN 3794137485

Dieses Bilderbuch gibt es auch in englischer und französischer Sprache.

Inhalt

Zwei Kinder wünschen sich einen Hund. Sie überreden ihre Eltern, gehen ins Tierheim und entscheiden sich für einen alten Hund, eine „Promenadenmischung". Die Eltern sind von Albert nicht begeistert. Albert entpuppt sich aber als angenehmer Hausgenosse, der mehr kann als ein gewöhnlicher Hund: Er führt den Haushalt, spielt Geige und rettet sogar bei einem Hausbrand das Baby. Doch die Eltern sind nach wie vor überzeugt: „Der Hund taugt nichts". Eines Tages ist Albert verschwunden und taucht nicht wieder auf. So fährt die Familie ohne ihn in den Urlaub ans Meer. Am letzten Urlaubstag treiben die Kinder mit dem Boot ab, doch sie werden gerettet: Eine unsichtbare Gestalt packt die Leine und zieht das Boot an Land. Das Buch endet mit den Worten: „Kannst du dir denken, wer das war?" Im Hintergrund des vorletzten Bildes ist - etwas versteckt - Albert zu erkennen.

Gehalt/ Gestaltung/ Besonderheiten

- Es handelt sich um ein außergewöhnliches Bilderbuch über einen Hund, der auf besondere Weise in das Leben einer Familie eingreift. Seine Botschaft: Ein Hund in der Familie ist etwas Schönes, und er bereichert den Alltag. Man muss sich jedoch auch um ihn kümmern. Die Geschichte vermittelt, dass ein Hund ein gutmütiges, hilfsbereites Wesen ist, das gerne in einer Familie lebt, aber auch ein Eigenleben besitzt.
- Die zarten Zeichnungen wurden mit Tusche und Aquarellfarben angefertigt.
- Aufgrund des kurzen Textes und der relativ großen Schrift können Leseanfänger den Text gut selber lesen.
- Wörtliche Rede macht die Sprache sehr lebendig.

Didaktische Vorschläge

2./3. Schuljahr: Sprachunterricht/ Hör- und Sprecherziehung

Nachspielen von einzelnen Szenen:

- Ausgangspunkt der Bilderbuchgeschichte: Zwei Kinder versuchen ihre Eltern davon zu überzeugen, dass mit einem Hund in der Familie alles besser ist.
- Im Tierheim sehen sich die Kinder verschiedene Hunde an und beraten, welchen sie nehmen wollen. Durch ein Gespräch mit dem Wärter werden sie auf Albert aufmerksam.
- Albert ist verschwunden. Auf der Polizeistation melden die Kinder ihren Hund als vermisst; damit Albert gefunden werden kann, ist eine genaue Beschreibung erforderlich.
- Die Kinder berichten einem Reporter von der Zeitung, wie Albert das Baby aus dem brennenden Haus rettet.
- Die Kinder berichten ihren Freunden, wie sie im Urlaub in Gefahr gerieten und auf seltsame Art und Weise gerettet wurden.

Schreiberziehung

Schreibmöglichkeiten, ausgehend vom offenen Ende des Bilderbuches:

- Die Kinder treffen den Hund Albert zufällig wieder, und er kann ihnen erneut bei einer Schwierigkeit helfen.
- Als die Kinder mit ihren Eltern aus dem Urlaub kommen, sitzt Albert vor der Türe. Wie geht das Familienleben mit Albert nun weiter?

Die Bilderbuchgeschichte bietet auch einen guten Ausgangspunkt für die Behandlung des Themas „Halten und Pflegen eines Tieres/ Hundes“ im Sachunterricht.

Weitere Titel für Hundefans:

- **Edgar übernimmt das Kommando.**
  Sibylle (Text) und Jürgen (Illustr.) Rieckhoff. Hildesheim: Gerstenberg 2005
- **Strandhunde.**
  Katja Gehrmann. Hamburg: Carlsen 2001

Textauszug

„Ogottogott, was habt ihr denn da?“ sagten die Eltern. „Warum habt ihr denn keinen anständigen Hund genommen, einen mit Stammbaum? Er ist ja alt und eine Promenadenmischung, kein reinrassiger Hund!“ „Aber Albert ist lieb“, sagten die Kinder.

Schlagwörter: Hund, Haustier, Familie

Ingrid und Dieter Schubert

Irma hat so große Füße

Frankfurt a.M.: Sauerländer 1992

32 Seiten, ISBN 3794127730, € 15,80

Dieses Bilderbuch ist auch in englischer Sprache erhältlich.

Inhalt

Die kleine Hexe Irma verlässt den Hexenwald, weil sie ihrer großen Füße wegen von den anderen Hexen ausgelacht wird. Sie hat zudem die Zauberwörter vergessen, und bei jedem Zauberversuch werden ihre Füße größer. Eines Tages taucht sie bei der kleinen Lore auf, die gerade ihre Zähne putzen will. Lore tröstet Irma, indem sie Irmas Füße bunt verziert. Außerdem erzählt Lore der kleinen Hexe, dass sie eine „Leidensgenossin" ist, weil sie immer wegen ihrer großer Ohren ausgelacht wird. Nachdem Irma, entgegen altem Hexenbrauch, ihre Zähne putzt, fallen ihr die Zauberwörter wieder ein. Sie erhält Besuch von ihrem Freund, dem Drachen, und fliegt mit ihm wieder zurück ins Hexenland. Für Lore hat sie jedoch eine Überraschung bereit: Lore kann mit ihren großen Ohren fliegen und hat viel Spaß dabei. Zum Schluss schickt Irma ihrer Freundin einen „Hexenbrief".

Gehalt/ Gestaltung/ Besonderheiten

- Die Geschichte vermittelt, dass ein auffälliges Merkmal, über das sich andere lustig machen, mit Witz und Phantasie in einen Vorteil verwandelt werden kann, den alle bestaunen. Für Kinder faszinierend ist auch die Idee, durch Zähneputzen Zauberkraft zu erlangen; das Buch regt damit indirekt zur Zahnpflege an.
- Die Geschichte wird in einer lebendigen und anschaulichen Sprache präsentiert.
- Die Illustrationen sind detailreich und farbenfroh in einer Mischtechnik (Aquarell/ Farbstift) gestaltet.
- Auf der letzten Seite des Buches findet sich ein Brief in Bilderschrift, auf der Seite davor dazu ein direkter Impuls zum Schreiben (s. Textauszug), der für freies oder angeleitetes Schreiben im Unterricht genutzt werden kann.

Didaktische Vorschläge

2. Schuljahr: Sprachunterricht/ angeleitetes Schreiben

(vgl. Hollstein 2000b)

1. Stunde:

- Sitzkreis: Einstieg über einen Reisigbesen (Hexenbesen)
- Vorlesen des Bilderbuches, Präsentation der Bilder über Dias
- Gemeinsame Überlegung: Was könnte die Hexe Irma der Lore geschrieben haben?
- Gemeinsame „Übersetzung“ des Hexenbriefes (letzte Seite)
- Bunte Ausgestaltung des Briefes v. Irma (schwarz-weiß-Kopie) mit Stiften

2./3. Stunde:

- Einstieg über Titel/ Titelbild, Gespräch über den Buchinhalt;
- „Lesen“ des Briefes von Irma;
- Erarbeitung von formalen Merkmalen eines Briefes (Tafelanschrieb);
- Einzelarbeit: Verfassen eines Antwortbriefes an die Hexe Irma; Wörter können durch Bilder ersetzt werden; Hilfen für schwache Kinder finden sich in Briefumschlägen (Satzanfänge, Wörter, Bilder);
- Vorlesen der Briefe.

4. Stunde:

- Schreiben, Zeichnen, Malen des Briefes an Irma auf ausgewähltes Briefpapier (Rechtschreibfehler werden vorher vom Lehrer korrigiert);
- Gespräch: Beschriftung u. Gestaltung eines Briefumschlages;
- Gemeinsames Singen eines Hexenliedes.

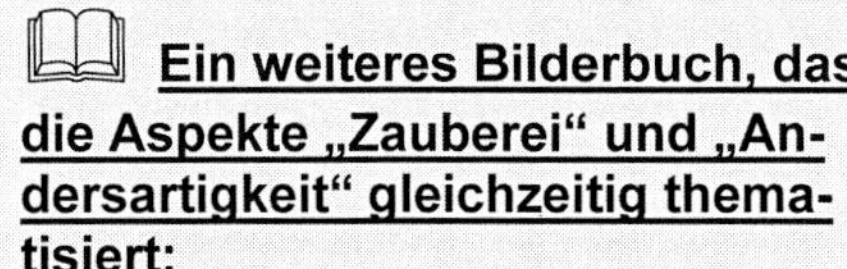

Ein weiteres Bilderbuch, das die Aspekte „Zauberei“ und „Andersartigkeit“ gleichzeitig thematisiert:

Zaubertrottel.
Norman Junge (Illustr.), Josef Schnelle (Text). Weinheim: Beltz & Gelberg 1988

Textauszug

Den Brief kannst du auch lesen. Auf der nächsten Seite. Was meinst du wohl, was Lore der kleinen Hexe Irma geantwortet hat? Wenn du willst, kannst du Lores Brief auf die Seite daneben schreiben oder malen.

Schlagwörter: Hexe, Toleranz, Füße, Zähne

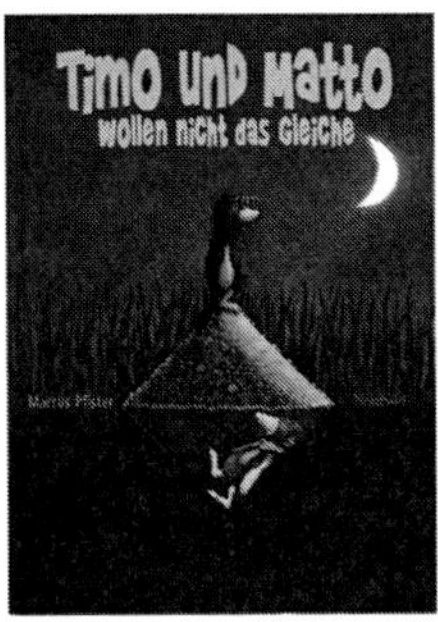

Marcus Pfister

Timo und Matto wollen nicht das Gleiche

Gossau: Nord-Süd 2006

32 Seiten, ISBN 3314014813, € 12,80

Inhalt

Timo und Matto, zwei kleine Maulwürfe, wollen zusammen spielen. Matto möchte einen großen Hügel bauen, Timo will aber lieber ein tiefes Loch graben. Keiner von beiden möchte nachgeben. So arbeitet jeder für sich allein. Nach langer und schwerer Arbeit erkennen sie, dass beide genau dasselbe gebaut haben: Beim Aushub von Timos Loch ist ein kleiner Hügel entstanden, und zum Aufschütten seines Hügels hat Matto ein Loch graben müssen. Nun ist klar: Zusammen wäre man schneller zum Ziel gelangt.

Gehalt/ Gestaltung/ Besonderheiten

- Die Botschaft des Buches: Gemeinsam geht Vieles ein bisschen leichter; oft ist es sinnvoll, die Dinge gemeinsam anzugehen, denn so kommt jeder besser und schneller an das selbst gesteckte Ziel.
- Häufig verwendete wörtliche Rede macht den Text lebendig.
- Der Buchumschlag ist durchgestanzt: Somit führt Maulwurf Timo direkt in das Buch.

Didaktische Vorschläge

1. Schuljahr: Schriftspracherwerb

Während des Leselehrgangs können Bilderbücher einerseits als freie Leseangebote präsentiert werden, andererseits gewinnen die Kinder aber auch durch das regelmäßige Vorlesen wertvolle Erfahrungen: Bilderbücher lesen und betrachten macht Freude, stellt eine Bereicherung dar, ist ein Erlebnis. Lesevergnügen lässt sich Kindern bereiten, indem man ihnen zu jedem neu eingeführten Buchstaben ein Bilderbuch vorliest, das einen direkten Bezug zum „neuen" Buchstaben aufweist: Z.B. könnte der Buchstabe als Anlaut in einem der zentralen Wörter im Titel vorkommen. Alle/ einige Kinder können versuchen, dieses Wort selbst zu erlesen. Nach dem Vorlesen des Bilderbuches kann dieses in der Klassenbücherei allen Kindern zum Betrachten und vielleicht auch schon zum eigenständigen Lesen zur Verfügung stehen. Mit Spannung werden die Kinder mit jedem Buchstaben ein neues Bilderbuch erwarten (vgl. Hollstein u. Sonnenmoser 2006). Das vorliegende Bilderbuch könnte im Rahmen der Einführung der Buchstaben T/t und M/m eingesetzt werden. Die beiden Wörter „Timo" und „Matto" sind lauttreu und lassen sich gut erlesen. Günstig ist ferner, dass hier beide Buchstaben als An- und Inlaut bzw. als Groß und Kleinbuchstabe vertreten sind.

1. Schuljahr: Soziales Lernen

Vgl. dazu die Unterrichtsvorschläge zum Bilderbuch „Wahre Freunde".

Schlagwörter: Freunde, Streiten, Maulwurf, Geschwister

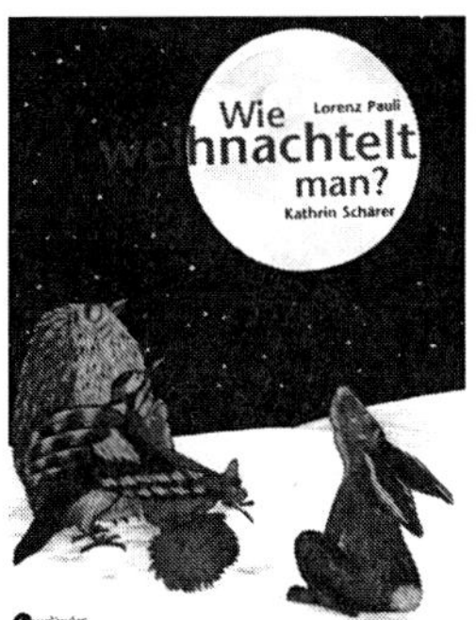

Lorenz Pauli (Text), Kathrin Schärer (Illustr.)

Wie weihnachtelt man?

Düsseldorf: Sauerländer 2005
32 Seiten, ISBN 3794151038, € 12,80
Dieses Bilderbuch ist auch als Miniausgabe, Audio-CD und Kassette erhältlich.

Inhalt

Der kleine Hase möchte wissen, wie man weihnachtelt. Die Eule weiss es ganz genau: Weihnachten ist dann, wenn alle Tiere im Wald ihr, der weisen Eule, ein Geschenk bringen. Bald schon sind alle Tiere mit dem Basteln beschäftigt, alle wollen der Eule etwas schenken. Aber kurz vor Weihnachten muss der Hase das Eichhörnchen trösten, und weil er gerade ein so schönes Geschenk für die Eule bereit hat, schenkt er es dem Eichhörnchen. Auch der Specht hätte gerne ein Geschenk – und so bekommt er eines, und zwar vom Eichhörnchen. Der Specht wiederum schenkt der traurigen Maus seine gebastelte Flöte. Schließlich kommen die Tiere zur Eule, und nur die Maus kann ihr Geschenk überreichen. Diese hat ein schlechtes Gewissen, denn sie weiß, dass Weihnachten ein Fest für alle ist. Da nur der Hase noch kein Geschenk erhalten hat, darf sich dieser etwas von der Eule wünschen. Nun feiern alle gemeinsam Weihnachten und musizieren unter einer großen Tanne, über der die Sterne blinken und glitzern.

Gehalt/ Gestaltung/ Besonderheiten

- Es handelt sich hier um eine humorvolle Geschichte über den Sinn des Schenkens zur Weihnachtszeit.
- Die großformatige Illustrationen von Kathrin Schärer verleihen jedem Tier Kontur und Charakter; sie spiegeln die geheimnisvolle Stimmung im verschneiten Wald wieder.
- Das Buch enthält eine gut lesbare Schrift ohne Serifen und ist deshalb auch für „fortgeschrittene Leseanfänger“ geeignet.

Didaktische Vorschläge

1. Schuljahr: Religiöser Lernbereich/ musisch-ästhetischer Lernbereich

Die Bilderbuchgeschichte stellt einen guten Ausgangspunkt dar, um über Weihnachten als ein Fest der Freude und über den Sinn des Schenkens in dieser Zeit nachzudenken. Im Zusammenhang mit der Geschichte können Kinder erfahren und erleben, dass Freude bereiten einen selbst froh und dankbar macht. Sie können zudem überlegen, womit sie selbst anderen Freude bereiten möchten. Im Rahmen der Reflexion sollte auch zur Sprache kommen, dass „Zeit“ (sich Zeit nehmen für ...) ein besonderes Geschenk darstellt. Es bietet sich an, mit Kindern kleine Geschenke zu basteln, um sie Weihnachten zu verschenken.

Schlagwörter: Weihnachten, Geschenke, Hase

Mira Lobe (Text), Susi Weigel (Illustr.)

Das kleine Ich bin ich

Wien, München: Jungbrunnen 1995

40 Seiten, ISBN 370264850X, € 13,90

Österr. Kinder- und Jugendbuchpreis

Dieses Bilderbuch ist auch als Audio-CD und Musikkassette erhältlich.

Inhalt

Ein kleines, buntes Tier geht unbeschwert spazieren, bis es auf einen Frosch trifft. Der fragt es, wer es sei, doch das Tier weiß keine Antwort. Es macht sich auf die Suche und fragt viele Tiere, ob es eines von ihnen sei, doch die Tiere verneinen. Das bunte Tier ist verzweifelt, bis ihm plötzlich der Gedanke kommt: Ich bin ich! Es freut sich und erzählt davon den anderen Tieren. Selbst der Frosch hat das am Ende verstanden.

⇨ **Ein weiteres Bilderbuch zur Selbststärkung**:

Ich. Philip Waechter. Weinheim: Beltz & Gelberg 2004

Textauszug

Aber dann
stört ein Laubfrosch seine Ruh`,
und fragt das Tier: „Wer bist denn du?“
Da steht es und stutzt
und guckt ganz verdutzt
dem Frosch ins Gesicht
„Das weiß ich nicht.“
Der Laubfrosch quakt und fragt: „Nanu?
Ein namenloses Tier bist du?
Wer nicht weiß, wie er heißt,
wer vergißt, wer er ist,
der ist dumm!“
Bumm

Gehalt/ Gestaltung/ Besonderheiten

- Der Leser erfährt, dass jeder mit anderen einiges gemein hat und doch einzigartig ist. Das Bilderbuch kann besonders gut den schwierigen Prozess der Identitätsfindung verständlich machen.
- Der Text ist in eingängiger Reimform verfasst.
- Die Illustrationen wurden mit vielen verschiedenen Farben und Materialien, u.a. Stoff, gestaltet.
- Auf den Vorsatzseiten findet sich eine Bastelanleitung für das kleine, bunte Ich-bin-Ich als Stofftier.

Didaktische Vorschläge

1.-2. Schuljahr: Sozialerziehung/ Sachunterricht

Wir gestalten ein „Ich-Bilderbuch“
Es enthält Fotos des Kindes, einen Handabdruck, Ich-Aussagen über Augenfarbe, Haarfarbe ..., Bilder von Lieblingstieren, Lieblingsspielzeug u.a.
(vgl. Andresen 1981).

2. Schuljahr: Sprachunterricht; musisch-ästhetischer Lernbereich

Wir basteln ein „Ich bin Ich“-Fühlbuch

- Vorstellung des Bilderbuches
- Verkürzung der Texte für das eigene Bilderbuch (ggf. werden diese vom Lehrer vorgegeben);
- Auswahl der Tiere (andere Tiere als in der Originalvorlage wählen, um ihre Gestaltung mit „Fühlmaterialien“ zu erleichtern)
- Gemeinsame Auswahl der Materialien; zum Beispiel für ...

* das kleine ICH BIN ICH: bunter Stoff und Wollfäden
* den Heuhaufen: Stroh
* die Gans: Federn, Tonpapier
* das Schaf: Schafwolle
* den Boden: Sand
* die Katze: Plüschfell, Tonpapier
* den Fisch: Plastik (Verpackungsmaterial mit schuppenförmigen Verdickungen)
* das Wasser: dünne Plastikfolie
* die Pfütze: Silberfolie

- Zusammenkleben der gestalteten Seiten zu einem Leporello (ziehharmonikaartig gefaltetes Buch)
- Befestigung des kleinen ICH BIN ICH an einer langen „Leine“, die aus bunten Wollfäden geflochten wird. So kann es im Buch „spazieren gehen“ und „den Tieren begegnen“. (Wenn das ICH BIN ICH die Tiere nicht besucht, dann „schläft“ es in einem bunt gestalteten Briefumschlag auf der Rückseite des Buches.)
- Ein besonderes „Fühlerlebnis“: Ein Kind liest die Geschichte vor und die anderen Kinder „erleben“ diese mit geschlossenen Augen und mit den Fingern. (Vgl. Hollstein u. Sonnenmoser 2006, S.297ff.)

Das Bilderbuch eignet sich sehr gut für ein Schattentheater.

 **zusätzliche didaktische Materialien:**

Ulla Ehrmann: Die „Ich bin ich“ – Werkstatt. Mülheim an der Ruhr.
Ute Andresen: Unser Ich-Heft. In: Grundschule, 9/1981, S.362-369

Schlagwörter: Selbststärkung, Identität, Tiere

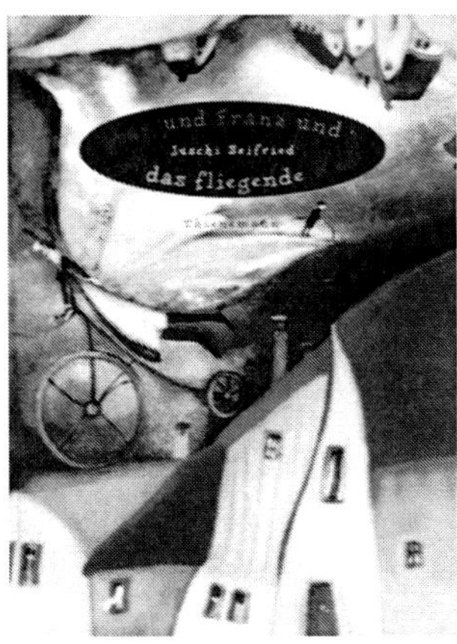

Juschi Seifried

Max und Franz und das fliegende Rad

Stuttgart: Thienemann 1996
32 Seiten, ISBN 3522432193

Inhalt

Die beiden guten Freunde Max und Franz haben Streit. Jeder von beiden versucht das schönere und ungewöhnlichere Fahrrad zu bauen: Als „Wolkenfahrrad" fährt das eine von ganz alleine und als „Drachensegelrad" fliegt das andere sogar kurze Zeit durch die Lüfte. Doch keines der Räder hält jedoch den Ansprüchen an Funktionalität und Schönheit Stand. Als Franz mit seinem Rad abstürzt, vertragen sich die beiden Freunde wieder und initiieren für alle Dorfbewohner einen Erfinderwettbewerb für Flugräder. Für das große Fest haben Max und Franz gemeinsam eine besondere Flugmaschine gebaut und gewinnen damit den ersten Preis.

Textauszug

Max ist sauer auf seinen Freund. Er ist so sauer, dass ihm nicht mal mehr das Abendessen schmeckt. In der Nacht träumt er von einer Wundermaschine: Es ist ein Wolkenfahrrad, mit dem man hoch durch die Lüfte segeln kann. Ein Fahrrad mit Segel, denkt er am nächsten Morgen, das ist die Idee.

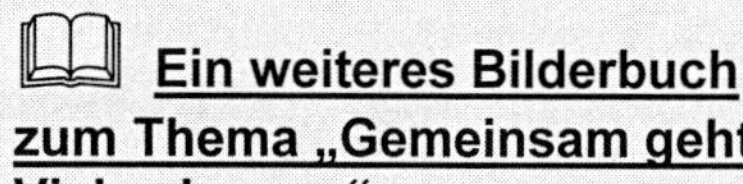

Ein weiteres Bilderbuch zum Thema „Gemeinsam geht Vieles besser":

Timo und Matto wollen nicht das Gleiche.
Marcus Pfister. Gossau: Nord-Süd 2006

Gehalt/ Gestaltung/ Besonderheiten

- Der Gehalt des Bilderbuches: Gemeinsam klappt alles besser.
- Illustrationen in leuchtenden Farben (Ölmalerei); skurrile Figurendarstellung, ungewöhnliche Bildsprache (Szenerie, Farbzusammenstellung); Anregung zum genauen Hinsehen durch zahlreiche Bilddetails;
- lebendige Sprache durch umgangssprachliche Elemente und häufigen Gebrauch von wörtlicher Rede.

Didaktische Vorschläge

2. Schuljahr: musisch-ästhetischer Lernbereich

Wir gestalten einen Wandfries „Wettbewerb der Flugräder"

Durch kreative Eigenerfahrung sollen die Kinder Entscheidungen des Illustrators hinsichtlich seiner Bildgestaltung nachvollziehen und in Ansätzen bewerten.
Mögliche Vorgehensweise:

- Hinführung zum Buch: „Die Geschichte, die ich euch nun erzähle, spielt im Phantasieland. Wie könnte es dort aussehen?
- Vorlesen der Bilderbuchgeschichte bis einschließlich des Satzes „In der Nacht träumt er von einer Wundermaschine" ohne Bildpräsentation;
- Phantasiereise zur Musik „Romeo und Julia" v. Prokofiew;
- Einzelarbeit: Zeichnen eines „Wolkenfahrrades" auf Din A4 große Papierbögen in Anlehnung an die „Erlebnisse" während der Phantasiereise. Für schnelle Arbeiter: Zeichnen von Häusern aus dem Phantasieland;
- Vorstellung der „Wolkenfahrräder"; gemeinsame Überlegung hinsichtlich der Ausgestaltung der Skizzen mit Farben und Materialien (Phantasieland!); Lehrer zeigt Pastellkreide und demonstriert, wie damit gearbeitet werden kann (unterschiedlich dichtes Auftragen, Verwischen der Farben);
- Freie Ausgestaltung der „Wolkenfahrrad"-Skizzen: Nachziehen der Umrisse mit schwarzem Filzstift; farbiges Gestalten z.B. mit Pastellkreide, Gold- und Silberstiften sowie Verwendung von bunten Federn und Seidenpapieren;
- Vorlesen des Geschichtenendes ohne Bildpräsentation; Gespräch über den Inhalt/ Gehalt der Geschichte;
- Vorstellung des Vorhabens: „Wir gestalten zusammen ein Bild vom Flugräder-Wettbewerb und lassen dazu unsere „Wolkenfahrräder" über eine Landschaft fliegen!"
- Gemeinsame Erörterung der Gestaltungsmöglichkeiten und Festlegung der Vorgehensweise; Bildgestaltung auf einer Tapetenrolle/ Durchführung der Arbeiten auf dem Schulhof: Gruppe 1: Gestaltung des Himmels (Mischen der Farben blau und weiß für die Wolken; Verdünnen der Farbe blau mit Wasser für den Himmel); Gruppe 2: Gestaltung des Bodens (Mischen der Farben grün mit schwarz für das Gras);
- Nach dem Trocknen der Farben: Malen und Aufkleben von Häusern; Aufkleben der „Wolkenfahrräder";
- Nochmaliges Vorlesen des Buches, nun mit der Präsentation der Illustrationen; intensive Auseinandersetzung mit der Bildgestaltung im Bilderbuch, insbesondere mit den Illustrationen vom Flugräder-Wettbewerb; Bewertung des Bilderbuches und Vergleich mit den eigenen Bildlösungen (Hollstein u. Sonnenmoser 2006, S.319ff.).

Schlagwörter: Freundschaft, Streit, Fahrrad, Wettbewerb

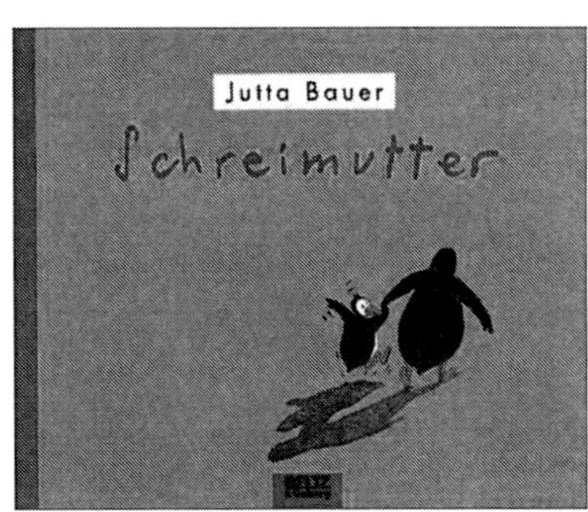

Jutta Bauer

Schreimutter

Weinheim: Beltz & Gelberg 2000
36 Seiten, ISBN 3407792646, € 11,-
Deutscher Jugendliteraturpreis, Sparte Bilderbuch 2001

Inhalt

Eine Pinguinmutter verspürt plötzlich eine große Wut, sie wird böse und schreit. Das Pinguinkind reißt es vor Schreck förmlich auseinander: Der Kopf fliegt ins Weltall, der Körper ins Meer, die Flügel landen im Dschungel und die Füße rennen und rennen bis in die Wüste. Am Ende sammelt die Schreimutter ihr verstreutes Kind wieder ein, näht es zusammen und bittet um Entschuldigung.

Textauszug

Heute Morgen hat meine
Mutter so geschrien,
dass ich auseinander
geflogen bin.
Mein Kopf flog ins Weltall.
Mein Körper flog ins Meer.
Meine Flügel verirrten sich im
Dschungel.

Gehalt/ Gestaltung/ Besonderheiten

- Eine alltägliche Kindererfahrung wird – aus der Sicht des Kindes erzählt - in einer Geschichte lebendig. Über die Gestalt des Pinguinkindes können Kinder Trost erfahren oder versuchen, ihre eigenen Alltagssituationen zu verarbeiten.
- Die nuancenreichen Aquarellbilder spiegeln durch die Farbstimmungen den Lauf der Geschichte wider. Sie bringen die Ängste und die Traurigkeit des Pinguinkindes deutlich zum Ausdruck. Zum Schluss wird das Schiff zur Metapher für die schützende Nähe der Mutter. Versöhnt können Mutter und Kind zu neuen Ufern aufbrechen. (vgl. Jurybegründung/ Jugendliteraturpreis)
- Das kleinformatige Bilderbuch enthält einen knappen Text.

Didaktische Vorschläge

1./2. Schuljahr: Sprachunterricht; Sozialerziehung

Die Kinder sollen versuchen, sich in die Figur des Pinguinkindes hineinzuversetzen, seine Gefühle nachzuempfinden und seine Geschichte weiterzudenken.

Mögliche Vorgehensweise:

- Präsentation des ersten Bildes ohne Text. Versuch, die Situation zu deuten; Überlegung: Was schreit der große Pinguin? Aufschreiben der Vermutungen in eine Sprechblase; Befestigen der Sprechblasen auf einer größeren Farbkopie der Pinguinmutter.
- Zeigen des zweiten Bildes ohne Text. Versuch, das Dargestellte zu deuten.
- Präsentation der Einzelteile des Pinguins aus laminierter Pappe im Sitzkreis, Aufhängen vergrößerter Farbkopien (Doppelseiten des Bilderbuches 3-12) im Klassenraum. Gemeinsame Inszenierung der Demontage des Pinguins: Während die Lehrerin die entsprechenden Textpassagen vorliest, nimmt sich jeweils ein Kind das benannte Körperteil aus der Kreismitte und bringt es zu dem passenden Bild im Raum. Übrig bleiben nur die Füße.
- Weiterdenken der Geschichte: Die Kinder malen, wohin die Füße gehen auf ein DIN-A5-Blatt, auf dem die Pinguinfüße abgebildet sind.
- Präsentation und Diskussion der Ideen im Sitzkreis.
- Präsentation des Bilderbuches und Gespräch über das Geschichtenende.

(Diese und weitere Unterrichtsvorschläge finden sich in Rathmann/ Huttanus 2004, S.16-20)

3./4. Schuljahr: Sprachunterricht; Sozialerziehung

Zur Vertiefung des Themenbereiches „Wut“ können ergänzend zum Bilderbuch weitere Bücher und Texte, zum Beispiel Gedichte, behandelt werden. (Unterrichtsvorschläge (→ Gedichte) s. Spiegel 2006)

Ein weiteres Bilderbuch, das sich für ein Gespräch über Gefühle eignet:

Jeder Tag hat eine Farbe. Dr. Seuss (Text), Steve Johnson, Lou Fancher (Illustr.). München: Bertelsmann 1997

Schlagwörter: Mutter, Wut, Gefühle, Versöhnung

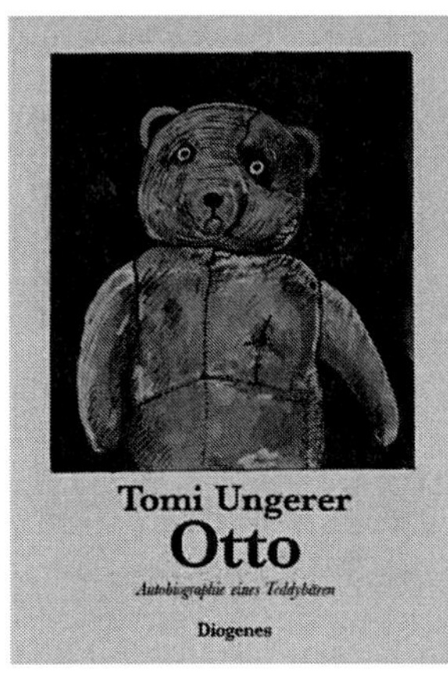

Tomi Ungerer

Otto

Autobiographie eines Teddybären

Deutsch von Anna von Cramer-Klett
Zürich: Diogenes 1999
36 Seiten, ISBN 3257008570, € 14,90
Luchs 154

Inhalt

Teddybär Otto erzählt im Zeitraffer aus seinem Leben: David bekommt zum Geburtstag einen Teddybären geschenkt. Gemeinsam mit seinem besten Freund Oskar gibt er ihm den Namen Otto. Anfangs führt er ein normales Teddyleben. Doch plötzlich muss David den Judenstern tragen. Vor dem Abtransport ins KZ schenkt David Oskar seinen Teddy. Otto erlebt auf Oskars Schoß Bombenangriffe im Luftschutzkeller. Später rettet Otto dem schwarzen US-Soldaten Charly das Leben und wird zum Maskottchen eines amerikanischen Regiments. In Amerika findet er zunächst ein neues Zuhause in der Familie des Soldaten Charlie. Doch sein Glück dauert nicht lange. Nach „Misshandlungen" durch eine amerikanische Kinder-Gang landet er schließlich halb blind, zerfleddert und zerschlagen in einer Mülltonne. Doch er erlebt ein Happy End: Otto wird im Antiquitätenladen an seinem Tintenfleck von einem alten Herrn erkannt, der sich als Oskar entpuppt. Durch einen Zeitungsartikel wird David, der das KZ überlebt hat, wiedergefunden und alle drei beschließen, zusammenzubleiben.

Gehalt/ Gestaltung/ Besonderheiten

- Dieses Buch präsentiert Geschichte für Kinder: realistisch, glaubwürdig und und versöhnlich.
- Tomi Ungerer macht ein Stofftier zum Zeitzeugen: Teddybär Otto berichtet von Terror und Krieg, von Deportation und Zerstörung, von Siegern und Besiegten. „Der dramaturgisch geniale Einfall, ein unbedarftes, aber beseeltes Stofftier zum Zeitzeugen, zum Erzähler, zu machen, ein Geschöpf, das lakonisch berichtet – Idyll oder Katastrophe -, bewahrt Ungerer vor den Gefahren moralisierender Weinerlichkeit. Kein Pathos, kein Lamento, keine moralinsaure Belehrung und Tugendwächterei, die sich oft in Schulbüchern findet. Stattdessen ein lapidarer Bericht ..." (Blaich 1999).
- Ottos Geschichte hält die Balance zwischen Katastrophe und Idyll. Sie berührt den Betrachter.
- Das Buch enthält skizzenhaft gestaltete, aquarellierte Bleistiftzeichnungen.

Didaktische Vorschläge

4. Schuljahr: Sachunterricht/ Historisches Lernen

Gerade beim historischen Lernen ist eine reflektierte Auswahl von Methoden und Medien besonders wichtig, da beim Gegenstand „Geschichte“ die direkte Anschauung fehlt, die für Grundschulkinder von großer Bedeutung für ihr Lernen ist. Es geht daher darum, sekundäre Anschauungen herzustellen, und hierbei können Kinder- und Bilderbücher eine entscheidende Rolle spielen. Das Bilderbuch „Otto“ lässt sich gut als Ausgangsmaterial für das historische Lernen nutzen. Im Zusammenhang mit der Lektüre werden sich den Kindern viele Fragen stellen, die mit Hilfe weiterer Medien (Textquellen, Bilder, Karten u.a.), im Rahmen von Archiv- und Museumsbesuchen, aber vor allem auch durch die Befragung von Zeitzeugen (Oral History) beantwortet werden können. Die Kinder bereiten im Unterricht Interviews vor und befragen ältere Menschen, wie sie die Zeit des 2. Weltkrieges und den Nationalsozialismus erlebt haben.

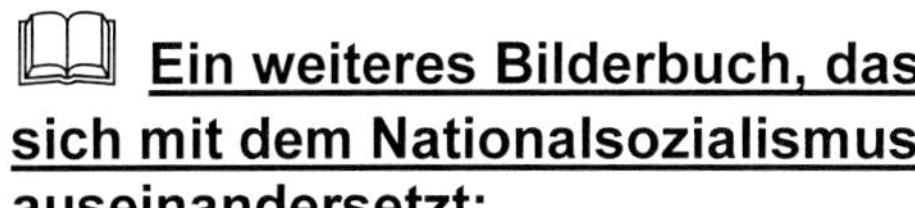

Ein weiteres Bilderbuch, das sich mit dem Nationalsozialismus auseinandersetzt:

Judith und Lisa.
Elisabeth Reuter. München: Ellermann 1988

Für den Lehrer:

Klaus Bergmann: Kinder entdecken Geschichte. Wochenschau-Verlag 2001

Dietmar von Reeken: Historisches Lernen im Sachunterricht. Eine Einführung mit Tipps für den Unterricht. Hohengehren 2004

Textauszug:

Bald danach polterten Männer in schwarzen Ledermänteln und Uniformen durchs Treppenhaus. Sie holten David und seine Eltern ab. „Otto, du bleibst hier, bei Oskar“, sagte David zum Abschied.
Wir sahen, wie er und andere Leute, die gelbe Sterne trugen, in einen Lastwagen steigen mussten und weggefahren wurden.

Schlagwörter: Teddybär, Freundschaft, Nationalsozialismus, Krieg, Judenverfolgung

Grégoire Solotareff

Du groß, und ich klein

Aus dem Französischen von Erika und Karl Klewer

Frankfurt a.M.: Moritz 1996

36 Seiten, ISBN 3895650471, € 14,80

1997 Deutscher Jugendliteraturpreis

Dieses Bilderbuch ist auch in französischer Sprache und als Miniausgabe erhältlich.

Inhalt

Ein verwaistes Elefantenkind wird vom König der Tiere, dem Löwen, aufgenommen und groß gezogen. Der Löwe wird nicht müde zu betonen, dass er der Größte ist. Der Elefant akzeptiert das, auch als er längst den Löwen überragt. Irgendwann verkraftet der Löwe die körperliche Überlegenheit des Elefanten nicht mehr, denn sie passt nicht in sein Selbstbild. Die beiden trennen sich. Nach Jahren entdeckt der erwachsene Elefant den alternden Löwen, der schon lange kein König mehr ist, schwach und entmachtet auf der Straße. Der Elefant nimmt den Löwen auf, pflegt ihn, und bestärkt den Löwen gutmütig in dem Glauben, immer noch der „große" König zu sein.

Gehalt/ Gestaltung/ Besonderheiten

- "Mit Humor und Ernsthaftigkeit erzählt die Geschichte vom Wunsch nach Nähe und Aufgehobensein, von Ergebenheit und Bewunderung auf der einen Seite, von Zuwendung, Fürsorge und Macht auf der anderen." (Kretschmer 2003, S.69)
- In der Geschichte, in der zwei anthropomorphisierte Tiere mit menschlichen Zügen im Mittelpunkt stehen, geht es um Größe im direkten und übertragenen Sinne (der Gegensatz von Jung und Alt). Darüber hinaus berührt Geschichte die sich wandelnden Rollen von Eltern und Kindern: zuerst die Schwäche und Angewiesenheit der Kinder auf die Eltern, später die Fürsorge der erwachsenen Kinder für ihre älter und schwächer werdenden Eltern. Es wird auch gezeigt, was Einbildung ist, und wie manche ihr Selbstbild/ Selbstbewusstsein aus einem Titel bzw. aus der Körpergröße beziehen (und daran festhalten, auch wenn es weltfremd ist).
- Das Bilderbuch enthält großformatige, expressiv gestaltete Bilder in den Farben Blau, Rot, Gelb und Grau. Die Figuren sind in ihrer Form reduziert und durch schwarze Konturen deutlich hervorgehoben. Die Bilder drücken aus, was der Text nur andeutet, sie vermitteln die emotionale Dimension der Beziehung.

Didaktische Vorschläge

2.-4. Schuljahr: Sprachunterricht/ musisch-ästhetischer Lernbereich

Unterrichtsvorschläge (vgl. Kretschmer 2003):

Über den Titel nachdenken

Der Titel des Bilderbuches wird ohne Illustration vorgestellt und die Kinder überlegen, wer hier zu wem spricht.

Innensicht der Figuren entfalten

Die Gesichter der Figuren beschreiben Empfindungen, von denen der Text nichts aussagt. So bietet die Geschichte mehrere Möglichkeiten aufzuschreiben, was die Figuren denken, empfinden, wünschen oder träumen. Eine besondere Schreibmotivation geht dabei von Bildern aus dem Buch (Fotokopien) aus, in die Denkblasen bzw. Freiräume für eigene Schreibideen eingefügt werden.

Reflexion über den Inhalt/Gehalt

Nach dem Kennen lernen der Bilderbuchgeschichte können Kinder über „Größe" im direkten und übertragenen Sinne nachdenken. Auch das Verhältnis der Generationen, die sich wandelnden Rollen von Eltern und Kindern kann hier angesprochen werden.

Schreiben zum Bilderbuch

Die Geschichte enthält eine sog. „Leerstelle", die nach eigener Vorstellung gefüllt werden kann: Auf der Doppelseite 26/27 schickt der König den Elefanten weg: „Ich hab mir das gut überlegt: Du musst jetzt gehen, denn ich komme mir gar nicht mehr vor wie der König." Die folgende Doppelseite vermittelt dem Leser, dass nun viele Jahre vergangen sind. Die Kinder können nun aufschreiben, was der Elefant in dieser Zeit wohl erlebt hat.

Nachdenken über die Wirkungen von Farben

Die Farben Blau, Gelb und Rot werden von Solotareff in ihren bekannten Farbwirkungen durchgespielt. Es bietet sich deshalb an, im Unterricht Farbwirkungen und den Empfindungswert der Farben zu thematisieren. Um mit den Kindern ins Gespräch zu kommen, können diese nach dem Präsentieren des Bilderbuches bis einschließlich der Seiten 10/11 ermuntert werden, den Raum, der hinter der blauen Tür liegen mag, mit einer Farbe für Wände und Boden so auszugestalten, wie sie ihn gern sehen würden. Der Hinweis, dass dieser Raum nur das Bett des Löwen-Königs enthält, erleichtert die Aufgabe. Zur Auswahl sollten deckende Farben in den Grundtönen sowie Pinsel, die flächendeckendes Malen ermöglichen, stehen. Die Ergebnisse werden gemeinsam besprochen, wobei die emotionale Qualität der Farben zum Thema wird.

Textauszug

Eines Tages lief der kleine Elefant, der keine Eltern mehr hatte, hinter dem Löwen her bis zum Palast. Aber der Löwe ließ ihn nicht hinein. „Geh weg", sagte er. „Verschwinde, du graue Krabbe! Lass mich in Ruhe, du geschwänzter Floh!" Das war nicht böse gemeint, eher ungeduldig. Als der Löwe zu Bett ging, legte sich der kleine Elefant vor das Palasttor und schlief ohne ein Wort der Klage ein. Er weinte auch nicht, denn er war sehr tapfer.

Eine ausführliche Analyse des Buches findet sich in Hohmeister 2000.

Schlagwörter: Elefant, Löwe, Alter, Generationen

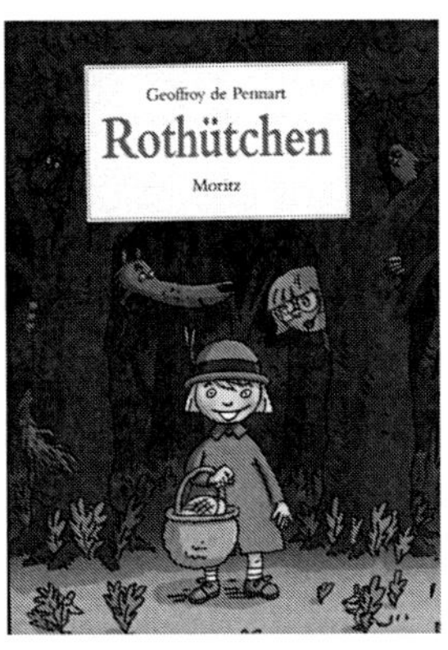

Geoffroy de Pennart

Rothütchen

Aus dem Französischen von Tobias Scheffel

Frankfurt a.M.: Moritz 2006

40 Seiten, ISBN 3895651613, € 11,40

Inhalt

Rothütchen soll der Großmutter Kuchen und Marmelade bringen, aber auf keinen Fall durch den gefährlichen Wald gehen. Folgsam wählt sie den Weg über die Felder und trifft alsbald auf den Wolf. Da er so friedlich schläft, verwechselt Rothütchen ihn mit einem Hund. Dieser ist zu perplex, um sofort zu reagieren. Erst nach ein paar Schreckminuten erwacht seine wölfische Wildheit wieder, und er will das freche Rothütchen vor dem Haus der Großmutter abfangen. Er nimmt den kürzeren Weg und rennt durch den doch so gefährlichen Wald genau vor das Auto der Großmutter. Sie holt einen Arzt, nachdem sie das ohnmächtige Tier in ihr Bett getragen hat. Dort findet ihn Rothütchen wenig später, zieht aber aus der Situation völlig falsche Schlüsse. Der Wolf wird schließlich vom Arzt behandelt und verbringt daraufhin seinen Lebensabend bei der Großmutter, denn sein Ruf als böser Wolf ist dahin. Rothüchen wird später einmal eine weltberühmte Tierärztin.

Gehalt/ Gestaltung/ Besonderheiten

- Es handelt sich hier um eine erfrischende und turbulente Rotkäppchen-Parodie.
- „Geoffroy de Pennart erzählt mit deftigem Strich, handfesten Karikaturen und überdrehten Gags, ein gefundenes Fressen für ´action´verwöhnte Kinder und hartgesottene Erwachsene.“ (H. Künnemann)
- Diese Bilderbuchgeschichte stärkt Mädchen.

Textauszug

Derweilen erreicht Rothütchen Großmutters Haus.
„Großmutter, Ich bin`s, dein Augenstern, ich bring dir zwei, ähhh, einen Kuchen ...“
„Oh! Du liegst im Bett. Bist du krank? Wie schrecklich du aussiehst!“
„Oh nein! Das ist ja der dicke Hund, der behauptet, er sei der Wolf. Was für ein gemeiner Kerl!
Was für ein Schuft! Er hat die Großmutter gefressen! ...“

Didaktische Vorschläge

4. Schuljahr: Sprachunterricht/ Schriftliches Gestalten/ Weiterführendes Lesen

Umgang mit Märchen bedeutet „sie auszuhorchen nach ihrer Botschaft und dem, was sie heute zu sagen haben, soll bedeuten, sie auch zum Modernisieren, zum Verwandeln, zum „Betasten" freizugeben und soll vor allem bedeuten, ihr Potential für das freie Erzählen und kreative Schreiben zu nutzen." (Sahr 1998, S.33) Für Kinder ab etwa 9 Jahren ist es interessant und anregend, wenn sie neben dem Original immer auch einige moderne Märchenfassungen/ Märchenparodien kennen lernen. Davon gibt es mittlerweile eine solche Fülle, dass man von einer neuen Gattung innerhalb der Kinder- und Jugendliteratur, den „veränderten Märchen" sprechen kann.

Mögliche Vorgehensweise:

- Kennen lernen des Originalmärchens (Rotkäppchen/ Gebrüder Grimm);
- Einblick in wichtige Märchenmerkmale gewinnen (Vermenschlichung von Tieren, glückliches Ende, unwahrscheinliche Ereignisse ...);
- Kennen lernen der modernen Variante des Rotkäppchenstoffes;
- Herausfinden von Gemeinsamkeiten und Abweichungen der beiden Fassungen und Herausstellen der unterschiedlichen Charakterzeichnungen des Wolfes;
- Erfinden eines eigenen Märchenschlusses.

 **Veränderte Märchen im Bilderbuch:**

Detektiv John Chatterton. Yvan Pommaux. Frankfurt a.M.: Moritz 1994

Aufstand der Tiere oder Die neuen Stadtmusikanten. Jörg Müller (Illustr.), Jörg Steiner (Text). Frankfurt a.M.: Sauerländer 1989

Märchen als Comic:

Märchenstunde. Rotraut Susanne Berner. Weinheim: Beltz & Gelberg 1998

didaktische Literatur:

Analysen und Unterrichtsvorschläge zu Märchen in originaler und veränderter Form finden sich in Sahr 1998.

Schlagwörter: Märchen, Wolf, Rotkäppchen

Helme Heine

Na warte, sagte Schwarte

Köln: Middelhauve 1981/ Weinheim: Beltz 2006
32 Seiten, ISBN 340773008X, € 9,95
Deutscher Jugendliteraturpreis (Auswahlliste)

Inhalt

Schwein Schwarte und seine Braut Ringelschwänzchen wollen ihre Hochzeit feiern. Sie laden zahlreiche Angehörige ihrer Sippe zu diesem Fest ein. Alle kommen mit Geschenken und voller Freude, aber für einen Festtag unwürdig schmutzig. So wird zunächst ein großes Reinemachen angesetzt. Leider hat man an die notwendige Festtagsgarderobe nicht gedacht. Aber Schwarte hat eine gute Idee: Jeder bekommt das Kleid/ den Anzug angemalt, das/ den er sich wünscht. Nun kann das Fest beginnen. Es wird ein Hochzeitsfoto gemacht, ein Festessen veranstaltet, getanzt und gesungen. Nach einiger Zeit fängt es leider an zu regnen und die schöne Garderobe löst sich in Farbströme auf. Die Gäste sind sehr traurig, aber Schwarte ist niemals um eine Idee verlegen: Ab in die Suhle! Die Schweine sind begeistert, und alle springen mit viel Anlauf in die Pampe. Als die Gäste sich verabschiedet haben, trägt Schwarte seine Braut ins traute Heim und malt dort ein wunderschönes Himmelbett an die Stallwand.

Gehalt/ Gestaltung/ Besonderheiten

- „Die Aussage von Text und Bildern darf man nur mit Humor betrachten, wenn man Kindern und dem Bilderbuch gerecht werden will." (Born 1990, S.85)
- Die Bilderbuchgeschichte regt die Phantasie der Kinder an, gleichzeitig bietet sie Möglichkeiten zur Identifikation: Welches Kind springt nicht gerne in den Matsch? Wer feiert nicht gern mit vielen anderen ein Fest? ...
- 12 doppelseitige Bildtafeln in kräftigen Farben (Aquarelle) veranschaulichen mit viel Witz und Humor die einzelnen Episoden.
- Wörtliche Rede macht den Text lebendig und anschaulich.
- „Mit seinen witzigen Detailaussagen bereichert der Text den Bildgehalt. Meint z.B. Ringelschwänzchen eher vornehm, die Freunde würden leider fürchterlich riechen, so sagt Schwarte drastisch: „... ihr stinkt!" Bild und Text erfüllen eine je eigene, aber einander ergänzende Funktion – in Richtung Spaß und Kreativität." (dies. ebd., S.85).

Didaktische Vorschläge

1. Schuljahr: Sprachunterricht/ Schriftspracherwerb

Texte in Bilderbüchern sind meistens nicht für Leseanfänger konzipiert. Dies gilt auch für den Text im vorliegenden Buch. Es bietet sich jedoch an, Texte zu vereinfachen, um Kinder der ersten Klassen zum selbständigen Lesen zu motivieren. Diese müssen dafür in der Regel stark gekürzt, Schrifttyp und –größe müssen den Bedürfnissen der Kinder angepasst, lange Wörter und komplizierte Wortstrukturen sollten vermieden werden. Der vereinfachte Text wird auf dem Computer geschrieben und so formatiert, dass er als Klappe den Originaltext verdecken kann. Mit ablösbarem Klebeband wird er in das Bilderbuch geklebt (vgl. Brinkmann 2003).

1./2. Schuljahr: Musisch-ästhetischer Lernbereich

Klassenprojekt: „Wir gestalten zusammen ein Bild von der Schweinehochzeit."
Auf lang ausgerollter Tapete werden mit Wachsmalstiften Wiese, Wald und Himmel dargestellt. Die Kinder bekommen nun Abbildungen von Schweinen (Fotokopien) und ziehen diese mit Hilfe von Farbstiften bunt und festlich an. Anschließend werden die Schweine ausgeschnitten und auf die bemalte Tapete gelegt. Gemeinsam werden diese so auf dem Papier arrangiert, dass ein schönes Schweinehochzeitsbild entsteht. Anschließend werden die Schweine aufgeklebt. (Dieser Unterrichtsvorschlag sowie weitere Anregungen für die unterrichtspraktische Arbeit mit dem Bilderbuch finden sich bei Born 1990; Unterrichtsmaterialien zum Download beim Verlag Beltz & Gelberg)

Ein weiteres Bilderbuch für Schweinefans:

Rosa.
Rudolf Herfurtner (Text), Reinhard Michl (Illustr.). Hamburg: Oetinger 2001

⇨ Tipp: Dieses Buch gibt's auch als Minimax-Ausgabe (bei Beltz & Gelberg 2004), als Taschenbuch und als Riesenbilderbuch.

Textauszug

Schwarte winkte die Gäste herbei.
Er grunzte: „Freunde, ehrlich gesagt, ihr stinkt!"
Dann nahm er den Schlauch und spritzte sie alle gründlich ab.
Das war ein Prusten, Planschen und quieken!
Als sie alle frisch gebadet waren, klatschte Ringelschwänzchen vor Freude laut in die Pfoten und rief: „Jetzt wollen wir uns fein machen!"

Schlagwörter: Hochzeit, Schwein

Paul Maar (Text), Nikolaus Heidelbach (Illustr.)

Der Aufzug

Weinheim: Beltz & Gelberg 1993

34 Seiten, ISBN 3407791321

Eines der schönsten Bücher der BRD 1993 (Stiftung Buchkunst)

Dieses Bilderbuch gibt es auch broschiert.

Inhalt

Das Mädchen Rosa lebt im achten Stock eines Hochhauses und fährt täglich Aufzug. Eines Abends, als sie allein daheim ist, macht Rosa im Aufzug die Bekanntschaft mit einem merkwürdigen kleinen Mann. Er bewirtet sie und lädt sie auf abenteuerliche „Reisen" mit dem Aufzug ein. Sie fahren in den siebten Stock, und als sich die Türen des Aufzugs öffnen, bietet sich ihnen ein Blick auf eine wundersame Landschaft, in der Gegenstände und Lebewesen jeweils siebenmal vorkommen. Ähnliches geschieht im dritten Stock. Einige Tage später will Rosa auf die Etage „U", obwohl der kleine Mann sie warnt. Als sie im Untergeschoss angekommen ist, in der Tiefgarage des Hochhauses, trifft sie auf ihre Eltern, und sie fahren im Aufzug gemeinsam in die Wohnung.

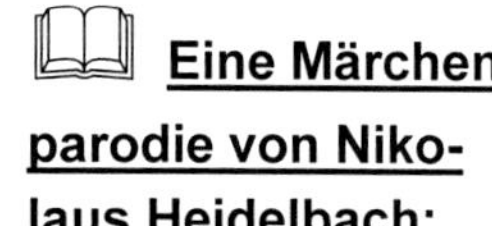

Eine Märchenparodie von Nikolaus Heidelbach:

Die dreizehnte Fee. Nikolaus Heidelbach. Weinheim: Beltz & Gelberg 2002

Gehalt/ Gestaltung/ Besonderheiten

- Es handelt sich um eine phantastische Bilderbuchgeschichte, die mit einer Reihe von Märchenelementen angefüllt ist (modernes Märchen).
- Sie motiviert, eigene „Wunderwelten" der Zahlen (Farben oder Buchstaben) auszudenken und zu gestalten.
- Die teilweise detailreichen Illustrationen laden zum Erzählen und Weiterdenken an.

Didaktische Vorschläge

3./4. Schuljahr: Sprachunterricht/ musisch-ästhetischer Lernbereich

- Beschreiben und Charakterisieren der beiden Hauptfiguren;
- szenisches Nachspielen einzelner Sequenzen (z.B. des Streits der sechs Zwerge mit dem faulenzenden siebten);
- Eingehen auf die Märchenmerkmale im Buch, etwa die Zahlen „Sieben" und „Drei";
- Erarbeiten der Struktur, nach welcher die Stockwerke „3" und „7" aufgebaut sind; weitere Stockwerke werden dann in Gruppen- oder Partnerarbeit beschrieben;
- Erfinden eigener Zaubersprüche für Aufzugfahrten;
- Herstellung eines Papiertheaters mit Stabpuppen und Kulissen, um die Bilderbuchgeschichte zu spielen;
- Schreiben einer Fortsetzung der Geschichte („Ist das Männchen doch wiedergekommen?") (vgl. Sahr 1998, S.93ff.)

Textauszug

Ein kleiner Mann saß hinter einem Tischchen auf einem Sofa, zupfte die blumenbestickte Tischdecke zurecht und sagte: „Da bist du also, dann kann die Reise ja endlich losgehen. Komm herein und setz dich!" „Was für eine Reise?" fragte Rosa und setzte sich in einen Sessel. „Wohin denn?" „Wohin denn wohl! Natürlich nach unten. Nach oben kann die Reise ja schlecht gehen, denn oben sind wir schon", sagte das Männchen. „Jetzt drück schon die Taste! Den Knopf gedrückt und ab im Nu! Doch wähle gut, drück nicht auf U!"

Schlagwörter: Märchen, Zahlen, Phantasie, Traum

Tilde Michels (Text), Sara Ball (Illustr.)

Komm, Igel, komm/ Igel, komm, ich nehm dich mit

München: Sellier 1992, gebunden/ München: dtv junior 1991, broschiert

26 Seiten, ISBN 3822111260/ 3423750065, € 6,50

Dieses Bilderbuch ist auch in englischer Sprache erhältlich.

Inhalt

Lena entdeckt einen Igel und nimmt ihn mit nach Hause. Dort hält sie ihn wie ein Haustier. Der Igel fühlt sich jedoch nicht wohl. Lenas Mutter drängt darauf, ihn frei zu lassen, doch Lena will ihn behalten. Da erzählt Lenas Großvater ein Märchen, in dem die Welt verkehrt herum ist: Riesige Igel finden ein kleines Mädchen und nehmen es mit nach Hause. Sie sorgen gut für das Kind, doch das Mädchen ist unglücklich und sehnt sich nach seinem Zuhause. Lena versteht, dass es dem Igel genauso geht, und entlässt ihn in die Freiheit.

⇨ **englische Bilderbücher:**

The Prickly Hedgehog. Mark Ezra, Gavin Rowe. New York: Ceocodile Books 1996

Oxford Reading Tree: The Hedgehog. Floppy find a hedgehog. Roderick Hunt, Alex Brychta. Oxford: Oxford University Press 1991

Textauszug

Dann kommt die Nacht.
„Du musst jetzt schlafen, mein Igelchen“, sagt Lena.
Aber der Igel will nicht schlafen.
Er ist gewohnt, nachts umherzustreifen.
Lena hört ihn durchs Stroh rascheln. Sie hört, dass er an den Stäben nagt, dass er versucht, auszubrechen.
Lenas Mutter sagt: „Lass ihn wieder frei! Einen Igel darfst du nicht einsperren. Schau nur, wie traurig er aussieht.“

Gehalt/ Gestaltung/ Besonderheiten

- Das Bilderbuch behandelt ein Thema, das viele Kinder betrifft: Ein Wildtier wird gefunden. Soll man es mit nach Hause nehmen?
- Die Geschichte lehrt ohne „erhobenen Zeigefinger“, dass Wildtiere keine Haustiere sind und in die Natur gehören. Das Beispiel mit der „verkehrten Welt“ hilft Kindern, sich in den Igel einzudenken und -zufühlen. Die eigene Einsicht lässt sie schließlich vernünftig handeln.
- Der kurze Text wird von den Illustrationen sinnvoll ergänzt.
- Es handelt sich hier um eines der wenigen Bilderbücher, die für Tierschutz sensibilisieren.

Didaktische Vorschläge

ab 1. Schuljahr

Aufgrund des kindgemäßen Inhalts, der einfachen Sprache und der ansprechenden Bilder kann das Buch bereits ab der 1. Jahrgangsstufe als Klassenlektüre oder Vorlesebuch empfohlen werden.

3./4. Schuljahr: Sprachunterricht/ Schreiberziehung

Nach der Bilderbuchlektüre: „Wir schreiben auf, was der Igel zuhause seiner Frau erzählt hat - (Erzählimpuls: Bild auf der letzten Seite). (Vgl. Landherr 1990; hier findet sich ein detailliert beschriebener Unterrichtsvorschlag.)

3./ 4. Schuljahr: Sachunterricht

Nach der Bilderbuchlektüre: „Wir informieren uns über Igel an Lernstationen und gestalten ein eigenes Igelbuch."

Lernstationen im Überblick:

- Ein Deckblatt für das Igelbuch
- Igel-Steckbrief
- Das Igel-Jahr (was der Igel das Jahr über erlebt)
- Nahrung des Igels
- Körperteile des Igels
- Warum hat ein Igel Stacheln?
- Der Winterschlaf
- Unterschlupf im Garten
- Igelkinder
- Gefahren für den Igel
- Der Igel „im Internet"
- Der igelfreundliche Garten
- Hilfe für den Igel
- Igel basteln

 **weiterführende Literatur**:

Iris Odenthal; Karolin Willems: Die Igel-Kartei. Mülheim an der Ruhr 1998.

Ein weiteres Bilderbuch für Igel-Fans:

Und der Igel schwimmt doch!
Ute Kleeberg (Text), Christian Dierks (Illustr.). Iznang/ Bodensee: Edition See-Igel 2004

Weitere Bilderbücher, die für den Tierschutz sensibilisieren:

Strandhunde. Katja Gehrmann. Hamburg: Carlsen 2001

Die Kanincheninsel. Jörg Müller (Text), Jörg Seiner (Illustr.). Frankfurt a.M.: Sauerländer 1995

Schlagwörter: Igel, Haustier, Tierschutz

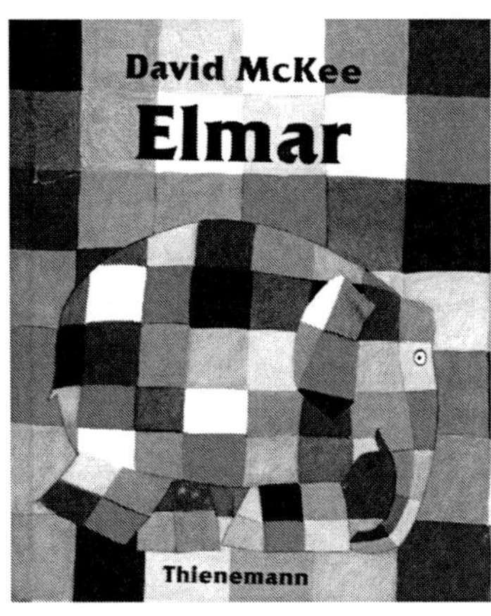

David McKee

Elmar

Aus dem Englischen von Hans Georg Lenzen

Stuttgart: Thienemann 1989

32 Seiten, ISBN 3522432029, € 11,90

Dieses Bilderbuch ist auch im Miniformat sowie in englischer und französischer Sprache erhältlich.

Inhalt

Der Elefantenjunge Elmar ist buntkariert. Er unterscheidet sich nicht nur optisch von allen anderen, sondern auch im Wesen. Er ist immer zu Späßen aufgelegt, reißt andere mit und bringt sie zum Lachen. Lange Zeit genießt er seine Individualität, bis er eines Tages fortgeht, um auch grau zu werden. Er suhlt sich solange im grauen Matsch, bis er aussieht wie alle anderen Elefanten. Doch Elmar merkt, dass das langweilig ist: Keiner bemerkt ihn, keiner erkennt ihn. Er lernt seine Andersartigkeit wieder zu schätzen. Aus Freude darüber wird fortan einmal im Jahr „Elmars Tag" gefeiert: Alle malen sich bunt an, nur Elmar wird elefantengrau.

Textauszug

Eines Abends konnte Elmar nicht einschlafen, weil er so viel nachdenken musste.
Ich weiß nicht – eigentlich habe ich keine Lust mehr, so ganz anders zu sein als die anderen, dachte er.
Ein karierter Elefant – wo gibt´s denn so was?, dachte er.
Kein Wunder, dass sie über mich lachen.
Und gegen Morgen, bevor die anderen richtig wach wurden, machte Elmar sich leise und unbemerkt davon.

Gehalt/ Gestaltung/ Besonderheiten

- Die fröhliche Geschichte bietet gute Identifikationsmöglichkeiten mit dem Protagonisten Elmar: Welches Kind kennt nicht das Gefühl, irgendwie anders zu sein als die anderen, dicker, dünner, größer, kleiner, mit den falschen Klamotten ...
- Die Botschaft des Bilderbuches: Anders sein muss nicht zu Problemen führen.

Didaktische Vorschläge

1.-2. Schuljahr: Fächerübergreifendes Lernen

- Gestaltung eines Mini-Buches mit gekürztem Text/ Einzelarbeit
- Gestaltung eines Plakates zur Ankündigung des nächsten Elmar-Tag-Festes
- Szenisches Gestalten der Geschichte mit musikalischen Elementen
- Bauen einer Stabpuppe:

Zur visuellen Darstellung beim Erzählen oder Vorlesen können die Kinder eine doppelseitig beklebte Stabpuppe basteln: Eine Seite wird mit einer Kopiervorlage oder mit einem eigenen Muster bunt angemalt. So hat jedes Kind einen eigenen Elmar. Auf der anderen Seite der Pappe wird ein grauer Elefant gestaltet. Dazu werden Schnitzel aus Zeitungspapier gerissen und damit die Vorlage beklebt. Dieser Elefant sieht nicht nur faltig und grau aus, sondern fühlt sich nach dem Trocknen auch ganz rissig wie Elefantenhaut an. Ein Kind spielt Elmar, alle anderen die Elefantenherde. Sie müssen aufpassen, wann sie im Verlauf der Originalgeschichte oder der selbst erdachten Abenteuer „bunt" werden, d.h. ihre Pappen umdrehen müssen.
(Vgl. dazu Heuer 1999: Hier finden sich Unterrichtvorschläge, „Das Elmar-Lied" mit Noten, Bastelvorlage; zahlreiche Unterrichtsvorschläge finden sich auch innerhalb der Literaturwerkstatt „Elmar" von Arndt 2001)

Weitere Bilderbücher mit Elmar von David McKee:

- ***Bravo, Elmar.***
- ***Wo steckt Elmar?***
- ***Was Elmar alles kann***
- ***Elmar und die Nilpferde***
- ***Elmar spielt Verstecken***
- ***Bravo Elmar***
- ***Elmar und der Schmetterling***
- ***Elmar und das große Kitzeln***
- ***Immer Elmar!***

und, und, und...

Schlagwörter: Elefant, Anderssein, Identität

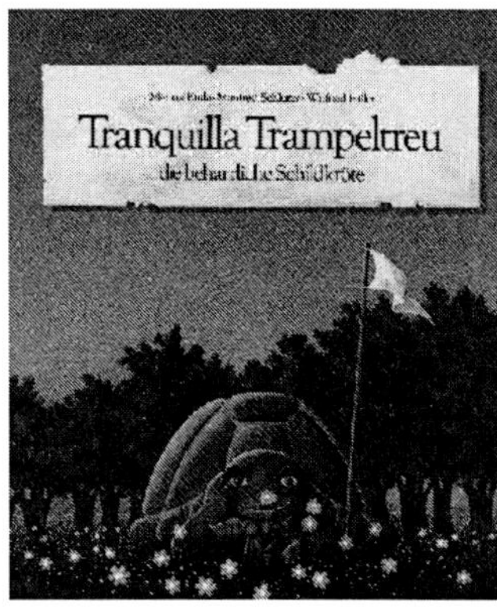

Michael Ende (Text), Manfred Schlüter (Illustr.), Wilfried Hiller (Noten)

Tranquilla Trampeltreu

Stuttgart: Thienemann 1982/ Hamburg: Carlsen 2006

60 Seiten, ISBN 352241750X, € 14,90

Inhalt

Die Schildkröte Tranquilla Trampeltreu erfährt zufällig davon, dass der Löwe Hochzeit feiert und alle Tiere dazu eingeladen sind. Tranquilla macht sich auf den Weg zur Hochzeit und trifft dabei auf verschiedene Tiere, die ihr von ihrem Vorhaben abraten. Doch Tranquilla hat sich entschlossen und bleibt dabei. Unbeirrt stapft sie weiter, bis sie schließlich auf der Hochzeitfeier ankommt. Da sie aber so lange gebraucht hat, ist es nicht die Hochzeit des Löwen, sondern mittlerweile die Hochzeit seines Sohnes. Tranquilla lässt sich dadurch jedoch nicht beirren, sondern ist zufrieden, dass ihre Beharrlichkeit sie zum Ziel geführt hat.

Textauszug

„Aber das Fest ist doch schon übermorgen!“ rief die Schnecke weinerlich. „Ich werde schon rechtzeitig dort sein“, sagte Tranquilla. „Nie!“ seufzte die Schnecke und blickte die Schildkröte schwermütig an, „nie und nimmer! Ja, wenn du von Anfang an in die richtige Richtung gelaufen wärst - dann vielleicht. Aber nun ist alles hoffnungslos. Alles war umsonst. Wie schrecklich!“ „Du kannst dich gern auf meinen Panzer setzen, wenn du mitkommen willst“, schlug Tranquilla vor. Scheresade Schleimig senkte ergeben ihre Stielaugen. „Es hat keinen Sinn. Es ist zu spät, viel zu spät. Niemals würden wir hinkommen.“ „Doch“, sagte Tranquilla, „Schritt für Schritt.“

Gehalt/ Gestaltung/ Besonderheiten

- In dieser Geschichte mit den Zügen einer Fabel werden Werte wie Ausdauer, Geduld und Beharrlichkeit hervorgehoben. Die Botschaft lautet: Wenn jemand langsam, aber beharrlich ein schwieriges, aber selbst gesetztes Ziel anstrebt, wird er dieses auch erreichen.
- Die Sprache ist recht ausladend und spielt mit Assoziationen an die Märchen von Tausendundeiner Nacht („Fatima Fadenkreuz“, „Sulaika Silberkropf“).
- Die Tiere sind vermenschlicht und zugleich verfremdet dargestellt; sie erscheinen als Kunstfiguren, die durch klare Konturen von ihrer Umgebung abgegrenzt sind.
- Die Reise der Schildkröte wird von einem „Schildkröten-Marsch“ musikalisch umrahmt. Außerdem wird jedes Tier seinem Charakter entsprechend durch eine Lied dargestellt, das mit verschiedenen Instrumenten gespielt werden kann. Die jeweiligen Noten dazu befinden sich im Bilderbuch

Didaktische Vorschläge

2./3. Schuljahr: Fächerübergreifendes Lernen

Es bietet sich an, die Geschichte in ein szenisches Spiel - ggf. mit musikalischer Begleitung – umzusetzen. Unterrichtsschritte:

- Vorstellung der Erzählung; erste Eindrücke zum Buch werden ausgetauscht.
- Rollenverteilung; anschließend malen die Kinder ihre jeweilige Tierfigur. (Weitere Tiere können in die Geschichte integriert werden.)
- Schauplätze und Requisiten werden in Gruppenarbeiten gemalt, gebastelt oder gebaut.
- Einfühlung in äußere Haltung und Bewegung: In kleinen Gruppen zeigen die Kinder auf der Bühne, wie sich ihr Tier, ohne ein Geräusch zu machen, bewegt. Anschließend wird die Lieblingstätigkeit des Tieres pantomimisch vorgeführt.
- Verteilung der Sprechtexte (als Rollentext vom Buch abgetippt; eine Kürzung und Vereinfachung erscheint sinnvoll); jedes Kind übt für sich, später wird in verteilten Rollen gelesen.
- Szenisches Lesen des Textes durch die Kinder mit Rollentexten an einem für sie passenden Ort auf der Bühne; für die Kinder/ Tiere ohne Sprechtext erfindet die Spielleiterin einzelne Episoden dazu.
- Die Geschichte wird Szene für Szene gespielt, die Rollentexte werden frei gesprochen oder abgelesen. Die Spielleiterin fungiert als Erzählerin. (Diese und weitere Unterrichtsvorschläge finden sich bei Grenz 1999.)

 **didaktische Literatur:**

Die Grundschulzeitschrift. 146/2001, Heftthema „Szenisches Spiel"

Eine weitere Bilderbuchgeschichte, die sich für ein szenisches Spiel sehr gut eignet:

Steinsuppe.
Anais Vaugelade. Weinheim: Beltz & Gelberg 2004

⇨ **Tipp für Tranquilla-Fans:**

Zum Bilderbuch gibt's auch eine Audio-CD und -Kassette.
Die Geschichte wird an der Oper Dortmund als Kinderoper aufgeführt.

Schlagwörter: Schildkröte, Ausdauer/ Beharrlichkeit

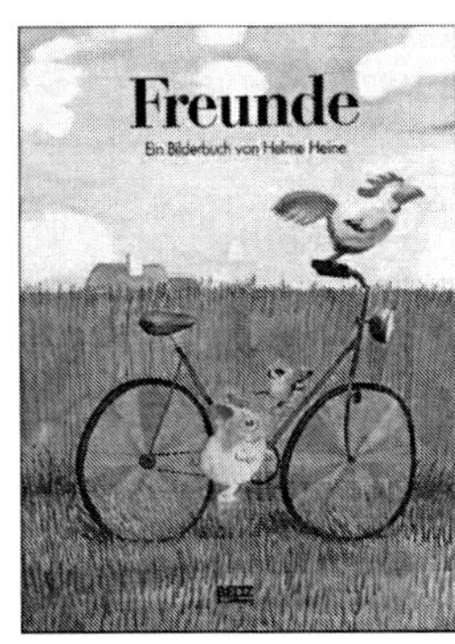

Helme Heine

Freunde

Weinheim: Beltz & Gelberg 1982/2003

50 Seiten, ISBN 3407760043, € 5,50 (broschiert)

auf der Auswahlliste zum Deutschen Jugendliteraturpreis auf der Liste Schönste deutsche Bücher

Dieses Bilderbuch ist auch in englischer, spanischer, italienischer und französischer Sprache und im Miniformat erhältlich.

Inhalt

Drei Tiere, ein Hahn (Franz von Hahn), eine Maus (Johnny Mauser) und ein Schwein (Waldemar) sind miteinander befreundet. Jeden Morgen wecken sie gemeinsam die Tiere des Bauernhofes und radeln dann mit ihrem Fahrrad in den Morgen hinein. Da sie richtige Freunde sind, helfen sie einander, beschließen sie immer alles zusammen und träumen sogar voneinander. Gemeinsam verbringen sie einen aufregenden Tag zusammen: Sie erobern mit einem Boot den Dorfteich, versuchen sich im Angeln, essen Kirschen und schwören sich schließlich ewige Freundschaft.

Textauszug

Jeden Morgen weckte Franz von Hahn den Bauernhof.
Johnny Mauser und der dicke Waldemar halfen ihm dabei, denn richtige Freunde helfen einander.
Dann holten sie ihr Fahrrad aus dem Heuschober und radelten in den Morgen hinein.

Gehalt/ Gestaltung/ Besonderheiten

- Gehalt des Buches: Freundschaft zwischen Ungleichen ist möglich und kann sehr viel Spaß machen.
- Eine fröhliche Grundstimmung durchzieht das ganze Buch.
- Text und Illustrationen ergänzen sich gut: Der Text gibt das Kerngeschehen wieder, die Bilder erzählen darüber hinaus auch von Begleitereignissen.
- Das Buch enthält großformatige Aquarellzeichnungen.

Didaktische Vorschläge

1. Schuljahr/ Soziales Lernen

Ein wichtiges Thema zum Schulanfang ist das Kennen lernen von neuen Mitschülern. Das Kind steht dabei vor der Aufgabe, sich erste Sicherheit dadurch zu verschaffen, dass es eine feste Beziehung findet. So wird der Beginn von Freundschaften von Schulanfängern als besonders wichtiges Sozialereignis dargestellt. Es erweist sich als sinnvoll, auch im Unterricht „Freundschaft" zu thematisieren. Das vorliegende Bilderbuch befasst sich mit dem thematischen Aspekt der Freundschaft zwischen ungleichen Lebewesen. Im Anfangsunterricht lässt sich das Bilderbuch vielfältig einsetzen. Hier kann es zunächst Ausgangspunkt für Gespräche im Klassenverband über folgende Aspekte bieten:

- Woran man richtige Freunde erkennt.
- Warum es schön ist, Freunde zu besitzen.
- Warum es wichtig ist, Freunde zu besitzen.
- Warum bei einer Freundschaft das Aussehen/ Äußerlichkeiten keine Rolle spielt bzw. spielen.
- Warum es manchmal hilfreich sein kann, wenn Freunde sehr verschieden sind.

Weitere Unterrichtsmöglichkeiten:

- Einstieg: Gespräch über das Titelbild (ohne Titel)
- Die Namen der Protagonisten werden genannt und von den Kindern den Tieren zugeordnet.
- Der Titel des Buches wird präsentiert: „Freunde". Die Kinder überlegen, ob so ungleiche Tiere Freunde sein können.
- Gemeinsame Überlegung nach der ersten Doppelseite: Was sind richtige Freunde?
- „Als Johnny Mauser ein altes Boot im Schilf entdeckte beschlossen alle drei ...? Kinder malen/ schreiben ihre Gedanken zu dieser Situation im Bilderbuch auf.
- Malen und/oder aufschreiben, was Waldemar, Johnny Mauser und Franz von Hahn gemeinsam an einem anderen Tag erleben.

(Vgl. dazu auch Koenen, 2004: Unterrichtsvorschläge des Verlages zum kostenlosen Download)

 **Weitere Bilderbücher zum Thema „Freundschaft:**

- **Wahre Freunde.** Manuela Olten. Zürich: Bajazzo 2005
- **Stellaluna.** Janell Cannon. Hamburg: Carlsen 1995
- **Riesengeschichte - Mausemärchen.** Annegert Fuchshuber. Stuttgart: Thienemann 1983

Schlagwörter: Freundschaft, Zusammenhalt

Jörg Müller (Illustr.), Jörg Steiner (Text)

Aufstand der Tiere oder Die neuen Stadtmusikanten

Frankfurt a.M.: Sauerländer 1995

32 Seiten, ISBN 3794131037, € 7,90

Dt. Jugendliteraturpreis Sparte Bilderbuch 1990

Dieses Bilderbuch ist auch in französischer Sprache und auf VHS erhältlich.

Inhalt

Eine Eule hat genug davon, als Werbe-Ikone vermarktet zu werden. Sie liest das Märchen „Die Bremer Stadtmusikanten“ und sucht sich Verbündete, denen ihr Dasein in der Marketing-Welt ebenso Überdruss bereitet wie ihr. Drei Werbetiere, ein Pinguin, ein Krokodil und ein Panda, schließen sich ihr an. Sie reißen gemeinsam aus, kommen in die Großstadt und träumen von einem Leben als Musiker. Doch das Räuberhaus, in das „die neuen Stadtmusikanten“ einbrechen, entpuppt sich als Fernsehstudio. Dort werden die Verbündeten zu Stars einer Serie gemacht und vermarktet. Eule, Pinguin und Krokodil verfallen rasch den Verlockungen großer Popularität. Nur der Panda hält noch an seinen Träumen fest und nimmt schließlich Abschied von seinen Kameraden.

Gehalt/ Gestaltung/ Besonderheiten

- Das Buch reflektiert kritisch die Künstlichkeit der Medienwelt und den Reiz der Popularität, denen sich letztlich auch die Verbündeten - mit Ausnahme des Pandas - nicht entziehen können. Ihr Versuch, einen „Aufstand“ wie die Bremer Stadtmusikanten zu wagen, ihre Träume zu verwirklichen und ein eigenes Leben zu führen, ist daher zum Scheitern verurteilt.
- Die Illustration greift auf die Medienwelt zurück. Alle Seiten sind schwarz hinterlegt und haben einen leicht unscharfen "Monitorrand", die Vorsatzblätter erinnern in ihrer Gestaltung an "verschneite" Fernsehbilder. Die weiteren Bilder präsentieren dem Betrachter eine High-Tech-Welt; Dunkelheit (die Geschichte spielt in der Nacht), Kunstlichtwelten, postmoderne Kulissen, Leuchtreklamen und Studiobühnen im Bilderbuch entsprechen nicht den Bilderbuch-Sehgewohnheiten.
- Der hyperrealistische Zeichenstil und die comicartige Darstellung der Tiere faszinieren Kinder.
- Das Buch enthält relativ viel Text, der auf dem dunklen Hintergrund auch aufgrund der Schriftgröße und der hellgrauen Farbe nicht gut lesbar ist.
- Das Buch eignet sich vor allem für ältere Kinder, die sich bereits kritisch mit Werbung und mit der Medienwelt auseinander setzen können.

Didaktische Vorschläge

4. Schuljahr: Fächerübergreifendes Lernen/ Medienerziehung

Unterrichtsvorschläge:

- Vergleich der Märchenadaption mit dem Volksmärchen der Gebrüder Grimm, dabei den Kindern Hilfen zum genauen, vergleichenden Lesen bieten.
- Weiterdenken, Weiterspinnen und Verändern der Geschichte.
- Umsetzung der Fortsetzung der Geschichte als ein Papiertheater; Bau des Theaters mit Figuren und Kulissen; Spiel der Geschichte.
- Gemeinsames Nachdenken über Karrieren, die im Fernsehen beginnen, ausgehend von aktuellen Beispielen („Deutschland sucht den Superstar" „... das Supermodel ..." u.a.)

(Unterrichtsvorschläge/ Materialien s. Messelken u. Dickel-Oloff 1990, S.24ff. u. S.43ff. sowie Sahr 1987, S.61ff.)

Textauszug

Lange Jahre hatte die Eule nun schon unverdrossen mitgeholfen, die Uhu-Sonnenbrillen im ganzen Land bekannt zu machen. Nun dachten ihre Besitzer daran, sie auch noch in der Werbung für Bücher zu verwenden; aber gerade darum, weil die Eule eine eifrige Leserin war, wollte sie die neue Aufgabe nicht übernehmen. Es ist an der Zeit, sich selbst zu helfen, dachte sie und beschloss, ihren Dienst bei der Agentur Miller, Stein & Partner aufzugeben und fortzulaufen. Wie sie das anstellen sollte, wusste sie aus einem Märchen der Brüder Grimm.

⇨ **Verändertes Märchen im Bilderbuch:**

Detektiv John Chatterton.
Yvan Pommaux. Frankfurt a.M.: Moritz 1994

⇨ **Märchen als Comic:**

Märchenstunde.
Rotraut Susanne Berner. Weinheim: Beltz & Gelberg 1998

⇨ **Märchenparodie**

Rothütchen.
Geoffroy de Pennart. Frankfurt a.M.: Moritz 2005

⇨ **Neues Märchen**

Der Aufzug.
Paul Maar (Text), Nikolaus Heidelbach (Illustr.). Weinheim: Beltz & Gelberg 1994

Schlagwörter: Märchen, Gesellschaftskritik, Medien, Werbung

Petra Mönter (Text), Sabine Wiemers (Illustr.)

Vimala gehört zu uns

Freiburg: Kerle im Verlag Herder 2002

32 Seiten, ISBN 3451704692, € 11,90

Inhalt

Vimala, ein deutsches Mädchen von indischer Herkunft, kommt neu in die Klasse. Dort wird sie zwar gleich akzeptiert, aber draußen auf dem Schulhof und auf dem Spielplatz machen sich ältere Schüler über sie lustig und schikanieren sie. Als Vimala wegen „Bauchschmerzen" nicht mehr in der Schule erscheint, beschließen die Klassenkameraden, ihr zu helfen: Jeden Tag holen sie Vimala von der Schule ab und begleiten sie auch wieder nach Hause. Gemeinsam sind sie stark, und niemand traut sich mehr, gegen sie anzutreten.

Textauszug

Da warfen sie Vimalas Jacke in die Luft. „Hol sie dir doch, du Neger!", schrien sie und lachten. Vimala war wütend. Aber bevor sie etwas sagen konnte, rannten Lea und ihre Freunde mit der Jacke davon. Da begann Vimala zu weinen. Sie tat mir sehr leid und ich ärgerte mich, dass wir uns nicht getraut hatten, etwas zu sagen.

Gehalt/ Gestaltung/ Besonderheiten

- Die Geschichte thematisiert Ausländerfeindlichkeit sowie Vorurteile und Unsicherheiten im Verhalten, die im Zusammenhang mit fremdaussehenden Menschen und im Umgang mit ausländischen Mitbürgern auftreten.
- Botschaft des Bilderbuches: Zusammen sind wir stark!
- Das Besondere an diesem Bilderbuch ist, dass es eine gewaltfreie Lösung anbietet, die für Kinder praktizierbar ist.

Didaktische Vorschläge

2.-4. Schuljahr: Fächerübergreifendes Lernen

Nachspielen von einzelnen Szenen:

- Henri und Ida lernen die neue Mitschülerin Vimala kennen.
- Vimala wird auf dem Schulhof geärgert. Ihre Mitschüler ziehen sie zurück in das Klassenzimmer.
- Lea und ihre Freunde schikanieren Vimala auf dem Waldspielplatz. Wie können ihr die Mitschüler helfen? Verschiedene Möglichkeiten werden von den Kindern szenisch umgesetzt.
- Henri und Ida holen Vimala von zu Hause ab und sprechen ihr Mut zu.

Schreibmöglichkeiten, ausgehend vom Bilderbuch:

- Die Kinder schmieden einen Plan, um Vimala zu helfen. Was für ein Plan könnte das sein? („Und dann schmiedeten wir einen tollen Plan ...")
- Lea und ihre Freunde ärgern Vimala auf dem Waldspielplatz. Wie mag die Geschichte weiter gehen? („Da begann Vimala zu weinen." ...)

Fremde Länder und Kulturen kennen lernen:

- Kinder aus der Klasse berichten über ihre Heimat, die in einem anderen Land liegt, bzw. über die Heimat ihrer Eltern: „Wir machen eine Weltreise und jeder erfährt ein Stück mehr vom anderen."

Weitere Bilderbücher zum Themenbereich „Fremde unter uns":

Soham. Eine Geschichte vom Fremdsein.
Elisabeth Reuter. München: Ellermann 1993
(Elisabeth Reuter will mit dieser aktuellen Geschichte Verständnis für die Menschen wecken, die bei uns Asyl suchen.)

Wie ich Papa die Angst vor Fremden nahm.
Rafik Schami (Text), Ole Könnecke (Illustr.). München: Hanser 2003

Schlagwörter: Ausländerfeindlichkeit, Fremdsein, Anderssein, Solidarität, Schule

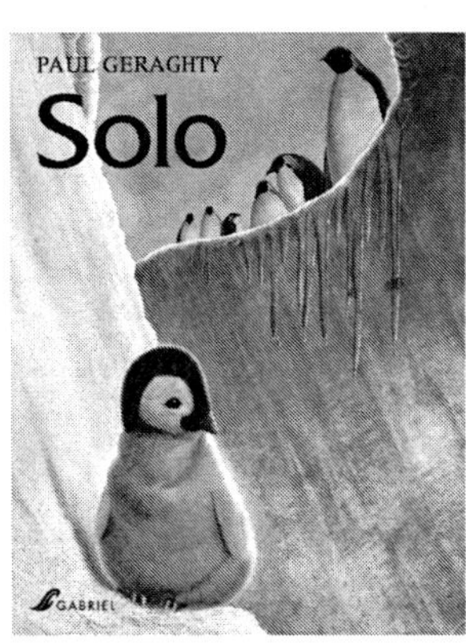

Paul Geraghty

Solo

Aus dem Englischen von Ingrid Weixelbaumer

Mödling: St. Gabriel 1995

32 Seiten, ISBN 3862644739

Dieses Bilderbuch ist auch in englischer Sprache erhältlich.

Inhalt

Solo kommt in der fernen Antarktis zur Welt. Fin und Floe, die Pinguineltern, versorgen abwechselnd ihr Küken, doch der strenge Winter macht das Überleben nicht leicht. Als Fin nach Wochen vom Fischfang nicht zurückkehrt, muss Pinguinmutter Floe selbst auf Fischfang gehen, sonst werden beide verhungern. Solo bleibt allein und ungeschützt auf dem Brutplatz zurück. Sie macht sich schließlich auf, ihre Mutter zu suchen. Doch dann wird sie von einer Raubmöwe immer wieder angegriffen. In letzter Minute wird sie gerettet: Fin, der Vater, ist zurückgekehrt. Er hat die Reise zu guter Letzt geschafft, obwohl er die ganze Zeit ein Fischernetz mit sich schleppte. Wochen später trifft auch Floe vom Fischfang auf den Brutplatz ein, die Pinguinfamilie ist nun wieder vollständig.

Gehalt/ Gestaltung/ Besonderheiten

- Die Geschichte beschreibt fachlich korrekt die Lebensumstände von Kaiserpinguinen, ihr Aufzuchtverhalten sowie die Gefahren, denen sie und ihre Jungen ausgesetzt sind.
- Das Buch enthält wunderschöne, photorealistische Illustrationen mit großer Ausdruckskraft.
- Die Geschichte ist sehr einfühlsam und spannend erzählt.

Textauszug

Sie war noch nicht weit gekommen, als eine Raubmöwe auf sie herabstieß und sie zu Boden warf. Solo schrie und strampelte; sie rappelte sich wieder hoch. Da fegte ein Windstoß über sie hinweg und blies sie um, sie überkugelte sich einmal und noch einmal. Der Wind nahm zu. Sie rollte und schlitterte über das Eis. Die Möwe kämpfte gegen den Wind, sie wartete nur darauf, wieder herabzustoßen.

Didaktische Vorschläge

2./3. Schuljahr: Sprachlicher Lernbereich/ Schriftliches Gestalten/ Hör- und Sprecherziehung

Präsentation des Bilderbuches: Es lohnt sich, an einigen Stellen, das Vorlesen abzubrechen und die Kinder zum Mitdenken anzuregen:

- „... Am Rande des Wassers blieb sie zögernd stehen. Es verlangte sie heftig danach, zu schwimmen, aber irgend etwas hielt sie zurück. Und dann sah sie es ..." (S.10/11) Bei genauer Betrachtung des Bildes können die Kinder im Wasser schemenhaft einen Seehund erkennen.
- „...Solo weinte vor Hunger, aber Floe hatte kein Futter mehr übrig. Auch sie war hungrig. Und jetzt tauchten in der Ferne keine Gestalten mehr auf, die Hoffnung weckten"(S.18/19). Die Kinder entwickeln Ideen, was die Pinguinmutter Floe in dieser Notsituation sinnvoll tun kann.
- „... Wenigsten war sie vor ihren piekseden Schnäbeln sicher" (S.22/23). Die Kinder versetzen sich in die Lage des Pinguinkindes; sie versuchen in Worte zu fassen, wie Solo zumute ist.
- „... Solo schrie auf ..."(S.26/27). Die Kinder überlegen, ob und wie Solo noch gerettet werden kann.

Schreiben mit einem Erzählplan

Schreibimpuls: Die letzte Doppelseite im Bilderbuch - Fin kehrt mit einem Fischernetz um den Hals zurück. Was erzählt er dem Pinguinkind Solo? Hilfe beim schriftlichen und mündlichen Erzählen bietet ein sog. „Erzählgerüst", das Claussen (1995, S.38) für das mündliche Erzählen entwickelt hat. Er schlägt vor, Erzählideen auf wenige Stichworte zu reduzieren und auf kleine Kärtchen zu notieren. Diese Kärtchen mit der Funktion von Erinnerungshilfen können dann auf einem großen Bogen Papier zu einem Erzählgerüst zusammengefügt werden. Anstatt mit einzelnen Kärtchen zu agieren, können die Kinder auch mit einem „Erzählplan" arbeiten. Das ist ein Papierbogen in DIN A3-Größe, der leere Kästchen mit Linien enthält, die mit den Erzählideen der Kinder gefüllt werden. Ein verbaler Erzählimpuls und ggf. ein geeignetes Bild am Anfang des Planes regen die Phantasie an und setzen das Erzählen „in Gang" (vgl. Hollstein 2000 b).

Weitere Bilderbücher über Tierkinder in der Wildnis:

- **Simi und Siri. Abenteuer im Schnee.** Nicole Poppenhäger (Text), Ivan Gantschev (Illustr.). Wuppertal: Hammer 2005
- **Kodiak, der kleine Bär.** Jacqueline Delaunay. Frankfurt a.M.: Moritz 2005
- **Kleines Wunder im Wald.** Carl R. Sams II; Jean Stoick. Freiburg i.B.: Kerle im Verlag Herder 2005

Schlagwörter: Pinguine, Antarktis, Vogel, Tierkind

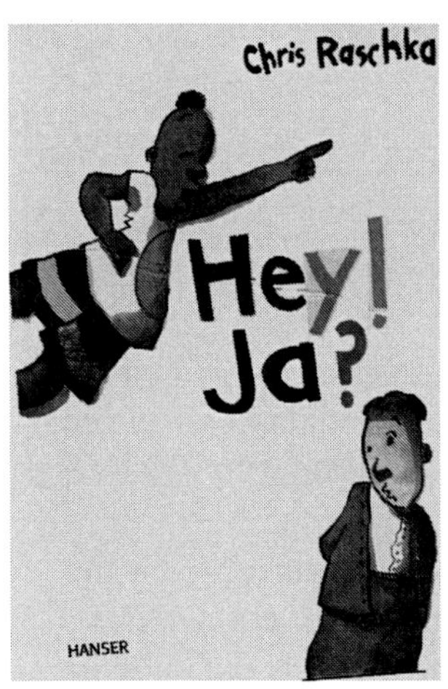

Chris Raschka

Hey! Ja?

Aus dem Amerikanischen von Uwe-Michael Gutzschhahn

München: Hanser 1993

40 Seiten, ISBN 3446188975

Dieses Bilderbuch ist auch in englischer Sprache erhältlich.

Inhalt

Zwei Jungen, ein dunkelhäutiger, selbstbewusster und ein hellhäutiger, schüchterne Junge begegnen sich. Beide sind offenbar allein. Der dunkelhäutige spricht den hellhäutigen an, und dieser gibt zu, dass er keine Freunde hat. Da bietet ihm der dunkelhäutige Junge an, sein Freund zu sein. Erst ungläubig und zögerlich, doch schließlich überzeugt nimmt der hellhäutige Junge das Angebot zur Freundschaft an, und beide machen am Schluss aus Freude darüber, nun nicht mehr allein zu sein, einen Luftsprung.

Textauszug

He!	*Hä?*
Hey!	*Ja?*
Du!	*Ich?*
Ja, du.	*Oh.*
Was läuft?	*Nicht viel.*
Wieso?	*Kein Spaß.*
Oh?	*Keine Freunde.*

Gehalt/ Gestaltung/ Besonderheiten

- Das Buch erzählt vom Beginn einer Freundschaft und macht Mut, nicht allein zu bleiben.
- Das narrative Zusammenspiel von Bild, Text und Typographie ist besonders gut gelungen: Während die Charaktereigenschaften und Gefühle der Jungen durch die Bilder ausgedrückt werden, vermittelt der Text trotz seiner Knappheit (maximal zwei Worte je Seite) die Informationen, die das Bild nicht zu leisten vermag.
- Die expressiven, cartoonhaften Illustrationen sind in Aquarell-/ Wachskreidetechnik ausgeführt.
- Das Buch besitzt eine besondere typographische Gestaltung.

Didaktische Vorschläge

3./4. Schuljahr: Sprachunterricht/ Hör- und Sprecherziehung/ Schreiberziehung; Sozialerziehung

- Gespräch über die verschiedenen Formen einer ersten Kontaktaufnahme in Freizeitsituationen (im Schwimmbad u.a.); Einbringen der eigenen Erfahrungen auch in kleineren improvisierten Rollenspielen.
- „Ich habe euch eine Geschichte mitgebracht. Sie erzählt den Beginn einer Freundschaft zwischen zwei Jungen, die sich vorher nicht kannten." Vorstellung der beiden Protagonisten (Doppelseite 2 als Folie oder Dia, ohne Textvorgabe). Von der Doppelseite 2 sofort ans Ende (letzte Seite oder letzte Doppelseite) gehen, Vermutungen anstellen, was dazwischen geschehen sein mag. Gemeinsame Überlegung: Was erfahren wir über die beiden Jungen? Gemeinsamer Versuch, die beiden Jungen zu charakterisieren und die dargestellten Situationen zu interpretieren. Überlegung: Welcher von den beiden Jungen beginnt wohl das Gespräch? Was könnten die beiden jeweils sagen, fragen, rufen, antworten? Zusammenfassung: Aus der Körperhaltung, der räumlichen Entfernung zueinander, dem Blickverhalten und der Mimik können wir vieles „lesen"; auch ohne Sprache können wir anderen etwas mitteilen.
- Auseinandersetzung mit den beiden Protagonisten der Bilderbuchgeschichte in Partner- oder Einzelarbeit (Abbildungen: 2. Doppelseite) („Wie schätzt du die beiden Jungen ein? Sieh dir die Bilder genau an und überlege: Sind sie neugierig, fröhlich, verlegen, selbstbewusst, schüchtern, traurig oder wütend? Oder? Was traust du den Jungen zu? Schreibe in kurzen Sätzen auf!") Vergleich der Arbeitsergebnisse im Plenum.
- Vorstellen der Geschichte bis einschließlich „Oh?" „Keine Freunde". Gemeinsame Überlegung: Wie geht die Geschichte wohl weiter?
- Fertigschreiben der Geschichte in Partnerarbeit, wobei die Kinder selbst entscheiden, ob sie die knappe Dialogform im Bilderbuch fortführen wollen.
- Einüben des selbst verfassten Geschichtenendes als Rollenspiel (Verwendung eines Handspiegels zur Überprüfung der eigenen Mimik); Vorstellung der Arbeitsergebnisse.
- Vorstellung des vollständigen Bilderbuches mit Bild und Text über Folie oder Dia. (Unterrichtsvorschläge s. Hollstein 2000 (d))

Weitere Bilderbücher zum Thema „Freundschaft zwischen Verschiedenen":

- **Stellaluna.** Janell Cannon. Hamburg: Carlsen 1995
- **Irgendwie Anders.** Kathryn Cave (Text), Chris Riddell (Illustr.). Hamburg: Oetinger 1994
- **Riesengeschichte - Mausemärchen.** Annegert Fuchshuber. Stuttgart: Thienemann 1983

Schlagwörter: Freundschaft, Kontaktaufnahme, Einsamkeit, Anders sein

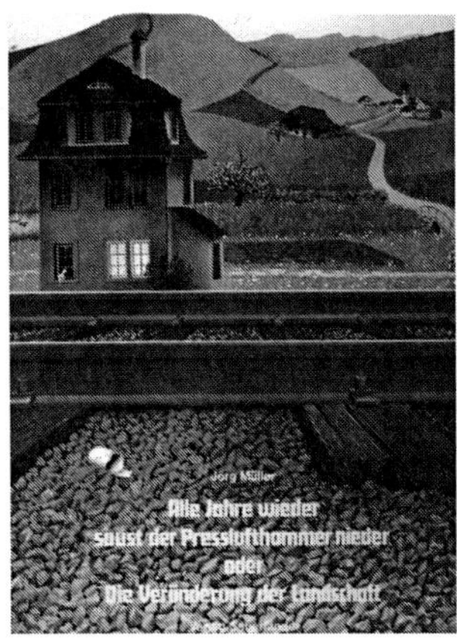

Jörg Müller

Alle Jahre wieder saust der Presslufthammer nieder oder Die Veränderung der Landschaft

Frankfurt a.M.: Sauerländer 1980

ISBN 3794102185

Deutscher Jugendliteraturpreis 1974

Inhalt

Es wird die Veränderung eines ländlichen Gebietes zu einer modernen Stadtlandschaft, die vor allem durch Straßen und Betonbauten geprägt ist, im Verlauf von zwei Jahrzehnten (1953-1972) dargestellt.

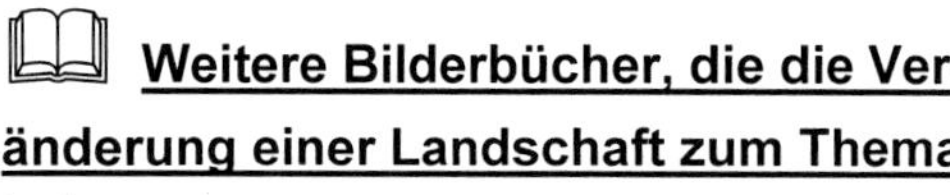

Weitere Bilderbücher, die die Veränderung einer Landschaft zum Thema haben:

Da ist eine wunderschöne Wiese.
Wolf Harranth (Text), Winfried Opgenoorth (Illustr.). Jungbrunnen 1990

„Hier fällt ein Haus, dort steht ein Kran und ewig droht der Baggerzahn oder Die Veränderung einer Stadt".
Jörg Müller. Aarau: Sauerländer 1982

Gehalt/ Gestaltung/ Besonderheiten

- Es handelt sich um eine Mappe mit sieben großformatigen Bildern (85,5cm x 31,5 cm) ohne Text.
- Alle Bilder präsentieren den gleichen Landschaftsausschnitt zu verschiedenen Jahreszeiten in einem zeitlichen Abstand von je drei Jahren; so werden die Auswirkungen des menschlichen Eingreifens in die Natur und die damit einhergehende Zerstörung der Landschaft sichtbar.
- Kinder können anhand der realistisch gemalten Bilder sehr gut erkennen, dass und wie sich Landschaften durch den Eingriff des Menschen verändern und daraus schließen, dass diese Veränderungen Vor- und Nachteile mit sich bringen.
- Auf allen Bildern ist eine Fülle von Details zu entdecken.

Didaktische Vorschläge

3./4. Schuljahr: Sachunterricht/ Historisches Lernen/ Umweltbildung

Das Bilderbuch lässt sich gut im Sachunterricht zum Thema „Der Mensch nutzt und verändert die Landschaft“ einsetzen.

Unterrichtsvorschlag:

- Einstieg: Kommentarloses Zeigen des ersten und letzten Bildes der Reihe. Freie Schüleräußerungen. Überlegungen: Welches Bild gefällt dir besser? Wo möchtest du lieber wohnen und spielen?
- Ergänzung der beiden Bilder durch Bild 5; Erkenntnis: Aus dem Dorf (Bild 1) ist eine Stadt (Bild 7) geworden.
- Spontane Äußerungen, anschließend gelenkte Aussprache. Beschreibung der Veränderungen von Bild zu Bild, Einbeziehung von Titel und Titelbild.
- Arbeitsteilige Gruppenarbeit: Betrachtung der Bilder 2-7 (z.B. als Kopie) unter einer best. Fragestellung:
  - Gruppe 1: Wie verändern sich die Häuser und Fabriken?
  - Gruppe 2: Wie verändern sich Straßen und Verkehr?
  - Gruppe 3: Wie verändern sich Bach und Weiher?
  - Gruppe 4: Wie ändert sich das Leben der Kinder und der Katze?

  Hilfestellungen und Hinweise auf einem Arbeitsblatt.
- Vortragen der Arbeitsergebnisse unter Einbeziehung der Bilder.
- Festhalten der Ergebnisse auf einem Arbeitsblatt.
- Möglichkeiten der Zusammenfassung und Vertiefung:
- Formulierung einer „Geschichte“: „Die Bildreihe erzählt uns eine Geschichte!“
- Transfer auf aktuelle Umweltgegebenheiten (Auswertung v. Fotos und Zeitungsartikeln: „Unser Wohnort vor 10/20/50 Jahren und heute“).
- Schüler malen, wo sie gerne/ nicht gerne wohnen möchten (vgl. Sahr u. Schlund 1992, S.66ff.)

Schlagwörter: Landschaft, Stadt

Kathryn Cave (Text), Chris Riddell (Illustr.)

Irgendwie anders

Aus dem Englischen von Salah Naoura

Hamburg: Oetinger 1994

32 Seiten, ISBN 378916352X, € 12,-

Preis der UNESCO „for Children´s and Young People´s Literature in the Service of Tolerance" 1997

Dieses Bilderbuch ist auch als Taschenbuch und in engl. Sprache erhältlich.

Inhalt

„Irgendwie Anders" ist ein kleines Wesen, das von den anderen (Tieren) abgelehnt wird: Es kleidet sich nicht so wie sie und spielt anders. Vergeblich versucht das kleine Wesen, sich den anderen anzupassen. So lebt es ohne einen einzigen Freund auf einem hohen Berg. Eines Tages klopft bei Irgendwie Anders ein merkwürdig aussehendes Wesen an die Tür und bittet um Einlass. Irgendwie Anders hat so ein Wesen noch nie gesehen und ist misstrauisch, weil das „Etwas" anders ist als das „Irgendwie Anders". So wirft es den nächtlichen Besucher hinaus. Doch dann besinnt es sich und holt das „Etwas" zurück. Beide werden gute Freunde. Obgleich sie verschieden sind, vertragen sie sich. Und wenn einmal jemand an die Tür klopfte, der wirklich sehr merkwürdig aussah, dann sagten sie nicht „Du bist nicht wie wir" oder „Du gehörst nicht dazu". Sie rückten einfach ein bisschen zusammen."

Textauszug

Wenn er sich zu ihnen setzen wollte oder mit ihnen spazieren gehen oder mit ihnen spielen wollte dann sagten sie immer:
„Tut uns Leid, du bist nicht wie wir. Du bist irgendwie anders.
Du gehörst nicht dazu."

Gehalt/ Gestaltung/ Besonderheiten

- Die Botschaft des Bilderbuches: Ausgrenzung ist für den Betroffenen sehr schmerzhaft; Freundschaft gelingt auch unter Verschiedenen.
- Das Buch enthält Illustrationen in Mischtechnik (Aquarell, Tusche); die Figuren sind cartoonhaft gestaltet.
- Durch ein Layout, das keinem regelmäßigen Prinzip folgt, durch Tiefenwirkungen, Schattenelemente, Hell/-/Dunkelkontraste bzw. Einfarbig-/ Buntkontraste fesseln die Bilder immer wieder neu den Blick.
- Die sehr ansprechenden Zeichnungen und der offene Text laden Kinder ein, Fragen zu stellen und über Gefühle nachzudenken.

Didaktische Vorschläge

2.-3. Schuljahr: Sprachunterricht/ Hör- und Sprecherziehung, ethisch-religiöser Lernbereich, Sozialerziehung

Im Unterricht kann herausgestellt werden, dass JEDER in irgend einer Weise IRGENDWIE ANDERS ist. Die Geschichte eignet sich sehr gut für eine Umsetzung mit Mitteln des Szenischen Spiels.

Mögliche Arbeitsschritte:

- Vorlesen der Geschichte bis „Du bist nicht wie wir, du bist irgendwie anders!"
- Präsentation des folgenden Bildes ohne Text; Gespräch:
    - Woran erkennt man, dass Irgendwie Anders traurig ist?
    - Merkmale, an denen man sehen kann, dass jemand traurig ist.
- Szenisches Spiel: durch den Klassenraum gehen und dabei Traurigkeit zeigen;
- Präsentation des Bilderbuches bis einschließlich des Bildes: Irgendwie Anders geht traurig zu Bett, da klopft es an der Tür. Die Kinder erfahren vom Lehrer, dass es das „Etwas" ist, das klopft;
- Überlegung in Partnerarbeit: Wie könnte der Besucher aussehen? Wie gehen die beiden miteinander um? Die Ergebnisse werden gemalt und aufgeschrieben;
- Vorstellen der Arbeitsergebnisse;
- Szenisches Spiel: Umsetzen der eigenen Geschichten;
- Vorstellung der Bilderbuchgeschichte bis zum Schluss.

(Vgl. Dold 2001, S.40-41)

Gestalten von "Standbildern"

Die Bilderbuchgeschichte bietet mehrere Ansatzpunkte für die Gestaltung von sog. „Standbildern". Diese gleichen einem „Spot" zu einer wichtigen Szene. Die „Standbildbauer" stellen und formen andere Mitschüler zu einer Momentaufnahme einer Szene. Die Mimik kann dabei vorgemacht werden. Wichtig ist, dass so lange verändert wird, bis die Haltung charakteristisch für die Szene ist. Die "Standbildbauer" können dann hinter die Figuren treten und in der Ich-Form sagen, was die einzelnen Figuren gerade denken oder fühlen. (Vgl. Wallrabenstein, 2001, S.12)

Weitere Bilderbücher zum Thema „Freundschaft zwischen Verschiedenen":

Stellaluna.
Janell Cannon. Hamburg: Carlsen 1995

Riesengeschichte - Mausemärchen.
Annegert Fuchshuber. Stuttgart: Thienemann 1983

⇨ **zusätzliche didaktische Materialien:**

Die Grundschulzeitschrift. 146/ 2001, Heftthema Szenisches Spiel

Welscher-Forche, Ursula: Lernen fördern mit Elementen des Szenischen Spiels. Hohengehren 1999

Schlagwörter: Anders sein, Toleranz, Freundschaft, Gefühle

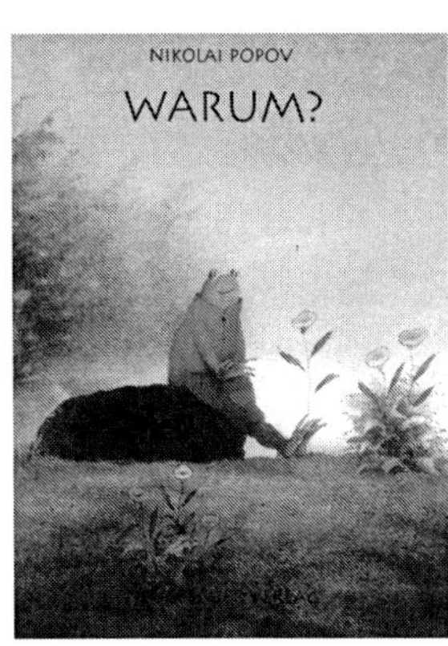

Nikolai Popov

Warum?

Hamburg: Neugebauer 1995, gebunden

38 Seiten, ISBN 3851955390

Dieses Bilderbuch ist auch mit englischem Titel zu beziehen.

Inhalt

Ein Frosch mit einer schönen Blume in der Hand sitzt auf einer Wiese. Eine Maus kommt aus ihrem Loch und spannt ihren Regenschirm auf. Sie sieht die Blume, wird neidisch und entreißt sie dem Frosch. Dieser ruft Artgenossen zu Hilfe, und diese vertreiben die Maus. Nun rücken von Mäusen gelenkte „Kampfmaschinen" heran. Sie schießen scharf auf die Frösche und vertreiben sie. Es entwickelt sich ein Krieg, an dem immer mehr Frösche und Mäuse mit immer gefährlicheren Waffen einbezogen sind. Sie liefern sich grausame Gefechte. Schließlich liegt alles in Schutt und Asche. Maus und Frosch überleben den Krieg, doch die ganze Welt um sie herum ist zerstört.

Gehalt/ Gestaltung/ Besonderheiten

- Es handelt sich um ein Bilderbuch ohne Text.
- Es erzählt in Bildern, welche schrecklichen Konsequenzen Neid und Habgier haben können, wie sich aus einer „Nichtigkeit" gar ein Krieg entwickeln kann.
- Die Bilder wurden mit Tusche und Aquarellfarben gestaltet.

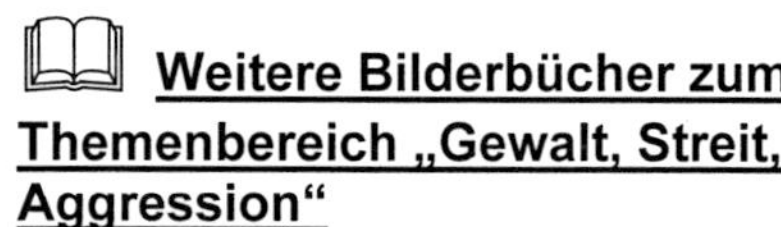

Weitere Bilderbücher zum Themenbereich „Gewalt, Streit, Aggression"

- **Du hast angefangen! Nein, du!**
  David McKee. Frankfurt a.M.: Sauerländer 1995
- **Es war einmal ein Zauberer ganz allein.**
  Helmut Kollars. Wien: Betz 1996
- **Macker.**
  David Hughes. Frankfurt a.M.: Alibaba 1993

Didaktische Vorschläge

3./4. Schuljahr: Sprachunterricht/ Sozialerziehung

Gemeinsame Betrachtung der vier ersten Doppelseiten. Gespräch über den Inhalt.

- Hineinfühlen in die Lage der Figuren; Aufschreiben, was diese in den jeweiligen Situationen denken bzw. fühlen. Arbeitshilfe: ein Arbeitsbogen (Situationen aus dem Bilderbuch als Kopie; Figuren werden mit Sprech-/ Denkblasen versehen).
- Besprechung der Arbeitsergebnisse;
- Gruppenarbeit: Gemeinsame Überlegung, wie die Geschichte weitergehen könnte. Ggf. schriftliches Festhalten der Arbeitsergebnisse;
- Vorstellung der Gruppenarbeitsergebnisse;
- Präsentation des Geschichtenendes;
- Gespräch über Inhalt und Gehalt;
- Gespräch über die Entstehung und Vermeidung von Konfliktsituationen im Alltag, dazu malen und spielen (vgl. Hollstein u. Sonnenmoser 2006, S.258ff.).

Das Bilderbuch eignet sich für eine **musikalische Umsetzung**.

 **Literatur zum sozialen Lernen:**

Ingrid Prote: Soziales Lernen in der Grundschule – wichtiger denn je. In: Siegfried George; Ingrid Prote: Handbuch zur politischen Bildung. Schwalbach/Ts. 1996, S.76-98

Hanns Petillon: Soziales Lernen in der Grundschule. Anspruch und Wirklichkeit. Frankfurt a.M. 1993

Renate Valtin; Rosemarie Portmann (Hrsg.): Gewalt und Aggression: Herausforderungen für die Grundschule. Frankfurt a.M. 1995 (Arbeitskreis Grundschule – Der Grundschulverband. Beiträge zur Reform der Grundschule 95)

Schlagwörter: Krieg, Neid, Gewalt, Aggression

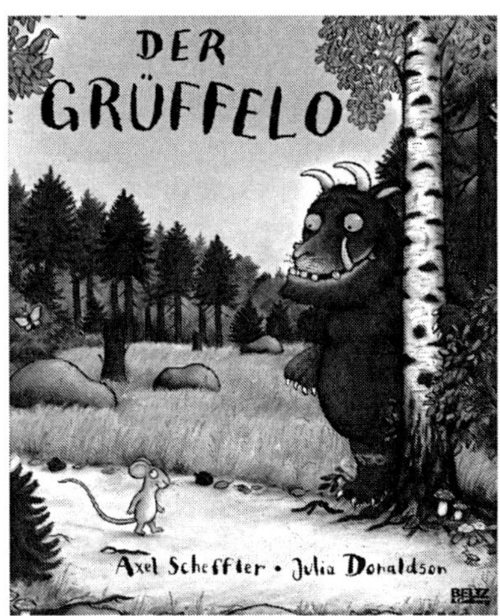

Axel Scheffler (Illustr.), Julia Donaldson (Text)

Der Grüffelo

Aus dem Englischen von Monika Osberghaus

Weinheim: Beltz & Gelberg 1999

32 Seiten, ISBN 3407792301, € 7,90

Dieses Bilderbuch ist auch in englischer, französischer und spanischer Sprache erhältlich.

Inhalt

Eine Maus geht durch den Wald und trifft dabei auf verschiedene Tiere, die sie fressen wollen. Die Maus rettet ihre Haut, indem sie von ihrem Freund, einem „Monster" namens Grüffelo erzählt. Die Tiere bekommen Angst vor dem starken Beschützer der Maus und fliehen. Die Maus hat diesen Freund aber nur erfunden. Plötzlich steht der Grüffelo tatsächlich vor ihr. Er will die Maus fressen, doch die erklärt ihm, wie gefürchtet sie bei den anderen Tieren sei. Zum Beweis geht sie mit dem Grüffelo in den Wald, und als die Tiere beim Anblick des Grüffelo Reißaus nehmen, ist der Grüffelo von der „Gefährlichkeit" der Maus überzeugt und ergreift zum Schluss selbst die Flucht.

Textauszug

Wer ist dieses Wesen mit schrecklichen Klauen
und schrecklichen Zähnen, um Tiere zu kauen?
Mit knotigen Knien, einer grässlichen Tatze
und vorn im Gesicht einer giftigen Warze,
mit feurigen Augen, einer Zunge sooo lang
und Stacheln am Rücken – da wird´s einem bang.
„Oh Schreck, o Graus, ich fürcht mich so, es gibt ihn doch,
den Grüffelo!"

Gehalt/ Gestaltung/ Besonderheiten

- Durch diese Geschichte erfahren die Leser, dass auch ein kleines und schwaches Lebewesen gegen Große und Starke eine Chance hat, wenn es clever/ pfiffig ist.
- Kinder können sich mit der Situation der Maus identifizieren („David gegen Goliath"), und sie erkennen auch die Strategie wieder, sich gegen Stärkere zu behaupten, indem man mit dem „großen Bruder" droht (auch wenn es den gar nicht gibt).
- Der Text ist in Reimform verfasst.
- Die Illustrationen haben cartoonartigen Charakter.

Didaktische Vorschläge

2.-3. Schuljahr: Sprachunterricht/ Hör- und Sprecherziehung

Ausgehend von diesem Bilderbuch können Dialoge sprechgestalterisch geübt und vorgetragen werden. Es bietet sich an, den Text auf einem „Lesebogen" zu präsentieren. Die wörtliche Rede der verschiedenen Tiere kann von den Kindern unterschiedlich farbig unterstrichen werden. Nach gemeinsamen Überlegungen, wie es „klingt", wenn sich die Maus, der Grüffelo, der Fuchs usw. in den verschiedenen Situationen äußern, kann das Vorlesen mit dem Sitzpartner geübt werden. Später wird es den Kindern besonderes Vergnügen bereiten, wenn im Stuhlkreis ein Kind die Bilder im Bilderbuch präsentiert, während mehrere Kinder in verteilten Rollen den Text dazu vortragen.

Die Bilderbuchgeschichte ist hervorragend geeignet für eine Umsetzung als Hörspiel.

Der Grüffelo hat Nachwuchs bekommen:

Das Grüffelokind. Axel Scheffler (Illustr.), Julia Donaldson (Text). Weinheim: Beltz & Gelberg 2004

Beherzt und mutig zieht das Grüffelokind los, denn es möchte wissen, ob es die große, böse Maus tatsächlich gibt.

⇨ **Tipp für Grüffelo-Fans:**

Vom Grüffelo gibt es auch ein Puzzle-Buch, ein Liederbuch, eine Puppe und eine Audio-CD.

Schlagwörter: Maus, Mut, Ungeheuer

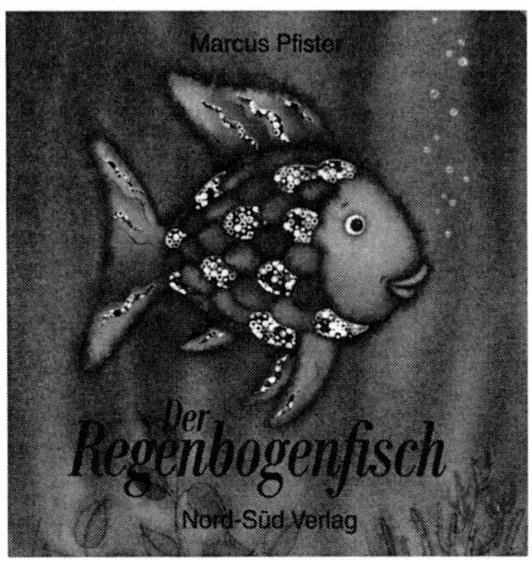

Marcus Pfister

Der Regenbogenfisch

Gossau: Nord-Süd 1996

14 Seiten, ISBN 3314007337, € 7,50

Dieses Bilderbuch ist auch als Audio-CD, Kassette und Mitmachbuch sowie in englischer und französischer Sprache erhältlich.

Inhalt

Der Regenbogenfisch ist der allerschönste Fisch im ganzen Ozean. Er lebt für sich allein und ist stolz auf seine glitzernden Schuppen. Er ist aber auch der einsamste Fisch im Meer, weil er anderen Fischen von seinen Glitzerschuppen nichts abgeben möchte. Weil er sich einsam fühlt, fragt er den Tintenfisch um einen Rat. Schließlich ist der Regenbogenfisch bereit, seine besonderen Schuppen mit den anderen Fischen zu teilen. Ihm selbst bleibt schließlich nur noch eine einzige Glitzerschuppe. Aber er ist nun der glücklichste Fisch im Meer, denn er hat viele Freunde gewonnen.

 **Ein weiteres Bilderbuch für Schulanfänger zum Themenbereich Freundschaft:**

Es war einmal ein Zauberer ganz allein.
Helmut Kollars. München: Betz 1996

Für Fans des Regenbogenfisches:

Der Regenbogenfisch stiftet Frieden.
Marcus Pfister. Hamburg: Nord-Süd 1998

Gehalt/ Gestaltung/ Besonderheiten

- Die Botschaft der Geschichte: Beim Teilen kann man etwas gewinnen: Freundschaft;
- Das Bilderbuch enthält zartfarbige Aquarelle, die Schuppen des Regenbogenfischs bestehen aus einem schimmernden, silberfarbigen Material;
- Wörtliche Rede macht den Text lebendig.

Textauszug

Bald ist der Regenbogenfisch umringt von Fischen. Alle wollen eine Glitzerschuppe haben, und der Regenbogenfisch verteilt sie links und rechts. Schließlich bleibt ihm nur eine einzige Schuppe.
„Komm, spiel mit uns!“, rufen die anderen Fische .
Nun ist er der glücklichste Fisch im Meer.

Didaktische Vorschläge

1. Schuljahr: Rhythmisch-musikalische Erziehung

Dieses Bilderbuch lässt sich besonders gut zu einem rhythmisch-musikalischen Spielkomplex entwickeln:

- Hinführung zum Bilderbuch über ein Gespräch zum Thema „Meer und Meerestiere". An einer großen Meeresmuschel dürfen die Kinder dem Meeresrauschen lauschen.
- Im Rahmen des Bewegungsspieles „Die Meerestiere" bewegen sich die Kinder im Raum („Meer") als Fisch, Tintenfisch, Krabbe usw.; dabei führen sie die charakteristischen Bewegungen der Meerestiere aus.
- Vorlesen der Bilderbuchgeschichte und Präsentation der Bilder.
- Die Kinder singen gemeinsam das Lied „Der Regenbogenfisch" (Hirler u. Penz 1997) und unterstreichen den Inhalt mit passenden Gesten.
- Die Lehrerin improvisiert kleine und große Wellen auf dem Klavier oder Metallophon; die Kinder bewegen sich als „Wellen" im Raum („Meer").
- Experimentierphase und Klangimprovisation „Wellenmusik": Dazu sitzen die Kinder im Kreis. Metallophon, Glockenspiel, Cymbel, Becken, Triangel u.a. werden an die Kinder verteilt. Die Kinder improvisieren auf ihrem Instrument „Wellenmusik". Dann darf jedes Kind seine „Wellenmusik" vorspielen.
- Ruhephase: Die Kinder liegen mit geschlossenen Augen auf dem Boden. Die Lehrerin streicht mit einem Tuch über die Kinder („Welle"). (Eine ausführliche Beschreibung dieser und weiterer Unterrichtsvorschläge sowie Lieder (Text und Noten) und Bewegungsspiele zum Bilderbuch finden sich in Hirler u. Penz 1997).

1. Schuljahr: Sozialerziehung

Das Bilderbuch bietet sich an, um gemeinsam über den Wert der Freundschaft zu sprechen.

 **zusätzliche didaktische Materialien:**

Ursula Arndt; Steffi Pfotenhauer: Literatur-Werkstatt: Der Regenbogenfisch. Verlag an der Ruhr 2002, € 18,-

Schlagwörter: Freundschaft, Schenken, Teilen, Fisch

Franz-Joseph Huainigg (Text), Annegret Ritter (Illustr.)

Meine Füße sind der Rollstuhl

München: Ellermann 1992
ISBN 3770763297

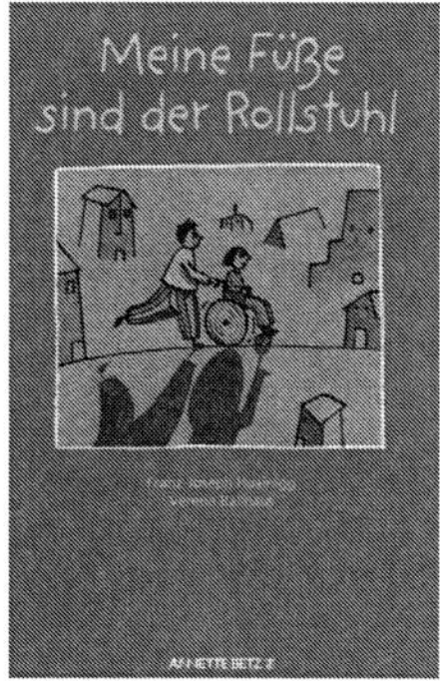

Neuauflage:

Franz-Joseph Huainigg (Text), Verena Ballhaus (Illustr.)

Meine Füße sind der Rollstuhl

Betz: Wien 2003
32 Seiten, ISBN 3219110975, € 12,95

Inhalt

Margit ist gehbehindert und sitzt im Rollstuhl. Ihre Mutter erzieht sie zu Selbständigkeit, und so kommt sie zu Hause gut alleine klar. Für Margit ist es ganz selbstverständlich, im Rollstuhl durchs Leben zu rollen. Eines Tages darf Margit alleine zum Einkaufen fahren. Auf dem Weg dorthin wird sie mit verschiedenen, typischen Reaktionen konfrontiert. Die Leute haben Mitleid, sehen weg oder meiden sie. Margit wird wütend und kann diese Reaktionen nicht verstehen, weil sie sich ganz „normal" fühlt. Im Supermarkt trifft sie Sigi. Er entspricht mit seinen roten Haaren ebenfalls nicht der Norm. Sigi erklärt Margit, dass sie beide eben etwas Besonderes an sich hätten und manchmal auf die Hilfe anderer angewiesen wären. Die beiden machen sich zusammen auf den Rückweg, und Margit kontert selbstbewusst allen Leuten, die sie zuvor durch ihr Verhalten oder Bemerkungen verletzt haben.

Gehalt/ Gestaltung/ Besonderheiten

- Das Bilderbuch verdeutlicht Kindern anschaulich die Probleme, die Nichtbehinderte im Umgang mit behinderten Menschen haben. „Weg von der wohlgemeinten Entmündigung hin zum gleichberechtigten Miteinander" lautet eine der Forderungen des Autors F.-J. Huainigg, der Abgeordneter zum Nationalrat und Behindertensprecher seiner Partei ist.
- In dem Bilderbuch geht es um Vorurteile, Stigmatisierung und um negative oder hilflose Reaktionen, die Behinderte im Alltag durch ihre Mitmenschen erfahren. Es wird gezeigt, dass Behinderte sich normal fühlen, glücklich sind, sich als Menschen nicht von anderen unterscheiden und nicht bemitleidet werden müssen. In der Geschichte wird außerdem das Spannungsfeld zwischen Selbständigkeit und Abhängigkeit/ Angewiesensein ausgelotet. Das Buch regt behinderte und nicht-behinderte Leser zu Diskussionen an.

Didaktische Vorschläge

3./4. Schuljahr: Ethisch-religiöser Lernbereich/ Sachunterricht

Mit Hilfe von Geschichten lassen sich typische Alltagssituationen behinderter Menschen anschaulich darstellen. Das vorliegende Bilderbuch eignet sich als Ausgangspunkt für eine Unterrichtsreihe zum Thema „Menschen im Rollstuhl“. Der Abbau von Scheu und Unsicherheit im Umgang mit behinderten Menschen lässt sich jedoch nur durch konkrete Begegnungen ermöglichen, beispielsweise durch den Besuch einer entsprechenden Schule und schließlich durch die Einladung von behinderten Kindern in die Grundschule. Einen Schwerpunkt der Unterrichtseinheit könnte eine Fahrt mit entliehenen Rollstühlen bilden; es bietet sich an, dieses Vorhaben in kleinen Gruppen zu verwirklichen, denn die Kinder haben so die Möglichkeit einmal selbst zu fahren, jedoch auch einmal Helfer und Beobachter zu sein. Ausgehend von ihren Erfahrungen können Bilder mit Vorschlägen für eine rollstuhlfreundliche Umwelt gemalt werden. Als interessant erweist sich auch die Überlegung, was in der eigenen Wohnung verändert werden müsste, um mit einem Rollstuhl darin leben zu können (vgl. Hollstein u. Sonnenmoser 2006, S.196f.).

Weitere Bilderbücher zum Themenbereich „Behinderung“:

- **Wir verstehen uns blind.**
  Franz-Joseph Huainigg (Text), Verena Ballhaus (Illustr.). Wien: Betz 2005
  (Eine Geschichte über einen Blinden, der anderen das Sehen lehrt.)
- **Wir sprechen mit den Händen.**
  Franz-Joseph Huainigg (Text), Verena Ballhaus (Illustr.). Wien: Betz 2005
- **Max malt Gedanken.**
  Franz-Joseph Hainigg (Text), Annegret Ritter (Illustr.). Gabriel 1999

Schlagwörter: Anders sein, Behinderung, Toleranz

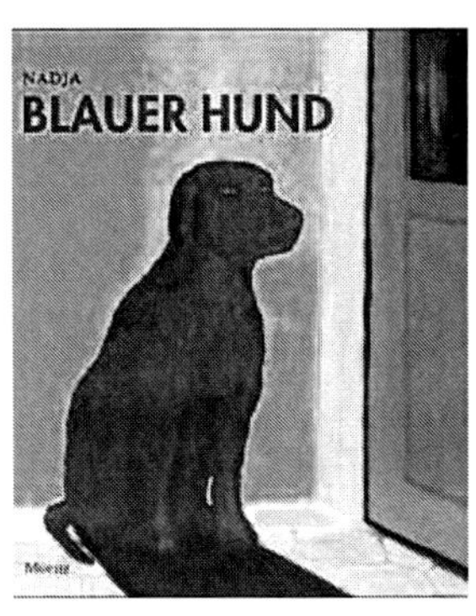

Nadja

Blauer Hund

Aus dem Französischen von Eva Ziebura

Frankfurt a.M.: Moritz 2004

40 Seiten, ISBN 3895651575, € 9,90

Dieses Bilderbuch ist auch in englischer und französischer Sprache erhältlich.

Inhalt

Aus dem Nichts taucht eines Tages der blaue Hund von Charlottes Haustür auf und kommt immer wieder. Ihre Mutter hat Einwände gegen die spontane Beziehung zu dem Tier und verbietet ihr den Umgang. Doch als Charlotte sich bei einem Picknick mit den Eltern im dunklen Wald verirrt, taucht plötzlich der blaue Hund wieder auf. Er verschafft ihr Schutz und bringt sie in eine Höhle. Das treue Tier verteidigt sie in einem dramatischen Kampf gegen den Dämon der Nacht, der die Gestalt eines Panthers angenommen hat. Am nächsten Morgen kehrt das Mädchen auf dem Rücken des blauen Hundes nach Hause zurück. Die besorgten Eltern sind erleichtert: Charlottes vierbeiniger Freund und Retter darf für immer mit ihr zusammenbleiben.

Gehalt/ Gestaltung/ Besonderheiten

- Das Bilderbuch erzählt vom magischen Kampf zwischen den Mächten des Bösen und des Guten. Hier verbinden sich Märchenhaftes, kindliche Traum-, Alptraum- und Wunschbilder zu einer faszinierenden Geschichte.
- Großformatige, symbolreiche, farbgewaltige, kontrastive Illustrationen beherrschen das Buch. Sie enthalten Zitate aus der Malerei der Moderne.
- Aufgrund der aussagekräftigen Bilder kann die Geschichte auch ohne den Text erschlossen werden.

Didaktische Vorschläge

1.-3. Schuljahr: Musisch-ästhetischer Lernbereich

Mit dem Bilderbuch kann sehr gut im Kunstunterricht gearbeitet werden. Die Kinder können hier die Ausdruckskraft der leuchtenden Farben erleben und Hell-Dunkel-Kontraste bewusst wahrnehmen. Es bietet sich an, großformatige Tiere mit Plakafarbe zu malen, die wie der blaue Hund mit einer ungewöhnlichen Farbe verfremdet werden. Die Arbeitsergebnisse werden als Wandfries zusammengestellt. In diesem Zusammenhang können Kunstdrucke und Postkarten von Franz Marc gezeigt werden. Der Künstler arbeitete häufig mit diesen Effekten, z.B. im Rahmen der Kunstwerke „Blaues Pferd I" (1911) sowie „Rotes und blaues Pferd" (1912). Bei seinen Tiergemälden ging es Marc darum, das Wesentliche wiederzugeben, denn Kunst war für ihn „nichts als der Ausdruck unseres Traumes" (zit. Nach Moeller 1989, S.22). Er wollte die Welt durch die Seele der Tiere sehen. (Unterrichtsvorschläge finden sich bei Niemann 2002.)

Weitere Bilderbücher, die sich für den Einsatz im Kunstunterricht eignen:

Nachdenken über die Wirkungen von Farbe:

Du groß, und ich klein.
Grégoire Solotareff. Frankfurt a.M.: Moritz 1996

Bilderbücher mit surrealistischen Bildern kennen lernen

Alles wird anders.
Anthony Browne. Oldenburg: Lappan 1990

Stimmen im Park.
Anthony Browne. Oldenburg: Lappan 1999

⇨ **Textauszug:**

Als der blaue Hund wie gewöhnlich ans Fenster kam, war Charlotte so traurig, dass sie kaum sprechen konnte. „Ich darf dich nicht mehr sehen", schluchzte sie, „meine Mami will das nicht." Der blaue Hund schaute sie lange an, dann drehte er sich um und verschwand in der Nacht.

Schlagwörter: Hund, Traum, Angst, Farbe

Michael Rosen (Text), Helen Oxenbury (Illustr.)

Wir gehen auf Bärenjgad

Aus dem Englischen von Rolf Inhauser

Frankfurt a.M.: Sauerländer 1994

40 Seiten, ISBN 3794130596, € 15,80

Dieses Bilderbuch ist auch als Miniausgabe, Kassette sowie in englischer und französischer Sprache erhältlich.

Inhalt

Ein Vater, vier Kinder und ein Hund gehen auf eine vergnügliche Bärenjagd. Um den Bären zu finden, müssen sie jedoch einige Hindernisse überwinden: Hohes, nasses Gras, einen Fluss, Schlamm, einen Wald und einen Schneesturm. Schließlich stehen sie in einer dunklen Höhle tatsächlich einem großen Bären gegenüber. Da packt die Abenteuer doch die Angst. Ganz schnell geht es zurück, und wieder müssen die Hindernisse – nun in umgekehrter Reihenfolge – überwunden werden.

Gehalt/ Gestaltung/ Besonderheiten

- Die Geschichte besitzt eine einfache, überschaubare, klar in zwei Teile gegliederte Handlung.
- Aquarelle in zarten Farben wechseln sich mit Schwarz-Weiß-Zeichnungen ab.
- Das Buch enthält einen kurzen, teilweise sich wiederholenden Text.
- Die stark rhythmisierte Sprache besitzt Strukturen von Kinderspielversen und kindlichen Sprachspielen sowie Lautmalerei.
- Das Buch weist eine besondere typographische Gestaltung auf.

Didaktische Vorschläge

1.-4. Schuljahr: Fremdsprachlicher Lernbereich

Das Bilderbuch in englischer oder französischer Sprache bietet sich hier besonders für die Durchführung eines Bewegungsspieles an. Bewegungsspiele in Verbindung mit der Fremdsprache ermöglichen den Kindern, fremdsprachige Anweisungen zu hören, zu befolgen und gegebenenfalls selbst zu geben sowie in Übereinstimmung mit den Bewegungen kleine Texte in der Fremdsprache zu sprechen. Sie lernen somit, Hören und Bewegen, Sprechen und Bewegen zu koordinieren. (Unterrichtsvorschläge finden sich dazu in Hollstein u. Wadlinger 2000 sowie in Hollstein u. Wadlinger 2001.)

1.-3. Schuljahr: Sprachunterricht; musisch-ästhetischer Lernbereich

- Gestaltung eines Bilderbuches in Anlehnung an die Bilderbuchgeschichte in Einzel- oder Gruppenarbeit: Das Bilderbuch umfasst sechs Seiten, zeigt jeweils ein Abenteuer pro Seite und besteht entweder nur aus Bildern oder einer Kombination von Bildern und Text. Auch das Format bestimmen die Kinder selbst.
- Sprachliches Gestalten im Wechsel zwischen Chor und Vorleser mit musikalischer Untermalung: Wischel, waschel! Plitsch, platsch! Quitsch, quatsch! Holper, stolper! ... Die Kinder probieren die Orffschen Instrumente aus, um mit ihnen den Rhythmus und die Dynamik der lautmalerischen Texte aufzunehmen (s. in Niemann 1992).

Schlagwörter: Bär, Kinderreim

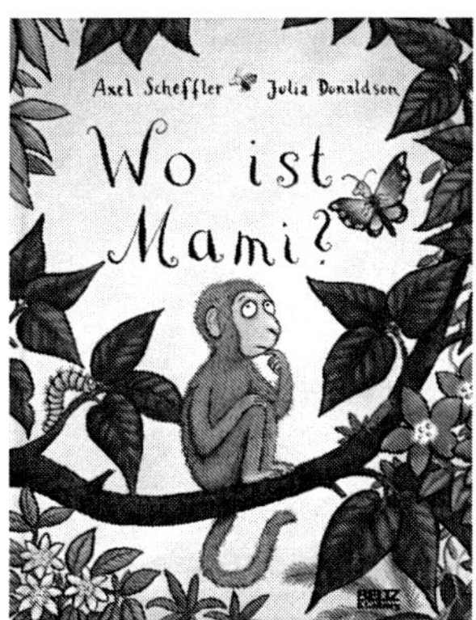

Axel Scheffler (Illustr.), Julia Donaldson(Text)

Wo ist Mami?

Aus dem Englischen von Bernhard Lassahn
Weinheim: Beltz & Gelberg 2000
32 Seiten, ISBN 3407792514, € 7,90
Dieses Bilderbuch ist auch in englischer und französischer Sprache erhältlich.

Inhalt

Ein Affenkind hat seine Mutter verloren. Ein hilfsbereiter Schmetterling will ihm bei der Suche helfen und lässt das Affenkind seine Mutter beschreiben. Da es aber immer jeweils ein Merkmal der Mutter nennt wie etwa „sie ist groß" oder „sie hat Beine", bringt der Schmetterling das Affenkind zu den „falschen" Tieren, die durch das jeweils genannte Merkmal auffallen, z.B. zum Elefant und zur Spinne. Nach langer vergeblicher Suche gibt das Affenkind den entscheidenden Hinweis, dass seine Mutter ihm ähnlich sieht.

Gehalt/ Gestaltung/ Besonderheiten

- Das Kind lernt, dass ein bestimmtes Merkmal auf viele verschiedene Wesen zutreffen kann, die doch höchst unterschiedlich sind. Für eine Beschreibung, die das Gesuchte unmissverständlich verdeutlicht, ist es wichtig, möglichst viele und genaue Merkmale zu benennen.
- Der knappe Text in Reimform besteht ausschließlich aus Dialogen.
- Die bunten, farbenfrohen Illustrationen (dekorative Malweise mit Karikaturelementen) ziehen sich jeweils über eine Doppelseite.

Didaktische Vorschläge

2. Schuljahr: Fächerübergreifendes Lernen

Unterrichtsmöglichkeiten:

- „Sie hüpft, sagst du? Ich weiß Bescheid. Deine Mami ist nicht weit." Welches Tier mag der Schmetterling dem kleinen Affen nun zeigen? Die Kinder malen das Tier, das sie sich in diesem Zusammenhang vorstellen.
- Gemeinsame Überlegung, warum der Schmetterling nicht wissen kann, dass das Affenkind seiner Mutter ähnlich sieht. Nun können die Kinder die Geschichte zu Ende schreiben;
- Einen Titel für die Bilderbuchgeschichte finden und ein Titelblatt für die Bilderbuchgeschichte gestalten; Vergleich mit dem Original;
- Die Bilderbuchgeschichte bzw. einzelne Sequenzen spielen;
- Mit Hilfe von Sachbüchern herausfinden, wie sich Schmetterlingen vermehren;
- Ratespiele, bei denen die genaue Beschreibung z.B. von Tieren erforderlich ist: „Ich kenne ein Tier und das ist groß, es hat ..."
- Dialoge sprechgestalterisch üben und vortragen: Den Bilderbuchtext auf einem „Lesebogen" vorgeben, verschieden farbig unterstreichen lassen, was der kleine Affe und der Schmetterling jeweils sagen, dialogisches Lesen üben lassen.

Schlagwörter: Affe, Suchen

Ute Kleeberg (Text), Christian Dierks (Illustr.)

Und der Igel schwimmt doch

Iznang/Bodensee Edition See-Igel: 2004
30 Seiten, ISBN 3980450783, € 15,50

Inhalt

Ein kleiner Igel liebt das Wasser und badet für sein Leben gern im See. Alle anderen Igel meinen jedoch, das „normale" Igel nicht schwimmen können. Schließlich seien Igel keine Fische. Mit dem kleinen Igel könne etwas nicht stimmen. So wird der kleine Igel von seinen Eltern ausgeschimpft und von den Geschwistern ausgelacht. Die Eltern versuchen, ihr Kind vom Schwimmen im See abzuhalten. Sie gehen mit ihm auf Schneckenjagd und zum Fest unter den Zwetschgenbaum. Selbst mit Katzenfutter können sie es von seiner Sehnsucht nicht ablenken. Doch das Igelkind setzt sich durch und verwirklicht seinen Traum. Es schwimmt im See und genießt es, sich im Wasser frei und leicht zu fühlen. Der kleine Igel schafft es schließlich, seine Familie davon zu überzeugen, dass das Schwimmen für Igel nicht nur möglich ist, sondern auch sehr vergnüglich sein kann.

Gehalt/ Gestaltung/ Besonderheiten

- In der Geschichte geht es darum, „eigenen Wünschen und Sehnsüchten zu vertrauen und Träume zu verwirklichen. Und es geht darum, sein Anderssein auszuhalten, auch um den Preis, ausgelacht zu werden. Der kleine Igel stellt sich all diesen Herausforderungen, er bleibt bei sich und seinem Ziel. Man kann dies auch als elementaren Prozess des Wachsens begreifen, sich (...) von der Familie und deren Gewohnheiten zu lösen und zu lernen, seinen eigenen Weg zu finden und zu gehen ..." (Bergmann 2004, S.19).
- Das Bilderbuch vermittelt auch Informationen über das Leben der Igel in der Natur.
- Durch wörtliche Rede und umgangsprachliche Elemente ist die Sprache im Bilderbuch sehr lebendig.
- Zumeist großformatige Illustrationen (Mischtechnik: Aquarell/ Tusche) in realistischem Malstil mit Karikaturelementen ergänzen den Text.

Didaktische Vorschläge

1.-4. Schuljahr: Sprachunterricht; musisch-ästhetischer Lernbereich

Zu diesem Bilderbuch gibt es ein „musikalisches Bilderbuch" mit gleichem Titel. Es handelt sich hierbei um ein Klassik-Hörbuch, in dem der Text mit Musik „illustriert" ist. Es bietet sich an, den Kindern die Geschichte zunächst über das Hörbuch erfahren zu lassen. Musik und Text können das Erzählen, Lesen, Hören, Schreiben und Spielen inspirieren und auch das Entstehen eigener Bilder. Mit den Bildern kann ein eigenes Bilderbuch gestaltet werden. Zum Schluss der Lerneinheit vergleichen die Kinder ihre Bilder mit den Bildern im Bilderbuch.

Sachunterricht

Hier können sich die Kinder mit Igeln befassen und mit Hilfe von Sachbüchern herausfinden, wie sie in der Natur leben. Dabei werden sie feststellen, dass Igel tatsächlich schwimmen können.
(Ein detailliert dargestellter Unterrichtsvorschlag findet sich bei Bergmann 2004.)

Ein weiteres Bilderbuch für Igel-Fans:

Komm, Igel, komm/ Igel, komm, ich nehm dich mit.
Tilde Michels (Text), Sara Ball (Illustr.). München: Sellier 1992 (gebunden)/ München: dtv junior 1991 (broschiert)

Hörbuch:

CD „Und der Igel schwimmt doch!" Reihe Klassik- Hörbücher für Kinder, Edition See-Igel, ISBN 3980450775, € 12,90

⇨ **Tipp:**

Ute Kleeberg und Uwe Stoffel „illustrieren" Geschichten mit Musik. In ihrer Edition See-Igel erscheint seit 1995 die Reihe „Kammermusik für Kinder", in der Musik und Sprache erzählen sollen. Die folgenden zwei Produktionen wurden von der Stiftung Zuhören für Grundschulen ausgewählt: ***Ferdinand, der Stier*** *sowie* ***Der Glücksengel.***
Zu diesen Titeln sind weitere Anregungen zum aktiven Zuhören im Buch Hörspaß der Edition Zuhören (Vandenhoeck& Ruprecht) erschienen.

Schlagwörter: Igel, Anders sein, Selbstvertrauen

Leo Lionni

Das kleine Blau und das kleine Gelb

Aus dem Englischen von Günter Strohbach

Hamburg: Oetinger 1996

48 Seiten, ISBN 3789159409, € 8,50

Dieses Bilderbuch ist auch in englischer und französischer Sprache sowie als Minibuch und in verschiedenen Audio-Formaten erhältlich.

Inhalt

Zwei Kinder – dargestellt als ein blauer und ein gelber „Farbkleks" - sind miteinander befreundet. Eines Tages umarmen sich „das kleine Blau" und „das kleine Gelb" und verschmelzen zu einem „kleinen Grün". Sie erleben eine schöne Zeit miteinander, doch als sie nach Hause kommen, erkennen ihre Eltern sie aufgrund der grünen Farbe nicht. Das macht die beiden traurig. Sie fangen an zu weinen, und durch ihre Tränen gewinnen sie ihre alten Farben wieder. „Das kleine Blau", „das kleine Gelb" und ihre Eltern freuen sich darüber, und immer, wenn sie sich umarmen, wird es wieder ein bisschen grün.

Textauszug

Hier machen wir ein Kind bekannt;
Es wird das kleine Blau genannt.

Hier seht ihr´s noch einmal genau
Mit Mama Blau und Papa Blau.

Es spielte sehr gerne in der Stadt,
Weil es hier viele Freunde hat.

Auf dieser Seite nun erscheint
Das kleine Gelb, sein bester Freund.

Gehalt/ Gestaltung/ Besonderheiten

- Es handelt sich hier um einen erfolgreichen „Longseller" seit 1962.
- Dieses Bilderbuchgeschichte ist mit einer abstrakten Malweise bildnerisch sehr wirkungsvoll umgesetzt; Leo Lionni verwendet ausschließlich unterschiedlich große Flächen in verschiedenen Farben, die vielfach wie „Farbklekse" wirken. Das Buch lässt der Fantasie somit jeden möglichen Spielraum.
- Die Sprache wird in eingängiger Reimform präsentiert.
- Anhand dieses Buches lernen Kinder die Grundfarben Gelb und Blau und die Mischfarbe Grün kennen.

Didaktische Vorschläge

2. Schuljahr: Musisch-ästhetischer Lernbereich/ Erfahrungs- und Handlungsbereich Malen/ Farbe

Im 2. Schuljahr lernen Kinder im Unterricht die Grundfarben kennen. Zugleich erfahren sie, dass sich mit ihnen Mischfarben herstellen lassen. In diesem Zusammenhang lässt sich das vorliegende Bilderbuch hervorragend einsetzen. Die Geschichte regt an, selbst Farben zu mischen und Farbgeschichten zu entwickeln.

Umsetzung der Geschichte als „Farbspiel" auf dem Tageslichtprojektor
Die Figuren und die Kulissen aus der Bilderbuchgeschichte lassen sich aus Transparentpapier einfach basteln: Unterschiedlich große Formen (Kulissen) und Kreise (Figuren) in Gelb, Blau und anderen Farben werden ausgeschnitten und an dünne Holzstäbchen geklebt. Mit diesen Stäbchen können die Figuren und Formen „geführt"/ gezeigt und somit die Geschichte gespielt werden.

Weitere Bilderbuchgeschichten, die Farben in den Mittelpunkt stellen:

- **Jeder Tag hat eine Farbe.**
  Dr. Seuss (Text); Steve Johnson und Lou Fancher (Illustr.). München: Bertelsmann 1997
- **Die Königin der Farben.**
  Jutta Bauer. Weinheim: Beltz & Gelberg 1998
- **Babars Buch der Farben.**
  Laurent de Brunhoff. Zürich: Diogenes 1987

Schlagwörter: Farben, Freundschaft

Gerda Marie Scheidl (Text),
Marcus Pfister (Illustr.)

Die vier Lichter des Hirten Simon

Hamburg: Nord-Süd 1995
28 Seiten, ISBN 3314002807, € 12,80

Inhalt

Dem jungen Hirten Simon wird ein Lamm anvertraut. Während eines wundersamen Traumes entläuft ihm das Tier. Er macht sich auf die Suche und nimmt eine Laterne mit vier Lichtern mit. Unterwegs trifft er auf einen Dieb, einen Wolf und auf einen Bettler. Simon erkennt, dass sie seiner Hilfe bedürfen und schenkt ihnen jeweils ein Licht. Der Duft, den er schon im Traum wahrgenommen hatte, führt ihn schließlich in einen Stall und zu einem Kind im Stroh. Simon findet dort auch sein Lamm wieder und überlässt dem Kind sein letztes Licht.

Gehalt/ Gestaltung/ Besonderheiten

- Diese Weihnachtsgeschichte handelt von der Hilfsbereitschaft gegenüber Ausgestoßenen und zeigt in symbolischer Form, wie das Licht der Nächstenliebe die Welt erhellt.
- Es sind einige Parallelen zum Leben Jesu zu finden, z.B. das Gleichnis vom guten Hirten oder die Hinwendung zu Menschen, die am Rande der Gesellschaft leben.
- Die Aquarellbilder in zarten Farben unterstützen die sanftmütige, friedfertige Atmosphäre der Geschichte.

Didaktische Vorschläge

1.- 2. Schuljahr: Ethisch-religiöser Lernbereich

Kindern fällt das Lernen leichter, wenn Unterrichtsinhalte in konkrete Situationen eingebunden erfahren werden. Entsprechende Erlebnisse vermitteln Bilderbücher anregend und spannend über Text und Bild. Es befinden sich zahlreiche Bilderbücher mit christlich ausgerichteten Erzählungen auf dem Markt, wozu auch das hier vorgestellt Bilderbuch gehört. Nach einem Gespräch über das Weihnachtsfest als ein Fest der Nächstenliebe und der Freude bietet es sich an, ein „Licht“ zu herzustellen und jemandem damit eine Freude zu bereiten.

Bastelvorschlag:

Ein kleines Glasgefäß (Joghurt-/ Senfglas o.a.), in das ein Teelicht gesetzt werden kann, wird von außen mit Klebstoff bestrichen. Anschließend wird es rundherum mit buntem Transparentpapier (kleine Stücke) beklebt.

Schlagwörter: Hilfsbereitschaft, Nächstenliebe, Weihnachten

Literaturverzeichnis

Andresen, Ute: Unser Ich-Heft. In: Grundschule, 9/1981, S.362-369

Arendt, Britta: „Frederick“ – Literatur-Werkstatt. (Klasse 1-2) Mülheim an der Ruhr (Verlag an der Ruhr)

Arndt, Ursula: Literatur-Werkstatt: Elmar. Verlag an der Ruhr 2001.

Benkel, Astrid; Benkel, Hans: „Kann man mit den Fingern sehen?“ – Lernen an Stationen in einem 2. Schuljahr. In: Irmintraut Hegele: Lernziel: Stationenarbeit. Eine neue Form des offenen Unterrichts. 2. Aufl., Weinheim und Basel 1997, S.56-75

Bergmann, Katja: „Und der Igel schwimmt doch!“ Ein musikalisches Bilderbuch kreativ gehört. In: Praxis Deutsch, 31. Jg., Nr. 185, 2004, S.18-22

Blaich, Ute: Luchs 154. Die Jury von ZEIT und Radio Bremen 2 stellt vor. Tomi Ungerer: Otto. In: DIE ZEIT, 14. Oktober 1999, Nr. 42

Blei-Hoch, Claudia: Für andere erzählen können – Zur Rezeption und Präsentation von Bilderbüchern im Kindergarten. In: Jens Thiele; Jörg Steitz-Kallenbach (Hrsg.): Handbuch Kinderliteratur. Freiburg im Breisgau 2003, S.99-113

Born, Monika: Bilderbücher – gemalte und verdichtete Welt. In: Michael Sahr; Monika Born: Kinderbücher im Unterricht der Grundschule. 2., neu baerb. Aufl., Baltmannsweiler 1990, S.68-97

Brinkmann, Erika: Lesefutter für die Erstklässler. Wie vereinfacht man Bilderbuchtexte? In: Praxis Deutsch, 30. Jg., 05/2003, S.12-16

Brügelmann, Hans: Was ist „einfach“ zu lesen für Leseanfänger? In: Brügelmann, Hans; Balhorn, Heiko (Hrsg.): Schriftenwelten im Klassenzimmer. Ideen und Erfahrungen aus der Praxis. Konstanz 1995, S.165-169

Burger, Alice; Weiß, Annette: Die kleine Raupe Nimmersatt. Ein jahrgangsstufenbegleitendes und fächerübergreifendes Bilderbuchprojekt mit Bezügen zur Kooperation „Klassenlehrer – Fachlehrer“ im 1. Schuljahr. In: Pädagogische Welt 2/1992, S.78-79

Deutsch in der Grundschule 10.Jg., Ausgabe 29, 4/2000

Dieck-Burkei, Dorothea: Preis der Kinder-Jury, Reinhard Michl, Rosa. In: Maria Linsmann; Gabriele Schröder: Troisdorfer Bilderbuchpreis 2002. Troisdorf-Spich 2002, S.21

Claussen, Claus; Merkelbach, Valentin: Erzählwerkstatt. Mündliches Erzählen. Braunschweig 1995

Claussen, Claus: Erzählen lernen in der Grundschule. In: Claus Claussen; Valentin Merkelbach: Erzählwerkstatt. Mündliches Erzählen. Braunschweig 1995, S.35-82

Dold, Thomas: „Irgendwie Anders". Das Thema "Ausgrenzung" mit einem Bilderbuch bearbeiten. In: Die Grundschulzeitschrift, 146/2001, S.40-41

Doonan, Jane: Stimmen im Park und Stimmen im Schulzimmer. Rezeptionsbezogene Analyse von Anthony Brownes „Stimmen im Park" (1998). In: Jens Thiele: Das Bilderbuch. Oldenburg 2000. S.142-156

Dück-von Essen: Anne: „Man kann ja ruhig zugeben, dass man Angst hat!" Kindliche Ängste und ihre Darstellung im Bilderbuch. In: Jens Thiele: Bilderbücher entdecken. 2. Aufl., Oldenburg 1986, S. 107-141

Faußner, Nicole u.a.: Rosa (Bilderbuch, 1.-3. Schuljahr). In: Kaspar H. Spinner (Hrsg.): Lesekompetenz erwerben, Literatur erfahren. Berlin 2006, S.48-51

Gerhard, Martin: Der grüngelbe Gummifrosch. Ein eigenes Bilderbuch mittels eines Computerprogrammes gestalten. In: Die Grundschulzeitschrift, 153/2002, S.20-23

Grenz, Dagmar: Tranquilla Trampeltreu. In: Grundschule, 31. Jg, Heft 4, 1999, S.32-34

Grünewald, Dietrich: Bilderbücher im Unterricht. In: Die Grundschulzeitschrift, 5.Jg., 46/1991, S.4-13

Grünewald, Dietrich: Struwwelpeter in seiner Zeit. Eine Unterrichtseinheit. In: Grundschule, 11. Jg., 10/1979, S.449-452

Die Grundschulzeitschrift, 150/2001, Heftthema „Vorlesen"

Die Grundschulzeitschrift, 142/2001, Heftthema „Mit Kindern auf Walfang"

Die Grundschulzeitschrift, 151/2002, Heftthema „Lernen durch Nähe und Schauen"

Heckt, Dietlinde H.: Müssen Kinder streiten lernen? In: Grundschule, 31. Jg., Heft 11/1999, S.44-45

Heuer, Marion: Der Elmar macht Sachen ... In: Grundschule, 4/1999, S.14-15

Hirler, Sabine; Penz, Edith: Rhythmische Spielgeschichten. Mit allen Sinnen durch die Welt. Seelze-Velber 1997

Hohmeister, Elisabeth: hematische Analyse von Grégoire Solotareffs „Du groß und ich klein" (1996). In: Jens Thiele: Ästhetik – Theorie – Analyse – Didaktik – Rezeption. Oldenburg 2000, S.130-141

Hollstein, Gudrun, Sonnenmoser, Marion: Werkstatt Bilderbuch. Allgemeine Grundlagen, Vorschläge und Materialien für den Unterricht in der Grundschule. 2. Aufl. Hohengehren 2006

Hollstein, Gudrun; Wadlinger, Elke: Englisch im Grundschulunterricht. Theoretische Grundlagen, Unterrichtsvorschläge, Materialien. Landau 2001

Hollstein, Gudrun; Wadlinger, Elke: Französisch im Grundschulunterricht. Theoretische Grundlagen, Unterrichtsvorschläge, Materialien. Landau 2000 (a)

Hollstein, Gudrun: Bilderbücher als Schreibanlass. In: Irmintraut Hegele (Hrsg.): Lernziel: Texte schreiben, überarbeiten und gestalten. Unterrichtsbeispiele aus der Grundschule. Weinheim und Basel 2000 (b), S.130-155

Hollstein, Gudrun: Typographische Gestaltungsmittel als visuelle Bedeutungsträger: Schrift- und Textgestaltung in aktuellen Bilderbüchern. In: Henner Barthel u.a.: Aus „Wundertüte" und „Zauberkasten". Über die Kunst des Umgangs mit Kinder- und Jugendliteratur. Frankfurt am Main 2000 (c), S.479-492

Hollstein, Gudrun: Das Bilderbuch als Medium der Hör- und Sprecherziehung. Beispiel: Chris Raschka „Hey! Ja?". In: Sache-Wort-Zahl, Heft 34, 2000 (d)

Hollstein, Gudrun: Pflanzenkenntnis als Teil der Umweltbildung. Grundlagen und Vorschläge für den Unterricht in der Grundschule. Hohengehren 2002

Hollstein, Gudrun: "Zuerst bewarfen sie sich nur mit faulem Obst!" - Soziales Lernen in der Grundschule mit Bilderbüchern. In: R. Arnold; H. Günther (Hrsg.): Innovative Bildungs- und Erziehungsprozesse. Kaiserslautern 2003. S. 125-131

Jentgens, Stephanie: Zwei Schritte vorwärts, ein Schritt zurück. Zur Darstellung der Geschlechtsrollen. In: Renate Raecke: Kinder- und Jugendliteratur in Deutschland. München 1999, S.132-144

Jurybegründung: Bauer, Jutta: Die Schreimutter. In: Breitmoser, Doris; Stelzner, Bettina: Das Bilderbuch. Ein Empfehlungskatalog. 12. überarbeitete Aufl., München 2003. (o.S.) (Arbeitskreis für Jugendliteratur e.V.)

Korff-Schmising von, Barabra: Ein Wolf aus Papier. In: BulletinJugend & Literatur, 8/2003, S.8

Kretschmer, Christine: Bilderbücher in der Grundschule. Berlin 2003

Lionni, Leo: Zwischen Zeiten und Welten. Autobiographie. München 1998 (Middelhauve)

Lionni, Leo: Warum ich für Kinder schreibe. In: Dieter Pesch (Hrsg.): Bilderbücher. Köln 1980 (Schriften des Museumsvereins Dorenberg e.V., Bd. 31, S.118-124

Maier, Karl Ernst: Jugendliteratur. 10., überarbeitete u. erweiterte Aufl., Bad Heilbrunn 1993

Mattenklott, Gundel: Bilderbücher in der Grundschule – ein Fall für John Chatterton. In: Matthias Duderstadt; Claus Forytta (Hrsg.): Literarisches Lernen. Frankfurt am Main 1999, S.88-99

Mattenklott, Gundel: Der rote Max. In: Doris Breitmoser und Bettina Stelzner (Hrsg.): Das Bilderbuch. Ein Empfehlungskatalog. 12. überarbeitete Aufl., München 2003, o.S.

Messelken, Ingrid; Dickel-Oloff, A.: Bremer Stadtmusikanten – neu belebt. In: Die Grundschulzeitschrift, 4. Jg., Heft 39, 1990, S.24-27, S.43-59

Moeller, Magdalena M.: Franz Marc. Zeichnungen und Aquarelle. 2. Aufl, Stuttgart-Bad Cannstadt 1989 (Katalog zur Ausstellung in der Kunsthalle Tübingen vom 24. 02. bis 29. 04. 1990)

Niemann, Heide: Wann gehen wir wieder auf Bärenjagd? Unterrichtsanregungen. In: Praxis Deutsch, 19. Jg., 111/1992, S.20-23

Niemann, Heide: Blauer Hund. In: Die Grundschulzeitschrift, 153/2002 (b), S.24-25

Niemann, Heide: Mit Bilderbüchern die Lust am Lesen wecken. In: Die Grundschulzeitschrift. 153/2002 (a), S.6-7

Pfeiffer, Ruth: Von Katzen und Kauzen. Lesen und Schreibenlernen mit Bilderbüchern – Findus und Pettersson. In: Die Grundschulzeitschrift, 16. Jg., Heft 153/2002, S. 17-19

Pressler, Christine: Schöne alte Kinderbücher. 2. durchgesehene Aufl., München 1984

Rathmann, Claudia; Huttanus, Susanne: „Warum schreist du so?“ Das Bilderbuch Schreimutter von Jutta Bauer: ein Anstoß zum Sprechen über Gefühle. In: Praxis Deutsch, 188/2004, S.16-20

Rösch, Heidi: Bilderbücher zum interkulutrellen Lernen. Hohengehren 1997

Sache-Wort-Zahl, 4/1996, Heftthema „Schmetterlinge“

Sahr, Michael: Problemorientierte Kinderbücher im Unterricht der Grundschule. Baltmannsweiler 1987

Sahr, Michael: Leseförderung durch Kinderliteratur. Märchen, Bilder- und Kinderbücher im Unterricht der Grundschule. Hohengehren 1998

Sahr, Michael; Schlund, Angela: Das Bilderbuch in der Grundschule. Regensburg 1992

Schimmel, Barbara; Schutzengel und Sterne. Kindliche Interpretationen von Welt. In: Grundschule, 31.Jg., 3/1999, S.34-37

Spiegel, Ute: Wut (Gedichte, 4. Schuljahr). In: Kaspar H. Spinner: Lesekompetenz erwerben, Literatur erfahren. Berlin 2006, S.118-130

Spinner, Kaspar H. (Hrsg.): Lesekompetenz erwerben, Literatur erfahren. Berlin 2006

Spinner, Kaspar H.: Schreiben zu Bilderbüchern. Unterrichtsanregungen. In: Praxis Deutsch. Sonderheft. Seelze 1995, S.6-9

Steffens, Wilhelm: Spielen mit Sprache im ersten bis sechsten Schuljahr. Hohengehren 1998

Thiele, Jens; Steitz-Kallenbach, Jörg (Hrsg.): Handbuch Kinderliteratur. Freiburg im Breisgau 2003

Thiele, Jens: Weihnachten in der Truman-Show. In: ZeitLiteratur, 60. Jg., Nr. 47/2005, S.11 (Sonderbeilage)

Thiele, Jens: Aspekte der bildnerischen Sozialisation. In: Jens Thiele; Jörg Steitz-Kallenbach (Hrsg.): Handbuch Kinderliteratur. Grundwissen für Ausbildung und Praxis. Freiburg im Breisgau 2003, S.37-52

Verweyen, Annemarie: Der Wunderkasten. In: Kattrin Stier; Ute D. Baumann (Hrsg.): Das Bilderbuch. Ein Auswahl empfehlenswerter Bilderbücher. 10., überarb. Aufl., München 1996, o.S.

Wallach, Sabine: „Strandhunde" suchen ein Zuhause. Traurige Realität als Auslöser für fantastisches Bilderbuch. In: Eselsohr, 20. Jg., Heft 7/8, 2001, S.24

Wallrabenstein, Wulf: Praktische Mittel des szenischen Spiels. In: Die Grundschulzeitschrift, 146/ 2001, S.12

Bücher und Zeitschriften zum Themenbereich „Bilderbuch" – eine Auswahlbibliografie zur Fachliteratur

Dietschi Keller, Ursula: Bilderbücher für Vorschulkinder. Bedeutung und Auswahl. Zürich 1995

Doderer, Klaus; Müller, Helmut: Das Bilderbuch. Geschichte und Entwicklung des Bilderbuchs in Deutschland von den Anfängen bis zur Gegenwart. Weinheim/Basel 1973

Grabolle, Almut: Bilderbücher im ersten Schuljahr. In: Grundschule, 7/1983, S.22ff.

Grundschule, 28. Jg., 9/1996, Heftthema: Bildwelten für Kinder

Grundschulunterricht, 52. Jg., 1/2005, Heftthema: Bilderbuchwelten

Die Grundschulzeitschrift, 5. Jg., 46/1991, Heftthema: Bilderbücher im Unterricht

Die Grundschulzeitschrift, 16, Jg., 153/2002, Heftthema: Bilderbücher

Grömminger, Arnold: Bilderbücher in Kindergarten und Grundschule. Freiburg im Breisgau 1977

Grünewald, Dietrich: Bilderbücher im Unterricht. In: Die Grundschulzeitschrift, 5.Jg., Heft 46, 1991, S.4-13

Haas, Gerhard (Hrsg.): Kinder- und Jugendliteratur. Ein Handbuch. 3. Aufl., Stuttgart 1984 (u.a. H. Künnemann: Das Bilderbuch, S.153ff.)

Halbey, Hans A.: Bilderbuch: Literatur. Neun Kapitel über eine unterschätzte Literaturgattung. Weinheim 1997

Hinkel, Hermann: Bilderbuch. In: Grünewald/Kaminski (Hrsg.): Kinder- und Jugendmedien. Ein Handbuch für die Praxis. Weinheim und Basel 1984, S. 46-58

Hollstein, Gudrun, Sonnenmoser, Marion: Werkstatt Bilderbuch. Allgemeine Grundlagen, Vorschläge und Materialien für den Unterricht in der Grundschule. Hohengehren 2006

Kaminski, Winfred: Einführung in die Kinder- und Jugendliteratur. Literarische Phantasie und gesellschaftliche Wirklichkeit. 2. korr. Aufl., München 1987

Kümmerling-Meibauer, Bettina: Klassiker der Kinder- und Jugendliteratur. Ein internationales Lexikon. Stuttgart 1999

Künnemann, Horst: Das Bilderbuch. In: Gerhard Haas (Hrsg.), Kinder- und Jugendliteratur. Stuttgart 1984. S.153-177

Maier, Karl Ernst: Jugendliteratur. Formen, Inhalte, pädagogische Bedeutung. 10. Aufl., Bad Heilbrunn 1993. (Das Bilderbuch: S.16-56)

Niemann, Heide: Mit Bilderbüchern Englisch lernen. Seelze-Velber 2002

Niemann, Heide: Englisch in der Grundschule - Kinder- und Jugendbücher gehören dazu. In: Die Grundschulzeitschrift, 68/1993, S.42-43

Niermann, Monika: Das Bilderbuch in der pädagogischen Diskussion. Materialien zum Bilderbuch in Elternhaus, Kindergarten, Schule und Bibliothek. Düsseldorf 1979

Niermann, Monika: Erziehungsziele in Bilderbüchern für Kinder von 2 bis 6 Jahren. Grundlegung eines Modells zur Analyse von Bilderbüchern. Frankfurt am Main 1977

Oberhuemer, P. u.a.: Kind und Bilderbuch. Erfahrungen, Beispiele, Informationen für Praxis, Ausbildung und Fortbildung. Freiburg 1988

Paetzold, B.; Erler, Luis (Hrsg.): Bilderbücher im Blickwinkel verschiedener Wissenschaften und Fächer. Bamberg 1990

Pesch, Dieter (Hg.): Bilderbücher. Köln 1980. (Schriften des Museumsvereins Dorenburg e.V. Bd. 31)

Raecke, R., Baumann, U.D.(Hrsg.): Zwischen Bullerbü und Schewenborn. Auf Spuren in 40 Jahren deutschsprachiger Kinder- u. Jugendliteratur. München 1995

Rösch, Heidi: Bilderbücher zum interkulturellen Lernen. Baltmannsweiler 1997

Sahr, Michael; Schlund, A.: Das Bilderbuch in der Grundschule. Regensburg 1992

Schaufelberger, Hildegard: Kinder- und Jugendliteratur heute. Themen, Trends und Perspektiven. Freiburg 1990

Schmitz, U.: Das Bilderbuch in der Erziehung. Ein Ratgeber für Erzieher/innen, Unterrichtende und alle, die Kinder und Bilderbücher lieben. Donauwörth. 1993

Schug, Albert (Hrsg.): Die Bilderwelt im Kinderbuch. Kinder- und Jugendbücher aus fünf Jahrhunderten. Katalog zur Ausstellung der Kunst- u. Museumsbibliothek u. des Rhein. Bildarchivs der Stadt Köln. Köln 1988

Schweizerisches Jugendbuch-Institut (Hrsg.): Siehst Du das? Die Wahrnehmung von Bildern in Kinderbüchern – Visual Literacy. Zürich 1997

Spinner, Kaspar, H.: Schreiben zu Bilderbüchern. In: Praxis Deutsch. 113/1992, S.17-20

Thiele, Jens (Hrsg.): Bilderbücher entdecken. Untersuchungen, Materialien und Empfehlungen zum kritischen Gebrauch einer Buchgattung. 2. Auflage, Oldenburg 1986

Thiele, Jens (Hrsg.): Neue Erzählformen im Bilderbuch. Oldenburg 1991

Thiele, Jens: Das Bilderbuch. Ästhetik, Theorie, Analyse, Didaktik, Rezeption. Oldenburg 2000

Thiele, Jens (Hrsg.): Experiment Bilderbuch. Impulse zur künstlerischen Neubestimmung der Kinderbuchillustration. Oldenburg 1997

Thiele, Jens; Steitz-Kallenbach, Jörg (Hrsg.): Handbuch Kinderliteratur. Grundwissen für Ausbildung und Praxis. Freiburg im Breisgau 2003

Gründe für den Einsatz von Bilderbüchern in der Grundschule

- Bilderbücher garantieren **literarische Ersterlebnisse**. Sie bereiten frühzeitig die Aufgeschlossenheit für andere Literaturgattungen vor.
- Bilderbücher fördern maßgeblich die **sprachliche Entwicklung** von Kindern (Sprachverständnis, Erweiterung des Wortschatzes u.a.).
- Mit Bilderbüchern öffnen sich Kindern **Lebenswelten**, die ihnen sonst verschlossen blieben.
- Problemorientierte Bilderbücher behandeln sozialkritische Themen und Probleme aus der Erfahrungswelt der Kinder und bieten diesbezüglich **Aufklärung** und **Lebenshilfe.**
- Bilderbücher unterstützen die **ästhetische Erziehung**. Über Bilderbücher lernen Kinder unterschiedliche künstlerische Techniken und Stile kennen; sie entwickeln eine Offenheit auch ungewöhnlichen Bildangeboten gegenüber; sie lernen zudem Bildsprache zu entschlüsseln.
- Nicht wenige Bilderbücher unterstützen das **soziale Lernen**. Sie fördern die Persönlichkeitsentwicklung und die Empathiefähigkeit.
- Die intensive Auseinandersetzung mit Texten und Bildern im Bilderbuch unterstützt **kognitive Fähigkeiten** (Erkennen, Deuten, Kombinieren, Vergleichen, Interpretieren).
- Bilderbücher haben **erzieherische** und **entwicklungsfördernde** Funktion. Sie beeinflussen die Entwicklung des sittlich-moralischen Denkens und Wertens und auch die Haltung und Verhaltensweisen des Kindes.
- Das Kennen lernen von und der Umgang mit Bilderbüchern bereitet Kindern im Allgemeinen sehr viel **Freude**.
- Durch die Dominanz des Bildes und kurze Texte können bereits **Leseanfänger** positive Erfahrungen im Umgang mit Büchern sammeln.
- Bilderbücher eignen sich hervorragend für einen **handlungs- und produktionsorientierten Umgang**: Umsetzung in szenisches Spiel, Gestaltung von eigenen Büchern, Umformung in Comics, Fortsetzungen malen oder aufschreiben, Collagen und Wandfriese erstellen...)

Die Praxis zeigt, dass Bilderbücher auf allen Klassenstufen und in allen Lernbereichen der Grundschule gewinnbringend eingesetzt werden können.

(Vgl. Maier 1993, Niemann 2002 (a), Hollstein u. Sonnenmoser 2006)

100 Bilderbücher für die Grundschule

Titel	Autor/Illustrator	Verlag	Unterrichts-vorschläge für Klasse	Seite
* Abschied von Rune	Oyen/ Kaldhol	Ellermann	2.-4. Kl.	38
* Albert kommt!	John Burningham	Sauerländer	2./3. Kl.	118
* Alle Jahre wieder saust der Presslufthammer nieder	Jörg Müller	Sauerländer	3./4. Kl.	156
* Alles wird anders	Antony Browne	Lappan	3./4. Kl.	104
* Amorak	Tim Jessell	Esslinger	3./4. Kl.	15
* Die Amsel heißt Selma	Spinner/ Luchs	Palazzo	2.-4. Kl.	90
* Aufstand der Tiere oder Die neuen Stadtmusikanten	Müller/ Steiner	Sauerländer	4. Kl.	148
* Der Aufzug	Maar/ Heidelbach	Beltz & Gelberg	3./4. Kl.	138
* Der Baum des Lebens	Peter Sís	Hanser	4. Kl.	116
* Bimbo und sein Vogel	Auer/ Klages	Beltz & Gelberg	1.-3. Kl.	16
* Blauer Hund	Nadja	Moritz	1.-3. Kl.	168
* Da ist eine wunderschöne Wiese	Harranth/ Opgenoorth	Jungbrunnen	1./2. Kl.	44
* Der Breitmaulfrosch	Faulkner/ Lambert	Patmos	2.-4. Kl.	28
* Detektiv John Chatterton	Yvan Pommaux	Moritz	4. Kl.	52
* Die drei Schweine	David Wiesner	Carlsen	4. Kl.	72
* Du groß und ich klein	Grégoire Solotareff	Moritz	4. Kl.	132
* Die dumme Augustine	Preußler/ Lentz	Thienemann	2./3. Kl.	114
* Elmar	David McKee	Thienemann	1./2. Kl.	142
* Der Ernst des Lebens	Jörg/ Kellner	Thienemann	1. Kl.	3
* Es klopft bei Wanja in der Nacht	Michels/ Michl	Ellermann	1./2. Kl.	80
* Es war einmal ein Zauberer	Helmut Kollars	Betz	1. Kl.	30

* Der Findefuchs	Korschunow/ Michl	Thienemann	1.-3. Kl.	102
* Flieg, Flengel flieg!	Brigitta G. López	Atlantis	3. Kl.	39
* Frau Meier, die Amsel	Wolf Erlbruch	Hammer	2./3. Kl.	46
* Frederick	Leo Lionni	Beltz & Gelberg	1. Kl.	18
* Freunde	Helme Heine	Beltz & Gelberg	1. Kl.	146
* Der Gesang der Wale	Blythe/ Sheldon	Sauerländer	3./4. Kl.	58
* Die Geschichte vom Löwen, der nicht schreiben konnte	Martin Baltscheit	Bajazzo	1./2. Kl.	91
* Die große Frage	Wolf Erlbruch	Hammer	3./4. Kl.	54
* Der große Kapokbaum	Lynne Cherry	Ars edition	3./4. Kl.	9
* Der Grüffelo	Scheffler/ Donaldson	Beltz & Gelberg	2./3. Kl.	162
* Han Gan und das Wunderpferd	Chen Jianghong	Moritz	2.-4. Kl.	20
* Die Häschenschule	Koch-Gotha/ Sixtus	Alfred Hahn´s	3./4. Kl.	112
* Helico und das Vögelchen	André Dahan	Bertelsmann	2.-4. Kl.	66
* Hey ! Ja?	Chris Rashka	Hanser	2.-4. Kl.	154
* Ich bin für mich	Baltscheit/ Schwarz	Bajazzo	3./4. Kl.	6
* Irgendwie Anders	Cave/ Riddell	Oetinger	2./3. Kl.	158
* Irma hat so große Füße	Ingrid/ Dieter Schubert	Sauerländer	1./2. Kl.	120
* Das ist kein Papagei!	Schami/ Erlbruch	Hanser	2./3. Kl.	92
* Jeder Tag hat eine Farbe	Dr. Seuss/ Johnson/ Fancher	Bertelsmann	2.-4. Kl.	8
* Josef Schaf will auch einen Menschen	Boie/ Waechter	Oetinger	3./4. Kl.	26
* Die Kanincheninsel	Müller/ Steiner	Sauerländer	3./4. Kl.	94
* Karlinchen	Annegert Fuchshuber	Annette Betz	3./4. Kl.	74
* Klar, dass Mama / Ole lieber hat	Boie/ Brix-Henker	Oetinger	3./4. Kl.	40

* Das kleine Blau und das kleine Gelb	Leo Lionni	Oetinger	2. Kl.	174
* Das kleine Ich bin Ich	Mira Lobe	Jungbrunnen	1./2. Kl.	124
* Die kleine Raupe Nimmersatt	Eric Carle	Gerstenberg	1.-4. Kl.	34
* Kleines Wunder im Wald	Sams II/ Stoick	Kerle bei Herder	1./2. Kl.	106
* Kodiak der kleine Bär	Jacqueline Delaunay	Moritz	3./4. Kl.	62
* Die Königin der Farben	Jutta Bauer	Beltz & Gelberg	3./4. Kl.	82
* Komm Igel komm	Michels/ Ball	Sellier	1.-4. Kl.	140
* Malwine in der Badewanne	Steven Kellogg	Oetinger	2./3. Kl.	60
* Mats und die Wundersteine	Marcus Pfister	Nord-Süd	2./3. Kl.	88
* Mausemärchen / Riesengeschichte	Annegert Fuchshuber	Thienemann	1.-3. Kl.	10
* Max und Franz und das fliegende Rad	Juschi Seifried	Thienemann	2. Kl.	126
* Mein schönstes Wimmel-Suchbuch	Ali Mitgutsch	Ravensburger	1. Kl	55
* Meine Füße sind der Rollstuhl	Huainigg/ Ritter	Ellermann	3./4. Kl.	166
* Der nackte Bär	D.R. de Vries	Oetinger	2.-4. Kl.	47
* Na warte, sagte Schwarte	Helme Heine	Beltz & Gelberg	1./2. Kl.	136
* Oregons Reise	Joos/ Rascal	Beltz & Gelberg	1.-4. Kl.	22
* Otto	Tomi Ungerer	Diogenes	4. Kl.	130
* Pony, Bär und Papagei	Sigrid Heuck	Thienemann	1. Kl.	76
* Das Raupenabenteuer	Irmgard Lucht	Moritz	2.-4. Kl.	64
* Der Regenbogenfisch	Marcus Pfister	Nord-Süd	1, Kl.	164
* Rosa	Herfutner/ Michl	Oetinger	2. Kl.	96
* Der rote Max	Eric Battut	Bohem press	1. Kl.	56
* Rothütchen	Geoffroy de Pennart	Moritz	4. Kl.	134

* Sardinen wachsen nicht auf Bäumen	Eggermann/ Kleeb	Pro Juventute	3./4. Kl.	24
* Schreimutter	Jutta Bauer	Beltz & Gelberg	1.-4. Kl.	128
* 7 blinde Mäuse	Ed Young	Altberliner	2. Kl.	36
* Simi und Siri	Poppenhäger/ Gantschev	Nord -Süd	1.-3. Kl.	42
* Solo	Paul Geraghty	St. Gabriel	2.-4. Kl.	152
* Steinsuppe	Anais Vaugelade	Moritz	1.-4. Kl.	49
* Stellaluna	Janell Cannon	Carlsen	2.-4. Kl.	65
* Stimmen im Park	Antony Browne	Lappan	4. Kl.	84
* Strandhunde	Katja Gehrmann	Carlsen	2.-4. Kl.	4
* Der Struwwelpeter	Heinrich Hoff-mann	Diogenes	3./4. Kl.	68
* Swimmy	Leo Lionni	Middelhauve	1./2. Kl.	77
* Der Tigerprinz	Chen Jianghong	Moritz	3./4. Kl.	98
* Timo und Matto wollen nicht das Gleiche	Marcus Pfister	Nord-Süd	1. Kl.	122
* Die Torte ist weg	Thé Tjong-Khing	Moritz	1./2. Kl.	14
* Tranquilla Trampeltreu	Ende/ Schlüter/ Hiller	Thienemann	2./3. Kl.	144
* Das Traumfresserchen	Ende/ Fuchshuber	Thienemann	2./3. Kl.	33
* Und der Igel schwimmt doch	Kleeberg/ Dierks	Edition See-Igel	1.-4. Kl.	172
* Die vier Lichter des Hirten Simon	Scheidl/ Pfister	Nord-Süd	1.-2. Kl.	176
* Vimala gehört zu uns	Mönter/ Wiemers	Kerle	2.-4. Kl.	150
* Wahre Freunde	Manuela Olten	Bajazzo	1. Kl.	78
* Warum?	Nikolai Popov	Neugebauer	3./4. Kl.	160

* Warum?	Lila Prap	Bajazzo	2.-4. Kl.	32
* Was war hier bloß los?	Gerda Müller	Moritz	1./2. Kl.	86
* Die Weihnachtsgans Auguste	Wolf/ Glasauer	Aufbau	1.-4. Kl.	100
* Die Werkstatt der Schmetterlinge	Wolf Erlbruch	Hammer	3./4. Kl.	110
* Wie Findus zu Pettersson kam	Sven Nordqvist	Oetinger	1. Kl.	108
* Wie weihnachtelt man?	Pauli/ Schärer	Sauerländer	1. Kl.	123
* Wir gehen auf Bärenjagd	Rosen/ Oxenburry	Sauerländer	1.-4. Kl.	170
* Wir verstehen uns blind	Huainigg/ Ballhaus	Betz	2./3. Kl.	12
* Wo ist Mami?	Donaldson/ Scheffler	Beltz & Gelberg	2. Kl.	171
* Der Wunderkasten	Schami/ Knorr	Beltz & Gelberg	3./4. Kl.	25
* Zaubertrottel	Junge/ Schnelle	Beltz & Gelberg	2.-4. Kl.	50
* Zilly, die Zauberin	Paul/ Thomas	Parabel	1.-4. Kl.	70

Zur qualitativen Beurteilung von Bilderbüchern - einige hilfreiche Fragen

Zu beurteilen ist stets die Einheit der Bilderbuchgeschichte hinsichtlich Inhalt, Gestaltung (Illustration, Sprache, Text-Bild-Relation, typographische Gestaltungsmittel) und Erzählweise.

Inhalt
- Können sich die Kinder mit einer Figur/ mehreren Figuren aus der Geschichte identifizieren?
- Wird an die Interessen, Erfahrungen u. Probleme der Kinder angeknüpft?
- Wird die Fantasie der Kinder angeregt und Spielraum für Wünsche und Träume geboten?

Illustration
- Werden die im Text entworfenen Charaktere und Rollen angemessen bildnerisch umgesetzt, treffen die Bilder den Charakter der Erzählung?
- Vermeiden die Illustrationen das Stereotyp des Niedlichen?

Sprache
- Steht die Sprache erzählerisch im Einklang mit den Bildern/ mit dem Inhalt?
- Wird eine lebendige/ anschauliche Sprache geboten?

Verhältnis von Bild und Text
- Nutzen Wort und Bild ihre je spezifische Erzählweise zur einheitlichen Gesamtaussage optimal aus?

Erzählweise
- Wird die Geschichte durch Text und Bild so erzählt, dass der Leser/ Betrachter am Fortgang bzw. am Ende der Geschichte interessiert ist?

Typographische Gestaltung (im Hinblick auf Leseanfänger)
- Wird eine angemessene Schriftgröße verwendet?
- Sind ein angemessener Zeilenabstand, ein schmaler Satzspiegel und ein sinngemäßer Flattersatz vorhanden?

(vgl. Hollstein u. Sonnenmoser 2006, S.43ff.)

Unterrichtspraktische Möglichkeiten

Unterrichtsvorschlag	**Bilderbuch**	**Seite**
Schreiben		
zu Bilderbuchfiguren (Steckbrief u.a.)	• Wie Findus zu Pettersson kam	108
	• Der Aufzug	138
	• Oregons Reise	22
	• Rosa	96
	• Karlinchen	74
einen Brief an eine Bilderbuchfigur	• Irma hat so große Füße	120
was Bilderbuchfiguren denken, fühlen, sagen (Sprech- und Denkblasen füllen): Innensicht der Figuren entfalten	• Du groß und ich klein	132
	• Helico und das Vögelchen	66
	• Warum	160
	• Karlinchen	74
	• Frau Meier, die Amsel	46
	• Schreimutter	128
eine Vorgeschichte, eine Fortsetzung, ein Geschichtenende, eine Geschichte ausgehend vom Textanfang	• Du groß und ich klein	132
	• Mats und die Wundersteine	88
	• Ich bin für mich	6
	• Der nackte Bär	47
	• Warum	160
	• Vimala gehört zu uns	150
	• Strandhunde	4
	• Mausemärchen – Riesengeschichte	10
	• Rothütchen	134
	• Wo ist Mami?	171
	• Zaubertrottel	50
	• Solo	152
	• Rosa	96
	• Albert kommt!	118
	• Der Aufzug	138
	• Malwine in der Badewanne	60

	• Der Findefuchs	102
zu einem ausgewählten Bild aus dem Bilderbuch	• Der Tigerprinz	98
	• Mein schönstes Wimmel-Suchbuch	55
für ein Lesetagebuch	• Han Gan und das Wunderpferd	20
eine Rede	• Ich bin für mich	6
mit Hilfe eines Erzählplans	• Zaubertrottel	50
nach einer Phantasiereise	• Die Raupe Nimmersatt	34
einen Brief an einen Autor/ Illustrator	• Die Weihnachtsgans Auguste	100
eine Buchempfehlung	• Karlinchen	74
für ein Papiertheater	• Aufstand der Tiere oder Die neuen Stadtmusikanten	148
nach dem Muster einer Bilderbuchgeschichte selbst eine Geschichte schreiben	• Detektiv John Chatterton	52
	• Der Wunderkasten	25
Erzählen		
zu einem textfreien Bilderbuch	• Helico und das Vögelchen	66
	• Der nackte Bär	47
	• Die Torte ist weg	14
	• Warum	160
	• Mein schönstes Wimmel-Suchbuch	55
mit einem Erzählgerüst/ mit einem Erzählplan	• Solo	152
Geschichten (um-)gestalten durch Perspektivenwechsel	• Klar, dass Mama Ole/ Anna lieber hat	40
	• Josef Schaf will auch einen Menschen	26

	• Karlinchen	74
entlang einer Erzählstraße	• Oregons Reise	22
	• Der Wunderkasten	25
mit Bildern	• Die drei Schweine	72
Malstile/ künstlerische Techniken kennen lernen/ umsetzen		
(Papierriss-)Collage	• Frederick	18
	• Der nackte Bär	47
	• Swimmy	77
	• Der Wunderkasten	25
	• Max und Franz und das fliegende Rad	126
Surrealismus	• Alles wird anders	104
	• Stimmen im Park	84
Applikationstechnik	• Frau Meier, die Amsel	46
Pastellkreide	• Max und Franz und das fliegende Rad	126
Expressionismus	• Blauer Hund	168
	• Du groß und ich klein	132
verfremdend malen	• Blauer Hund	168
Figuren aus Modelliermasse	• Flieg, Flengel flieg	39
verschiedene Techniken	• Zaubertrottel	50
Farben mischen	• Das kleine Blau und das kleine Gelb	174
	• Max und Franz und das fliegende Rad	126
Lesen		
als Leseanfänger den Text selber	• Der rote Max	56

lesen	• Wahre Freunde	78
	• Es war einmal ein Zauberer ganz allein	30
	• Albert kommt!	118
den Bilderbuchtext in vereinfachter Form lesen	• Na warte, sagte Schwarte	136
Dialoge sprechgestalterisch vortragen	• Wo ist Mami?	171
	• Karlinchen	74
	• Der Breitmaulfrosch	28
... und vergleichen	• Rothütchen	134
	• Detektiv John Chatterton	52
	• Aufstand der Tiere oder Die neuen Stadtmusikanten	148
Spielen		
mit Sprache	• Die Amsel heißt Selma • Warum	160
mit Schrift	• Sardinen wachsen nicht auf Bäumen	24
mit Fingerpuppen	• Es war einmal ein Zauberer ganz allein	30
	• Timo und Matto wollen nicht das Gleiche	122
Bewegungsspiel	• Wir gehen auf Bärenjagd	170
Papiertheater	• Bimbo und sein Vogel	16
	• Der Aufzug	138
	• Aufstand der Tiere oder Die neuen Stadtmusikanten	148
Rollenspiel/ Szenisches Spiel	• Albert kommt!	118
	• Steinsuppe	48
	• Vimala gehört zu uns	150
	• Irgendwie Anders	158

	• Es war einmal ein Zauberer ganz allein	30
	• Der Aufzug	138
	• Frederick	18
	• Vimala gehört zu uns	150
	• Der große Kapokbaum	9
	• Die kleine Raupe Nimmersatt	34
	• Wahre Freunde	78
	• Wo ist Mami?	171
	• Timo und Matto wollen nicht das Gleiche	122
	• Rosa	96
	• Karlinchen	74
	• Hey! Ja?	154
Szenisches Spiel mit Musik	• Tranquilla Trampeltreu	144
	• Es klopft bei Wanja in der Nacht	80
Schattentheater	• Sieben blinde Mäuse	36
	• Das kleine Ich bin Ich	124
	• Der Gesang der Wale	58
Theaterstück	• Bimbo und sein Vogel	16
	• Der Aufzug	138
	• Der große Kapokbaum	9
Ratespiele	• Wo ist Mami?	171
Basteln/ Gestalten		
ein Plakat (Wahlplakat, Zirkusplakat ...)	• Ich bin für mich	6
	• Oregons Reise	22
	• Elmar	142
ein Titelblatt für ein Bilderbuch	• Wo ist Mami?	171
Basteln	• Die vier Lichter des Hirten Simon	176
	• Wie weihnachtelt man?	123
	• Das Traumfresserchen	33

ein eigenes Bilderbuch	• Struwwelpeter	68
	• Wir gehen auf Bärenjagd	170
	• Das kleine Ich bin Ich	124
	• Frederick	18
	• Warum	160
	• Zaubertrottel	50
	• Kleines Wunder im Wald	106
	• Simi und Siri	42
ein eigenes animiertes Bilderbuch mit einer Kreativ-Software am Computer	• Zilly, die Zauberin	70
ein Fühl-Bilderbuch	• Das kleine Ich bin Ich	124
ein Ich-Bilderbuch	• Das kleine Ich bin Ich	124
ein „Spiel-Bilderbuch“	• Der Breitmaulfrosch	28
ein Hörspiel	• Der Grüffelo	162
	• Karlinchen	74
Stimmungen, Szenen oder auch die ganze Geschichte mit Instrumenten umsetzen	• Wir gehen auf Bärenjagd	170
	• Warum	160
	• Es klopft bei Wanja in der	80
ein Bild/ Bilder zur bzw. ausgehend von der Geschichte malen	• Zilly, die Zauberin	70
	• Karlinchen	74
	• Und der Igel schwimmt doch	172
	• Schreimutter	128
	• Na warte, sagte Schwarte	136
die Typographie zu einem Text	• Der Baum des Lebens	116
Standbilder zu wichtigen Szenen	• Irgendwie Anders	158
einen Wandfries	• Der Wunderkasten	25
	• Max und Franz und das fliegende Rad	126

die Wirkung von Farben	• Du groß und ich klein	132
	• Die Königin der Farben	82
	• Jeder Tag hat eine Farbe	8
	• Zilly, die Zauberin	70
Weihnachten als ein Fest der Freude; den Sinn des Schenkens	• Wie weihnachtelt man?	123
	• Die vier Lichter des Hirten Simon	176
Ängste und Angstbewältigung	• Das Traumfresserchen	33
	• Bimbo und sein Vogel	16
	• Karlinchen	74
	• Der Ernst des Lebens	3
das Motiv des Schutzengels	• Flieg, Flengel flieg	39
den Schutz der Natur/ Artenschutz	• Der große Kapokbaum	9
	• Mats und die Wundersteine	88
	• Da ist eine wunderschöne Wiese	44
	• Der Gesang der Wale	58
	• Simi und Siri	42
den Umgang mit Tieren/ Tierschutz	• Strandhunde	4
	• Josef Schaf will auch einen Menschen	26
	• Oregons Reise	22
	• Albert kommt!	118
	• Komm, Igel komm	140
	• Malwine in der Badewanne	60
den zukünftigen Lebensweg	• Die dumme Augustine	114
den Ernst des Lebens	• Der Ernst des Lebens	3
Menschen in Not	• Karlinchen	74
fremde Kulturen	• Vimala gehört zu uns	150
	• Das ist kein Papagei!	92

die Welt der Medien	• Aufstand der Tiere oder Die neuen Stadtmusikanten	148
	• Der Wunderkasten	25
Sonstiges		
Musik zu Bilderbuchtexten hören	• Und der Igel schwimmt doch	172
Buchstaben kennen lernen	• Simi und Siri	42
	• Timo und Matto wollen nicht das Gleiche	122
Typographie zu Figuren / Charakteren in Beziehung setzen	• Stimmen im Park	84
ein fremdsprachiges Bilderbuch kennen lernen und ggf. mit der deutschen Ausgabe vergleichen	• Wo ist Mami?	171
	• Der Gesang der Wale	58
	• Die kleine Raupe Nimmersatt	34
	• Wir gehen auf Bärenjagd	170
	• Zilly, die Zauberin	70
	• Alles wird anders	104
das Bilderbuch mit einer gleichnamigen CD-ROM vergleichen	• Zilly, die Zauberin	70
	• Das Traumfresserchen	33
das Bilderbuch mit einem gleichnamigen Hörbuch vergleichen	• Detektiv John Chatterton	52
	• Die Königin der Farben	82
einen (anderen) Titel für das Bilderbuch finden	• Frau Meier, die Amsel	46

Schlagwortverzeichnis